升维

ASCENDING DIMENSION

不确定时代的决策博弈

DECISION GAME IN UNCERTAIN TIMES

[澳] 王珞 著

机械工业出版社
China Machine Press

图书在版编目（CIP）数据

升维：不确定时代的决策博弈 /（澳）王珞著 . -- 北京：机械工业出版社，2022.1
（2023.11 重印）
ISBN 978-7-111-69816-6

I. ①升… II. ①王… III. ①决策学 IV. ① C934

中国版本图书馆 CIP 数据核字（2021）第 264145 号

北京市版权局著作权合同登记　图字：01-2021-3900 号。

升维：不确定时代的决策博弈

出版发行：机械工业出版社（北京市西城区百万庄大街 22 号　邮政编码：100037）	
责任编辑：赵陈碑	责任校对：马荣敏
印　　刷：三河市宏达印刷有限公司	版　次：2023 年 11 月第 1 版第 10 次印刷
开　　本：170mm×230mm　1/16	印　张：17
书　　号：ISBN 978-7-111-69816-6	定　价：89.00 元

客服电话：（010）88361066　68326294

版权所有・侵权必究
封底无防伪标均为盗版

推荐序

做好企业，需要一个好的决策视角

认识小凯是 30 年前的事了。还记得第一次见到他，是在海口，由公司的一位同事老陈带来。当然，那个时候，老陈还不老，40 岁左右。

老陈告诉我，他有一个中学同学，叫杨小凯，正好来海南参加一个会议，问我有没有兴趣见一见。

当时，我只知道他是一位有着传奇经历的经济学家。但等见到他的时候，我才发现，他是那样的温润，说话声音有些纤细，从他身上，丝毫看不到湖南人的"霸蛮气质"，更看不到他的那些过往经历可能在人身上磨刻出来的棱角和粗糙、尖锐的东西。这让我感到一些诧异。

之后，因为有共同的话题、共同的兴趣及共同研究的事情，我们的交往多起来，慢慢就熟了。

和他交往中的两件事情，令我印象深刻。

第一件事。1992年我开始创办北京万通。有一天，他来北京，约我见面。当时我住在保利大厦的一个房间里。房间是个套房，里面的屋子有床，外面的屋子像客厅一样，有沙发。他一进屋，说："你现在有点儿阔气了。"我说："这不是我的，是酒店的。"

然后我们就坐在沙发上聊天。他问了我一个问题。事实上，正是他的这个问题，后来一直提醒我、激励我把企业做得更规范。

他的问题是："你现在做公司，那你知道，有'公司法'吗？"

我听了以后，很懵懂，不知该怎么回答。在这之前我没有听说过什么是"公司法"，甚至不知道办公司应该按照"公司法"来办。

他问："没有'公司法'，你怎么办公司？你办的叫什么？"

我说："我办的，名字叫公司，但不知道是不是你所说的公司。"

然后他就跟我讲，在美国、在澳大利亚，公司是一个什么样的东西，为什么会有公司，还给我讲了资源的有效利用、公司的治理，以及公司股东的责任，等等。

事实上，我们当时虽然已经筹办了北京万通实业股份有限公司，而且还发行了股票，但是我对公司到底是一个什么样的组织，什么是股东责任，为什么要有一个"公司法"来约定这些事情，其实完全没有概念。

那个时候，我只知道文件、报纸，因为所有的文件都是通过报纸刊发出来的。而我们做公司、发行股票的依据，是当时国家体制改革委员会（简称"体改委"）颁布的《有限责任公司规范意见》和《股份有限公司规范意见》。

这两个文件就登在报纸上。

我先前在国家体改委工作过,所以我对刊登在报纸上的文件非常敏感。至于跟公司有关的法律,首先,我不知道当时中国是没有的;其次,我也不知道赚钱这件事涉及这么多法律。

但是,小凯提醒了我。从那之后,我就知道赚钱这件事首先要有公司,而公司又必须按照"公司法"架构起来,然后明确股东的权利、义务,公司法定代表人和公司的关系,公司高管的职责,利益分配机制,以及公司董事会、股东会、监事会等制度化安排。

因为和小凯的这次聊天,这些事情就刻在了我的脑子里。

非常幸运的是,1993年12月,中国通过了《中华人民共和国公司法》(简称《公司法》),这意味着中国开始了可以依法做公司的年代。公司是一个标准的经营实体;公司之间的竞争,就是"专业运动员"之间的竞争。公司之间做生意,不再是江湖,也不再是机关社团,而是一种独特的组织和组织之间的行为;是经营实体之间,按照标准的模式、标准的动作、标准的是非标准来做生意。

《公司法》从通过到现在,一晃将近30年过去了。全国人大通过的跟公司有关以及与规范公司之间运作有关的法律法规,已经将近400个。

如果说1993年是公司的原点,经过28年的发展,公司作为实体,在市场经营和资本的大海里,关于怎么游泳、怎么博弈、怎么做事以及其他所有问题的规范、标准、游戏规则,都有了。这些规则合起来,就叫作市场经济的法律基础。

由此,我们也构建了今天市场化、专业化、国际化的经营环境。每一个公司都在一个相对标准的游泳池里游泳，有一整套规则，有标准的教练，甚至溺水以后怎样抢救，都清清楚楚。

而我对这些问题持续关注的出发点，正是小凯那次提出的问题。我是沿着他的这个问题，去关注、去思考、去规范自己公司的行为的。

再说说第二件事——我和小凯讨论"后发劣势"的事情。

后发劣势问题是小凯始终关注的。在后发经济体当中，政府集中力量快速推动现代化。然而，问题是：经济起飞以后，这种经济增长是不是可以持续，会不会出现由创新推动的增长？如果答案是积极正面的，这就叫"后发优势"。

小凯发现，在后发经济体发展的初期，政府集中力量推动经济发展，是有利的，可以实现一个阶段性的快速增长，解决基础设施建设问题，实现简单的工业制造业的规模化发展，甚至能实现国防军事力量的强大以及居民生活水平的提高。

但是，再往后，这种优势似乎就减弱了。原因在于这样一种发展模式，对由创新和企业家精神主导的、持续的经济增长和体制完善而言，恰好是一个阻碍。

从这个角度来看，完全靠政府和超经济权力来强力推动的经济增长模式，可能最终会导致"后发劣势"。

也就是说，在经过30年、40年甚至50年的快速增长之后，这种模式可能会逐渐走向衰落，因为它不能使每一个经济单元中的人，特别是企业家，产生一个巨大的内生性创造力，没法在充分保障每个人的自由创造和个人权利的基础上形成对"人"这个要素的解放。

小凯跟我讨论，我也不断地观察。

有一次，他来北京，我们继续讨论这个话题。他说为了研究这个话题，他去了很多地方，然后实地研究，观察当地的经济增长，看到底优势、劣势在哪里。

就这样，在和小凯不断的交流过程中，我得以吸收到他的一些学术研究成果，这使我在商业活动及企业经营过程中更理性、更自觉，也更自律。

小凯已经不在了。但是，每当我看到跟小凯有关的人和事，甚至是一篇文字的时候，我都会非常激动，而且非常怀念跟他讨论问题的那些快乐时光，以及深刻思考带来的乐趣。

后来，我和小凯的学生王珞有了联系。王珞一直在理论和实践领域两栖耕耘，多年来，他不断在小凯的学术基础上探索拓展，尝试让小凯的超边际决策思想成为指导商业决策者的思维模式和工具。因为这个缘故，我们有非常直接、坦率的交流。

他会时不时告诉我，小凯的某个思想在他的研究当中被怎么样引申，被怎么样证实以及被怎么样发展。

现在，我手里又拿到一本王珞的新书。王珞以他的研究，去完善小凯思想当中的一些闪光点和一些学术的萌芽。

在这本书中，王珞通过实验法把不确定性引入博弈论，从而开始对不确定性博弈的研究，他的研究突破了主流博弈论教学一直采用的在给定结构下寻求均衡算法的范式，从博弈结构上寻找两难的突破，是结合有限理性和不确定性对决策思维的一个尝试。这对传统的决策模型，是一个挑战、进步与完善，这种突破均衡的决策的初始灵感就来自小凯的超边际决策理论。

除此之外，王珞还特别强调，人的有限理性以及人面对不确定性时的行为特点，恰恰为我们提供了突破两难的机会。

所以，在王珞这本书的字里行间，我仿佛又看到了小凯的音容笑貌，仿佛又听到他那样从容但是敏锐且坚定的判断。

我非常期待这本书能够为企业管理者和决策者带来自觉和理性，从而能够把商业活动持续地做到更好，让杨小凯的思想体系影响更多的企业经营者和学者，就像小凯当年带给我的那样，带给企业界和学术界更加准确的观察和更加开阔的思想视角。

冯仑

2021 年 10 月

序 言

面对不确定世界的决策
需要跨学科的思维

早在30年前，在澳大利亚莫纳什大学跟随经济学教授杨小凯先生学习超边际决策分析的时候，我便开始了对"决策"问题的思考。

不可否认，以经济学理论为支撑的决策模型具有理论分析的逻辑严谨性，但主流经济学的边际决策理论的核心，就是在给定战略或商业结构后的资源分配的计算问题。有一个问题一直萦绕在我的脑海中：如果计算能得出最优解，那还需要决策者的决策吗？而在超边际决策分析的思想框架里，只有超越现有结构或带来结构变化的，才是真正的决策，所以我一直关注具有超边际性质的决策问题。同时，我们看到，总是有太多的可量化和不可量化的要素以及思考维度在影响我们的决策。更重要的是，我们需要面对的是不可用概率来预测的、具有不确定性的未来，因为不确定性是尚未来临的现实。这些原因一起构成了一个算无可算的局面。而决策者又必须在当下做出针对未来的决策，并对此决策产生的结果负责，这才是决策的难点。

对"面对不确定性该如何决策"的思考伴随了我 30 年,无论是我在商界观察、亲身实践和总结时,还是在商学院和企业授课时的讨论、研究和思考中,都没有停止过思考这个问题。首先,我在超边际思想的理论基础上引入"有限理性""不确定性"以及"信息不对称"和"知识无形化"的概念,从而让决策场景更符合我们所处的现实。其次,我将复杂系统理论的二八法则或幂律法则、麦肯锡风险矩阵和行为博弈论引入融合。最后,我梳理出了一个既反映理论高度,也具有实用意义的不确定性决策框架:通过行为、系统和价值三个维度上的考量,让面对具有不确定性的未来的有限理性决策者,做出更加接近理性主义所预期的决策选择。

对决策的研究和思考是跨学科的行为。很多有价值的知识点来自不同的专业学科,比如经济学、管理学、数学、心理学等,但这些学科相互之间并没有真正的交集。

经济学家詹姆斯·布坎南(James Buchanan)[⊖]称杨小凯的超边际分析为"第二次世界大战以后最激动人心的经济学理论",管理学大师迈克尔·波特(Michael Porter)[⊜]也将超边际决策思想视为与他的企业战略管理思想产生共鸣的经济学知音。

波特是研究企业战略的,而战略是研究如何构建新的局面或结构的管理决策思想。传统经济学的边际分析,是在给定结构下的资源配置的最优计算,无法给波特的战略研究提供理论和工具的支持。而超边际分析恰恰是分析制度和结构变化的理论,正好可以支持波特的战略研究。

这说明,在决策问题上,管理学与经济学是可以也应该相连的,这正是

[⊖] 美国著名经济学家、1986 年诺贝尔经济学奖得主。
[⊜] 美国哈佛商学院教授。

我这些年来研究和教学的关注点，本书就是对这些思想成果的提炼和总结。

在整个思考分析过程中，我做了几件有趣的事：

- 我将复杂系统理论网络思维的"少数要素起到了大多数作用"与决策要抓住主要矛盾的理念相结合。其实，博弈论研究的就是主要要素之间互相影响的关系，也即主要矛盾。两者之间的结合，就搭建了复杂系统理论与博弈论之间的思想桥梁，使得我们可以针对复杂的具体问题构建以博弈论为核心的分析模型。特别是我还将麦肯锡风险矩阵进行了扩展，让复杂系统理论的不确定思想与博弈论有了逻辑和工具上的关联，使复杂系统理论可以为实践者所用。

  传统的博弈论教学是给定博弈结构后的最佳策略的计算，然而，我恰恰将关注点放在博弈结构（类似界定游戏规则不同的特征）的变化和演进上。从博弈角度来看，企业的战略、创新和制度演进都是在博弈结构上发生的维度的变化，比如大家所说的蓝海战略改变的实际上也是博弈结构。这样的做法不仅让博弈论变得富于变化、有趣且更实用，而且也在超边际决策理论与博弈论之间构建了逻辑严密的联系。

- 我将哲学家詹姆斯·卡斯（James Carse）⊖提出的"有限游戏和无限游戏"思想的意义用博弈论进行了结构性的诠释，在决策博弈中引入"无限游戏"的概念，丰富并完善了现实决策场景。卡斯认为，世界上只有两种价值观——有限游戏和无限游戏，让游戏玩下去的策略是更优的策略。我用博弈论阐述了这个理论，证明了现实中的游戏其实都是重复博弈，把游戏玩下去比在单轮博弈中获胜更有意义。

⊖ 詹姆斯·卡斯，纽约大学宗教历史系教授，著有《有限与无限的游戏：一个哲学家眼中的竞技世界》。

- 我把心理学和实验法引入了决策模型，而不是依赖构建数学模型来分析决策者的有限理性[一]，这让有限理性可以在现实中被观察和解读。

    我引入了诺贝尔经济学奖得主维克瑞的次高价拍卖法，帮助决策者理解面对不确定性决策的理性逻辑。我通过对维克瑞的次高价拍卖法的原理进行扩展，阐述了面对不确定性的决策者如何决策的底层逻辑，明确了不确定性决策的核心是寻找不确定性中的确定性，并指出确定性决策与不确定性决策的不同目标：确定性决策追求收益最大化，不确定性决策通过最大化的努力来最大化机会。

我还发现了几个非常有意思的现象：

- 虽然有限理性假设推翻了许多传统经济学的推论，让人们认识到个体理性决策往往不是最优解，但是实验发现，在有限理性决策的过程中，不同观点的互动在很大程度上会抵消每一个独立决策者思维中的非理性部分的影响，最后的决策与基于完全理性假设所预期的最优结果更接近，即经过平等、透明、公开讨论的决策会减少决策过程中个体的非理性成分。所以，遇事先不要急着做决策，可以多听听不同意见，决策高手的特征就是会主动寻找反对的意见。

- 不确定性不是坏事。除了不确定性决策的最大化机会的原则符合中国人"尽人事，听天命"的风格，对不确定性的敬畏还会让人产生自发的道德约束。

- 现实决策更接近无限游戏场景，无限游戏强调"把游戏玩下去"而非只关注单轮输赢的观点，让当下的决策场景有了自带的惩罚机制和有

[一] 古典经济学中的"经济人"假设，认为人具有完全的理性，可以做出让自己利益最大化的选择。1978年诺贝尔经济学奖得主西蒙修正了这一假设，提出了"有限理性"的概念，认为人介于完全理性与非理性之间的"有限理性"状态。

效的价值观约束。这说明，在不确定性的前提下，用好公序良俗、宗教信仰确实有着鼓励人心向善的作用，从而可以节约很多管理和制度成本，而法律等强制约束和监督却往往会带来很高的管理和制度成本。

本书突破了主流博弈论教学一直采用的在给定结构下寻求均衡算法的范式，从博弈结构上寻找两难的突破。除此之外，本书还特别强调，人的有限理性以及人面对不确定性时的行为特点，恰恰为我们提供了突破两难的机会。

这本书是我基于多年思考的一个总结，是结合有限理性和不确定性对决策思维的一个尝试，相信读者对这本书的思考和批评会给这个领域带来更多的贡献。

导读

在写作过程中，考虑到读者的经验、背景、兴趣和需求不同，我将本书的每一个章节都设置为独立的章节，使读者在阅读时基本上不需要掌握上一章节的知识就能理解下一章节。而章节与章节之间，兼顾了决策过程中知识和思维的递进，又构成一个整体的系统。

我们知道，决策是一个复杂的过程，在这个过程中，所有相关的概念所反映的决策要素都是同时起作用的。但如果以这样的方式进行叙述，必须同时引入太多概念，这会使读者刚一开始阅读就感到非常困惑。所以，在写作过程中，我尽可能采用逐渐展开的方法。

上篇（商业现实篇）介绍的是决策的信息局限。决策是人对信息的反应，所以我们必须了解信息和知识的特点，以及这些特点对决策的影响。上篇只介绍信息不对称、知识无形化、有限理性和不确定性这四大挑战，尽量先不涉及其他理论。之所以做这样的铺垫，是因为很多人对这些概念有着先入为主、想当然的误解，而厘清这些概念是本书最重要的前提。

而行为经济学的有限理性理论和奈特的不确定性理论告诉我们，决策就是有限理性的人面对不确定性，需要做出选择。

中篇（系统思维篇）介绍复杂系统和博弈论，这一篇也是逐次展开的。复杂系统思维分析归纳出的主要矛盾，成为博弈论的系统分析对象。在分析博弈论的时候，我引导读者将注意力放在博弈结构上，为下篇介绍如何通过博弈结构突破困局进行铺垫。

中篇是本书的基本理论体系。我认为，经济管理专业人士要想更好地理解商业世界，有三个理论体系是最重要的，一是帮助我们理解现实复杂性的复杂系统理论体系，二是研究主要矛盾之间的互动关系的博弈论体系，三是帮助我们理解思维和行为局限的行为经济学体系。

第一是复杂系统部分。世界是一个复杂系统，处于这个复杂系统中，决策者所面对的问题也是一个复杂系统。复杂系统所呈现的二八分布的秩序，反映的是复杂系统最重要的特性——少数要素起到了大多数作用，也就是我们常说的事物的主要矛盾。这个特性对决策者是一个福音，因为这样我们只用去抓住这些主要矛盾。这个部分的理论基础是最前沿的复杂系统和网络思维理论，因为在我们所处的世界中，无数个要素级化之间都是相互关联的，它们构成了一个呈非线性的复杂系统。相对于大多数人习惯性的线性思维，复杂系统的非线性思维是一种颠覆。

第二是博弈论部分。分析主要矛盾要用到博弈论的矩阵思维逻辑，矩阵思维模式是本书的核心工具。博弈论的矩阵思维是非常好的思维模式，而复杂系统理论的二八法则会帮助我们筛选出不同利益方或不同选项之间基于偏好和利益冲突构成的两难局面，正是它们，造成了决策者从不同角度看问题时所面对的选择的纠结，以及不同利益相关方之间的博弈局面。

第三是行为经济学部分。我重点分析了人在理解了决策两难局面后的行为特点以及意义，并放在下篇展开。其实，每个人的个人偏好差异和不同利益之间的冲突构成了两难关系，两难才是决策者真正需要面对的决策场景。

下篇（破局升维篇）汇集了全书的重点和核心创新。我将博弈结构放入有限理性和具有不确定性的环境（即现实环境中），观察有限理性和不确定性对博弈结构的影响。

在下篇中，我推出了由心理行为、决策系统以及价值取向三个维度互动所构成的一个不确定性决策的三维框架。这是一个工具性框架，是一个帮助决策者梳理不确定性决策的系统性思维和分析的框架。

但那些在我们无意识的情况下影响我们决策行为的心理现象更需要我们的关注。

目 录

推荐序

序言

导读

商业现实篇 上篇

第1章 被误解的信息不对称 / 2
主播刘鹏的故事：不存在一个上帝视角 / 3
1.1 信息不对称的好处远胜坏处 / 4
1.2 用商业模式给企业家精神定价 / 12
1.3 不对称和无形化是企业家精神的特征 / 15
1.4 信息不对称和知识无形化既是决策约束也是决策驱动 / 20
本章结语 经济从来都是知识的，时代从来都是信息的 / 26
游戏卡：获奖者游戏 / 27

第2章 是有限理性在支配我们的行为 / 28
张作霖的用人智慧 / 29
2.1 人类只具备有限理性 / 29
2.2 眼见并不为实 / 38
2.3 习惯驱动行为 / 41
2.4 有限理性并不否定理性 / 46

本章结语　过去30年看博弈论，今后30年看行为经济学　/ 49
游戏卡：沙漠生存游戏　/ 50

第 3 章　真正的决策都是不确定性决策　/ 54
对人机大战热的反思　/ 55
3.1　企业利润来源于不确定性　/ 55
3.2　人的确定性偏好和不确定性现实　/ 58
3.3　管理就是管理不确定性　/ 66
3.4　确定性让人作恶，概率让人投机，不确定性引发敬畏之心　/ 70
本章结语　让不确定性回到决策的中心　/ 72
游戏卡：红绿信封游戏　/ 73

第 4 章　世界的秩序服从二八法则　/ 76
对企业做出一半贡献的人有多少　/ 77
4.1　世界不是随机系统　/ 78
4.2　人的主动行为构成复杂系统　/ 82
4.3　二八分布意味着复杂系统形成了秩序　/ 85
4.4　复杂系统要求抛弃线性思维　/ 90
4.5　财富的奥秘在于追求非线性回报　/ 95
4.6　规模不应该成为决策目标　/ 97
本章结语　从线性思维到非线性思维　/ 100

第 5 章　现实世界需要网络思维　/ 101
金融危机中 AIG 的案例：枢纽节点影响全局　/ 102
5.1　网络思维是理解复杂系统的方法　/ 103
5.2　网络演化的底层逻辑：自组织行为　/ 105
5.3　警惕"规模经济"变成"规模诅咒"　/ 115
5.4　关注枢纽节点，抓住主要矛盾　/ 121
本章结语　对全球化的反思就是对追求规模的反思　/ 127
工具卡：麦肯锡风险矩阵　/ 128

第 6 章 博弈论是分析互动行为的最好工具 / 131

八年后，京东、苏宁又起价格战 / 132

6.1 两难是博弈，均衡是秩序，决策是取舍两难 / 133

6.2 博弈是分析主要矛盾的工具 / 136

6.3 价格战导致均衡恶化 / 150

本章结语 博弈思维为你面对的矛盾构建结构 / 152

游戏卡：红蓝游戏 / 153

下篇 破局升维篇

第 7 章 从博弈结构上突破两难 / 156

空城计里的多重博弈结构 / 156

7.1 博弈结构比博弈策略重要 / 157

7.2 看到给定条件之外的才是格局 / 163

7.3 提升思考维度，突破商业决策困境 / 172

7.4 战略还是策略 / 177

本章结语 用升维为两难破局 / 178

第 8 章 当有限理性面对不确定性 / 180

电车难题如何解 / 180

8.1 改变博弈论理性和确定性的假定 / 181

8.2 诚实是最聪明的策略 / 192

8.3 战略和创新既能突破两难，也会带来新的不确定性 / 195

本章结语 有限理性面对不确定性时的两难才是真正的决策 / 200

第 9 章 在不确定的世界中寻找确定性 / 201

顺治帝为什么选择了玄烨 / 201

9.1 "不变"比"变"更重要 / 202

9.2 通过最大化努力来最大化自己的机会 / 204

9.3 让高维度引领决策 / 208

9.4 在商业模式中寻找确定性 / 213

本章结语 让价值观指引不确定性决策 / 220

第10章 用输赢结束的游戏,不是好的游戏 / 221

没能把游戏玩下去的大宋王朝 / 221

10.1 是有限游戏,还是无限游戏 / 222

10.2 警惕只在乎输赢的商业有限游戏 / 225

10.3 无限游戏鼓励共生共存 / 232

10.4 不确定性的动态博弈是世界的本质 / 236

本章结语 不确定的世界的选择原则是把游戏玩下去 / 240

工具卡:不确定性决策框架 / 241

后记 关于不确定性的思考 / 242

致谢 / 247

参考资料 / 250

上 篇

商业现实篇

第 1 章

被误解的信息不对称

> 形兵之极，至于无形。无形，则深间不能窥，智者不能谋。
>
> ——《孙子兵法》

---- 本章概要 ----

决策是人对信息的反应，而市场与信息是相互依赖的[一]，要了解决策者在市场中的行为，就要从信息开始说起。因此，本章重点介绍的是信息和知识的两个关联特性——信息不对称和知识无形化。我们所关心的企业制度、商业模式、核心竞争力、企业家精神和职业经理人精神等概念，本质上都是从信息不对称和知识无形化的特性衍生出来的[二]。

[一] 朱海就. 垄断信息就是制造危机 [EB/OL]. （2021-02-17）. https://mp.weixin.qq.com/s/ 4tVwy7Xwn_E9bg5Pnxa9eg.

[二] 本章后文有详述。

主播刘鹏的故事：不存在一个上帝视角

上海电视台有一位体育节目主播，叫刘鹏。我最早是在他主持CBA（中国男子篮球职业联赛）节目的时候开始关注他的，我很喜欢他的主持风格，随性自由，总能将嘉宾和观众带入充分沟通交流的氛围之中。

机缘巧合，我在上海交通大学授课的时候遇到了刘鹏，当时他正在攻读工商管理博士学位。相识之后，我表达了对他的欣赏，还关心他现在在主持什么节目。刘鹏告诉我，他现在在主持"弈棋耍大牌""三打一斗地主"这类棋牌节目。

听说他在主持棋牌类节目，喜欢博弈论的我很钦佩地问他："你能主持棋牌类节目，打牌想必很厉害吧？"

刘鹏笑着说："其实我打牌水平很一般。"

我又问："那你怎么能主持这个节目呢？"

他的回答我永远忘不了："四个人的牌我都看得见，自然就可以点评了！"

我恍然大悟，作为主持人的刘鹏是站在上帝视角看世界的。

牌局就像一个世界，每位出牌人只能看到自己手上的牌，别人手里的牌他只能去猜。这就是现实，每个人只掌握有限的信息和资源，彼此间信息不对称。

如果有一个人或机构，掌握了分散在世界和市场上的所有信息，那他就可以像上帝一样，做出全局判断和统筹。但现实中没有上帝视角。凯恩斯主义在市场扮演了"上帝之手"，增加了对市场的干预，但长期来看，它是失败的。

现实中的决策者如同牌手，只知道自己手上的牌，但还是需要斗智斗勇打出精彩的牌局。无论现实和人生赋予你什么样的有限的资源，你都要运用自己的智慧和信念，在一个信息不对称的世界里，做出好的决策，活出精彩的人生。

1.1 信息不对称的好处远胜坏处

现在，"信息社会"和"知识经济"的概念已经被大家普遍接受，但人们对知识和信息相关的一些概念却存在着误解。对这些概念的误解，一直以来都在误导着人们的决策。因此，厘清概念是非常有必要的。

首先，认知是主观的，存在于每个人的脑海里，它是个人对这个世界的主观理解。在这里，我们先不谈知识的对与错。

其次，一个人所具备的各种能力，其实是他所拥有的知识的反映。

信息是我们眼中的客观世界，我们生活的世界是通过信息反映和呈现给我们的，且这些信息在我们的脑海里经过了主观过滤和筛选。

信息和知识散布在每个人的脑海里，它们的分布是不对称的，比如，你脑海里的"知识"，对我而言却是"信息"（见图1-1）。

	信息对称	信息不对称
有形知识	常识、共识，可量化、可描述 沟通的基础	秘密、专利 可直接交流、传授或交易
无形知识	默契共鸣、习惯文化 不沟通也能达成共识和行动的基础	专业化技能、核心竞争力、企业价值观 只能间接交易或无法交易

图 1-1　信息和知识分类矩阵

值得一提的是，商业世界需要同时关注具有不对称和无形化特征的信息和知识。

人类受益于信息不对称

经济学家弗里德里希·奥古斯特·冯·哈耶克（Friedrich August von Hayek）在《知识在社会中的运用》中说，知识分散在每个人的大脑中。这里说的是知识在世界的分布性，也就是说，一个人再聪明，也掌握不了全部知识，处理不了所有数据——这就是"信息不对称"。

经济、商业是通过分工形式存在的，但无论什么形式的分工，都要通过协作将不同的人所持有的不对称的、个性化的知识和信息整合在一起，构成我们需要的产品、服务、生产方式。

亚当·斯密（Adam Smith）在《国富论》中分析了经济发展的核心：分工越来越发达和深入；专业化分工深化，导致信息越来越不对称；而信息不对称又反过来促进分工和效率提升，从而促进经济发展。这是一个正向强化的循环过程。

专业化分工带来专业化能力，日积月累就形成了查理·芒格（Charlie Thomas Munger）所说的"真知识、真能力"⊖。这种具有无形化特点的知识拥有十分有利的交易优势和价值，也最安全——因为无形化知识不容易被模仿和剽窃，私有知识财产可以得到有效的保护。

分工就意味着信息不对称，每一位从事分工后的专业化工作的人，肯定都拥有其独有的知识和能力。随着专业化的深入、经验的累积，社会分工所需要的信息和知识也越来越专业、越来越不对称，专业化分工的程度也因此越来越深。所以，发达经济体中一定存在高度的信息不对称，而且随着分工的深入，其程度越来越高。

⊖ 考夫曼.穷查理宝典[M].李继宏,译.上海：上海人民出版社,2010.

简而言之，制度会促进更深度的分工，分工又深化了世界上信息的不对称。所以，我们不能狭隘地理解信息不对称的概念及意义。

然而，人们在说到信息不对称的时候，多是在说它的坏处。确实，信息不对称为机会主义行为提供了机会——一些人利用信息不对称做出了损人利己的行为。

沃伦·巴菲特（Warren E. Buffett）经常与被投资企业管理层进行沟通，以此来获得信息。他的老师本杰明·格雷厄姆（Benjamin Graham）对他的做法不以为然。格雷厄姆认为，巴菲特这样做没有把握住内部消息交易的界限，利用了信息不对称，对其他投资者不公平。尽管巴菲特并没有触及法律底线，但在格雷厄姆看来，金融投资行业从业者应该对自己有更高的道德要求。

这些年来，学术界有大量关于委托人－代理人问题、道德风险问题的研究，诺贝尔经济学奖也曾多次被授予研究信息不对称的经济学家。他们的研究，都是为了找出信息不对称对合同、企业制度安排和激励行为的影响，以及避免有人利用信息不对称做出损人利己的行为。

学者们对信息不对称话题的关注，说明信息不对称是客观存在的，有其合理之处。但大众却偏爱理想化的简单结论：只要信息对称了，问题就会迎刃而解。比如，很多人包括一些互联网大佬都在宣称，互联网让信息获取变得更容易，让信息对称了，甚至认为互联网解决了信息不对称问题。

这其实是一种误解。事实上，互联网上每个节点的连接，会使一部分信息对称，但每一次连接都意味着更多的信息不对称，因为每个节点的背后都是更多的信息。

所以，在网络世界中，无论是有形的物理连接，还是无形的社会连接，互联网连接都没有也不应该把信息不对称变成对称，恰恰相反的是，互联网深化了信息不对称，但这并不是坏事。

我们已经非常习惯于信息不对称带给我们的好处，这才会让信息不对称的坏处吸引了我们的注意力。事实上，信息不对称带给我们的好处远远多于它带给我们的坏处。

知识无形化

作为信息内化的一种形式，知识不仅具有不对称性，还有无形化的特征。

在生活中，中国人提到某些知识和能力的时候往往会说"可意会不可言传"，这说的就是知识无形化的道理，也就是哈耶克提出的"隐性知识"[1]。隐性知识讲的是，不对称信息不仅意味着一部分人知道、一部分人不知道，而且意味着所有人都无法具体描述信息和知识的特征。

语义学家温德尔·约翰逊（Wendell Johnson）认为，用静态语言捕捉变动的现实，会造成很多困扰。他说："我们的语言年代久远，但先天不足，是一种有缺陷的工具。它反映了万物有灵论的思想，让我们谈论稳定性和持久性，谈论相似之处、常态和种类，谈论神奇的转变、迅速的痊愈、简单的问题以及终极的解决办法。然而，我们的世界包含着无穷无尽的过程、变化、差别、层面、功能、关系以及复杂性。静态的语言与动态的世界并不匹配，这是我们面临的挑战之一。"[2]

宋代沈括在《梦溪笔谈》卷十七《书画》里说："书画之妙，当以神会，难可以形器求也。"意思是，书画和其他艺术形式，如果可以被语言准确描述，也就失去了意境。

这些年，我一直练习书法，这源于我少年时就有的"写一手好字"的

---

[1] F. A. Hayek. The Use of Knowledge in Society[J]. The American Economic Review, 1945, 35(4):519-530.
[2] 引自《非暴力沟通》第三章"区分观察和评论"。

情结。初学书法时，老师叫我写笔画"竖"的时候曾说，收笔的时候要用一股"阴力"。几年下来，我的书法确实有些长进，也能体会、感悟到这股"阴力"是什么样的，但我无法向别人解释清楚什么叫"阴力"。

这是一种无法用语言描述的东西，很多专长或绝活都有这个特点。事实上，在大多数情况下，"你听到我说的"和"我想说的"是两回事，因为就连我自己也不能做到100%描述清楚自己对无形化的想法和灵感。如果换一个方式来表述，那么无形化知识就是那些无法被编码的知识。

知识的无形化对我们的启示有三点：

一是说不清的需求才是真需求。

史蒂夫·乔布斯曾说，客户其实不知道自己要什么，当你把产品给他看，他才会知道它是不是自己所需要的。所以，"多听客户的声音可以做出好产品、提供好服务"是误解，至少是不够的——客户更希望你带给他们连他们自己都不知道的东西，这才是价值之所在。乔布斯在设计苹果电脑的时候，并不只听取用户的意见，他更相信自己的洞察。

从无形化的角度来说，即使客户知道自己想要的东西，他们在大多数时候也是说不清楚的。"知道自己想要的"和"说清楚自己想要的"是两个概念。客户的描述和他真正的需求，也是两回事。

在沟通中，提问者需要有非常专业的技巧，才不会问错问题。而一旦问错问题，就会得到错误的回答。很多时候，即使问对了问题，也不一定能得到正确的回答，因为绝大部分客户都是依据已知来设想未知，对多数人来说，这个设想过程存在认知障碍。这是我们在沟通时需要特别注意的地方。

"不一定知道自己想要什么，想到了也说不清楚"，也是令很多管理者备受困扰的问题。在企业管理的过程中，老板和领导也是需要被管理的，这在管理学上叫"向上管理"。因为老板不一定知道自己想要什么，想到了也不一定说得清楚。

我们可以采用两种管理方法，一种是对老板唯命是从，一种是引导老板。这两种向上管理的方法没有对错之分，具体采用哪一种与老板的格局密切相关，这需要每一位职业经理人进行权衡和判断。

二是讲不清楚的才有价值。

我的一位学员是一家世界500强公司的人事招聘专员。在上课时，她谈到了自己在工作遇到的挑战——无论她怎么努力，用人部门总是对她招聘的人不满意。这让她感到非常困惑、苦恼。我告诉她，这其实很正常，因为她遇到的正是一个知识无形化问题。

一般来说，用人部门在提出用人需求的时候，会提供一个岗位描述。但是，如果一个人的工作用两张纸就可以描述清楚，那么这样的人对企业还有价值吗？生活经验告诉我们，只有技术含量很低的工作，是可以通过文字大致描述清楚的。一个人在企业里的价值，如果只靠几张纸就能被准确描述，那这个人恐怕随时都能被替代，无论是被其他人，还是被机器人。

重要岗位的真正的用人需求，肯定是无法完全说清楚的。正因为无法说清楚，所以才存在很高的不可替代性，这才是这个岗位的价值所在。

我们还以书法为例。几千年来的书法大师都想和他人及后人分享他们的心得，很多大师还留下了浩瀚的著作，分析总结自己的心得体会。如果这些心得体会可以用语言精准描述，那么后人只需要读他们的书，就能写出具有同样水准和神韵的书法了。

同样，高尔夫球界的传奇人物"老虎"——泰格·伍兹拥有纯熟的技巧，他也非常愿意和高尔夫球爱好者分享他的技巧和经验，现在也有很多先进仪器能把他的挥杆细节和挥杆节奏进行录像分析，但无论他怎样描述、别人怎样分析、仪器怎样先进，都无法抓住那些最核心的东西并将其传递给大家，否则每一个高尔夫爱好者都能打出和伍兹一样的挥杆了。

在商业领域也是如此。PayPal 联合创始人、著名硅谷投资人彼得·蒂尔（Peter Thiel）㊀说过，他不会投资商业模式非常清晰的公司，因为真能被说清楚的，都是容易被模仿的，也就没有投资价值。《黑天鹅》作者纳西姆·尼古拉斯·塔勒布（Nassim Nicholas Taleb）也说过，他看不上漂亮的商业计划书——因为只有说不清楚的才是真本事。

我们每个人的思考和表达，最终都受制于无形化知识的无法精确描述和展现。每个人独有的不对称信息和无形化知识，来源于其特殊的经历，不可能被别人完全复制，更别说精神气质和底蕴。这些会在课堂上、在人的行为里、在沟通过程中有所展现，但又不可能被精确地、完整地描述和模仿。

有价值的个性化知识，其最高表现形式都是无形化的，无法被准确无误地描述和量化。越是有价值的知识，就越是难以说清楚、难以量化。那些无形化但极富价值的知识和能力，不仅为企业提供了战略指引，也为每个人的人生提供了指引。

三是信息和知识具有属人性。

信息和知识与拥有它们的个人是不可分割的。民间故事里有很多可以传授的所谓"独门秘籍"，其实它们大多是讲故事和听故事的人的主观愿望和一厢情愿而已。无形化知识有很强的属人性，这也正是其价值所在。企业的核心竞争力、企业家的洞察力和决策力都具有，也应该具有属人性的特点。

我的一位老同事看到我开发的决策和谈判工具卡片及我写的书《赢在谈判》，提醒我说其中的内容太详细了，担心别人把这些思想或精华偷走。我说，我其实完全不担心这事。真正的能力和思想都是无形化的，学生都

㊀ 彼得·蒂尔，PayPal 创始人、Facebook 首位外部投资者，《从 0 到 1：开启商业与未来的秘密》的作者。

无法完全学去，更不要说偷走了。按照查理·芒格的说法，没有十几年的时间，一个人是很难具备"真知识"的。

创新能力这种无形化的能力也有极强的属人性。根据我对具有长期创新能力的企业的观察，如果企业家本人是创新者，那么这家企业才会真正具有创新的精神和能力。比如史蒂夫·乔布斯的苹果公司和比尔·盖茨的微软公司。

乔布斯当年创立苹果公司却又被赶出苹果公司，因为他不是好的管理者，他自己也知道管理不是他的强项。但后来他又被重新请回苹果公司，这是因为没有了乔布斯，苹果公司就无法创新，完全失去了其内核。

优秀企业家的个性影响着企业的个性。乔布斯的兴趣从来不在计算机的工作原理，他总是想着让苹果电脑对每个人都有吸引力，而不仅是针对计算机专业人士。1977年4月，"苹果Ⅱ"在首届西海岸电脑展览会发布。除了操作简便，这款计算机在设计中还蕴含了禅宗的美学与精神元素。问世的第一年，"苹果Ⅱ"就给苹果公司带来了可观的利润。它的设计在行业里领先了很多年，不仅永远改变了个人计算机行业，甚至彻底改变了人类的生活和历史。

乔布斯用深刻的消费者洞察、一体化的解决方案和精致美观的设计向所有竞争对手证明：要想追赶苹果，只有技术是不够的。iPhone问世的时候，其电容触摸屏等很多技术并不是最新的，却是最适用的技术。它的更吸引人之处在于它充分满足了消费者的审美需求。硬件上，它简约优雅，自成其美，它的质地、线条、色泽，还有手感，有一种语言无法表达的神秘魔力，让全世界无数人喜欢甚至为它发狂。乔布斯将心注入，将他领悟的生命之美通过一款手机传达给世人，在那一瞬间，你感受到并被深深打动的，是乔布斯的精神，也是他无形化的知识。

1.2 用商业模式给企业家精神定价

信息不对称和知识无形化,很好地说明了现实的复杂性。那么,市场该如何应对这两个既是特性也是挑战的问题呢?

我们知道,市场产生价格,价格的魔力在于它反映了所有生产者和消费者背后的信息,包括消费偏好、生产效率、管理水平、品牌效应等,这些嫁接了不对称信息。

价格可以反映出市场对不对称信息的处理能力和效率。生产者不需要了解太多消费者背后的信息,价格就会告诉他一切:如果消费者愿意为了高质量而接受较高的价格,那么生产者只要把质量搞好就行了;如果消费者的出价降低,说明需求在下降,这时,生产者就要考虑减少生产量了。

定价不仅看高低,也要看方式。价格机制是市场的核心能力,它可以分为直接定价和间接定价两种。

直接定价

市场的功能是定价[一]。定价是实现价值的过程,或者说价格是帮助交换双方获得价值的机制。有形的产品可以直接用价格解决定价问题,即使是服务,那些无形化程度低的服务,如标准化服务,其定价问题也可以用价格来解决,典型的例子是金融市场中的大宗商品和家用电器的三包服务。

行为经济学发现:人在面对简单信息和复杂信息的时候,更倾向于处理简单信息。正因为如此,当两个产品或方案摆在我们面前时,如果一个容易理解,另一个却很复杂,那么,简单明了的产品或方案往往更容易被选择。这也解释了为什么价格可以作为交易信号,因为价格简单易懂,不需要任何学问就能被所有人理解。

[一] 供给和需求是决定市场价格的基本力量,这是现代西方经济学理论分析的逻辑起点。

市场的信息处理能力和人的信息处理模式这两股力量凝结，使价格成为交易的核心信息。

间接定价

我们不仅要交易不对称信息，还要交易无形化知识。前面说过，市场用价格来解决信息不对称的问题，但对无形化程度较高的知识的定价就不是这么直接了。

如果你是一位很优秀的设计师，有品位、有个性，有很好的想法和创意，你该如何给它们定价呢？如何实现你的某个设计，乃至你的设计能力的价值呢？

到市场上去卖？有人会觉得，这个设计构想真是不错，但门槛低，于是他没有买，却按照你的设计构想做出了他自己的设计；或者有人愿意付钱，但是，付多少才会令你满意呢？

这说明，对无形化程度高的产品和服务直接定价，是一个难题。最好的办法就是使这个构想落地，生产出具体的产品来，比如做出一只器形或釉色超漂亮的杯子，或者一份口味独一无二的奶盖茶，这样，在市场上定价就容易了。

这就是商业模式和企业制度的价值。

企业家有自己的洞见和创意，但如果想获得相应的价值回报，就必须到市场上实现这些洞见和创意的价值。因为无形化知识不容易直接定价，最好的办法就是把它与有形化的产品融合在一起，让无形化知识体现在有形化产品上。有品位的设计师将个性和风格融入有形化产品，这个具有独特品位的有形化产品就能卖出不一样的价格。价格的高出部分就是市场对无形化知识的定价。这是无形化知识通过有形化产品的间接定价。

所以，去掉所有的生产和市场营销成本后，剩下的利润就是反映企业家精神、商业模式、核心竞争力的地方。这就是间接定价机制。

间接定价机制反映了市场的资源组织能力，即知识的组织能力。市场除了通过价格促成直接交易，也通过价格来安排资源和组织，即商业模式和企业。市场会自发形成秩序，这说明了价格机制与信息、知识之间的关系。

天才企业家如乔布斯和盖茨，如果想在市场上实现自己的价值，为他人打工肯定满足不了他们的野心，但也无法让市场直接出价购买他们的才华，这个时候，间接定价的企业制度就凸显了它的优势。

企业制度就是企业家按照自己的意愿，在自身才华、能力和洞见的指引下，成立企业，组织生产。企业支付了生产资料、管理和税赋等所有成本之后的剩余，即利润，归企业家所有。

利润就是对企业家精神、才华、能力和洞见的定价，是一种通过企业制度来实现的间接定价方式。企业制度这种间接定价方式反过来又能激励企业家精神和创新进一步成长。⊖

商业模式是为了实现企业家精神的价值

我们可以看到，企业、商业模式、核心竞争力都是围绕着企业家精神这种同时具有不对称性和无形化特点的知识展开的。这些交易活动和价值实现，都是通过市场组织的企业运营活动来完成的。

商业模式犹如盛着液体的容器，围绕着无形化知识即企业核心竞争力而设计。企业核心竞争力不仅是无形的，还必须具有独特性，是该企业独有的，这样才能使企业在一定的时间和空间内具有独特的竞争优势，乃至

⊖ 打工收入和企业利润也可以理解成事前定价和事后定价的方式不同。对企业家而言，一切看结果说话，成功了就会有回报，失败了就可能血本无归。商业模式和企业制度可以保证无形化知识的拥有者能够获得合理的回报。

形成垄断地位。

所以，在分析一家企业的核心竞争力的时候，我们应该去寻找那些无形化且独有的东西，因为只有基于无形化知识打造出来的核心竞争力才是可持续的。

图1-2概括了企业家精神的展现形式，从企业制度、商业模式、核心竞争力到战略和创新，都是基于企业家精神等无形化知识型资产打造出来的。因为有企业家精神，所以需要有企业；因为有企业，所以需要明确商业模式；明确商业模式是为了打造企业的核心竞争力；而战略和创新则是为了在市场上实现企业家精神的价值。

从企业制度、商业模式、核心竞争力到战略和创新，都是基于企业家精神等无形化知识型资产打造出来的

图1-2　企业家精神的展现形式

1.3　不对称和无形化是企业家精神的特征

在一次会议上，IBM的一群经理人向微软创始人比尔·盖茨提到他们需要一个操作系统。一开始以为IBM只是需要一套编程语言的比尔·盖茨马上嗅到了商机。但是，微软没有操作系统，该怎么办呢？这时，比

尔·盖茨了解到，有家小型软件公司拥有这样的产品，于是，他花了5万美元买下了这个操作系统，这就是微软操作系统的来历。

市场上有公司在研究操作系统，这类信息是公开的，本身并不是秘密，但只有具有企业家嗅觉的人才会注意和关心这个话题。

企业家和职业经理人的商业嗅觉是不一样的。像比尔·盖茨这样的企业家就会对特定的信息敏感，而IBM的职业经理人却不会有这样敏感的嗅觉。如果比尔·盖茨是一位经理人，也不一定会有这样的嗅觉。

通过与IBM经理人的对话，比尔·盖茨敏锐地看到了计算机设备操作系统的未来，而IBM的职业经理人却不知道或没有想到计算机未来的发展方向。为什么会有这样的差距呢？其实，这正是企业家精神这种无形化知识在发挥作用。

最终，比尔·盖茨与IBM做成了这笔业界最伟大的商业交易。后面的故事想必大家都已经知道了。

史蒂夫·乔布斯与施乐公司的故事也与此异曲同工。

施乐公司开发出了三项惊人的技术，包括计算机之间如何实现互联、面向对象编程是如何工作的以及图像界面和位移显示屏幕，但施乐公司却想象不出它们的未来，想象不到如何将这样的成果和个人计算机联系起来。最终面世的"施乐之星"主要瞄准计算机网络化的企业市场，运行缓慢（保存一个稍微大点的文件需要数分钟），价格昂贵（零售价高达16 595美元），正因为如此，这款产品的销售状况极其糟糕，只卖出了3万台[一]。

然而，史蒂夫·乔布斯看到这几项技术后，立刻将它们与他对个人用户的洞察联系起来，想象到这些技术在个人计算机的无限前景。他和团队在施乐公司所见的技术最终促成麦金塔计算机Mac的发明。Mac是世界上第一款拥有交互式图形界面、使用鼠标且普通民众也能够买得起的计算机。

[一] 艾萨克森.史蒂夫·乔布斯传[M].管延圻，魏群，余倩，等译.北京：中信出版社，2011.

就是这种源于企业家精神的嗅觉最终成就了乔布斯的苹果公司。

努力和贡献中的知识含量

企业家以外的人群,从职业经理人到流水线工人,知识贡献程度逐渐降低,也就是无形化知识含量逐步降低。无形化知识含量越低,就越可以依靠市场直接定价交易的方式来实现价值。对这些人,常采用依靠付出的努力定价的方式,常见的有计时或计量的方式(见图1-3)。对一般打工者而言,这是一个有效的商业模式。

知识贡献程度/角色	低	高
企业家	投资人	创业者
经理人	直接定价(按付出的努力定价)	间接定价(按努力的成果定价)

图1-3 知识和知识工作者——企业家还是经理人

即使老师、咨询顾问、律师等提供知识类服务的专业人士也一样,他们提供的服务可能对客户具有极大的价值,但市场无法直接为他们的实际贡献定价,或基于他们的贡献提供直接回报,这时,他们就会退而求其次接受计时或计量的定价模式:老师按照课时收费,咨询顾问按照工作量而非价值量计算成本,律师按照诉讼标的价值的百分比收费等。当无法真正体现自己的贡献有多大价值时,人们只能做出这样的无奈之举。

随着级别升高,职业经理人会提供更多基于无形化知识的价值。当职业经理人觉得自己的能力和智慧贡献,即属于他的无形化知识的价值或贡献,超越了按照年薪制或雇用合同给他的回报时,他就不会满足于之前的约定。这个时候，他可能会考虑自己做老板，或者想要拥有更多的企业股份。

然而，每个人都有高估自己贡献的倾向，因为对个人贡献程度，尤其是无形化知识的贡献的判断是主观的，不存在一个客观标准。但无论如何，当职业经理人觉得自己的贡献大过自己的所得时，就一定不会满足于打工的形式，会产生创业的冲动。㊀

市场对于有形化产品和服务的价值容易达成一致，而对于无形化知识的贡献以及成果却不容易达成一致。现在有很多企业采用结果导向、以成果定价的方式对员工的努力和贡献进行间接的计算和衡量，目的就是提供更有效的激励机制，这样既节省了监督费用，也更好地体现了知识的价值。

当然，这种定价方法，不如以时间、数量来定价的方法那么简单有效，争议往往也很大。事实的确如此，一件事情的成败，可能源于多种因素，要讲清楚、归因到具体某一个或几个人或衡量某一个要素的贡献是很难的，对努力过程的监督，以及结果和贡献的计算，更是难上加难。

直接定价经理人，间接定价企业家

虽然经理人和企业家都可以算作知识工作者，但他们往往会选择不同的对无形化知识的回报模式。相对而言，职业经理人更倾向于选择用时间（雇用合同）来衡量自己的价值，因为这样做风险更小，个人生活也会更稳定。

这是因为，经理人对企业不具有剩余权，而企业家对自己的企业拥有剩余权。剩余权是指对企业利润享有最终的支配权，也是人对自己决策负

㊀ 不去考虑个人爱好，同样的知识和能力下，什么人会选择做企业家，什么人会选择做经理人，更多基于他们对不确定性的偏好：企业家愿意冒险，有冒险精神，其实是更偏好不确定性。当智慧、偏好与好运实现完美结合，有可能成就一位成功的企业家。

责的最终保证。剩余权机制解决了企业家贡献的激励问题。

企业按照量化指标管理职业经理人，这使得职业经理人会优先考虑个人风险最小的路径。比如，企业内部各个机构的负责人都是职业经理人，他们扛着企业的量化指标，但本质上他们是回避风险的人群，不会为没有足够激励机制（甚至可能有惩罚机制）的企业去冒职业风险。

这不是否定职业经理人的价值，只是分析激励机制对个人行为的不同作用。乔布斯知道自己不适合做经理人，所以1983年他主动请来当时的百事可乐总裁约翰·斯卡利（John Sculley）来管理苹果公司（两年后，乔布斯被董事会赶走即是为此）。

战略大师迈克尔·波特的企业战略思维极大地影响了企业经营和管理，但他只是商学院的教授，教书、做研究的回报不能体现他的理论对市场的贡献，于是，他成立了一家咨询公司。

波特的想法是对的，因为这样可以最大化自己无形化知识的收益，实现更合理的价值。

但是，他的咨询公司最后失败了，不得不宣布破产。如同千万失败的企业家一样，即使你有了不起的思想和创意，即使企业制度是证明个人价值的好制度，但企业制度本身不能保证你创业成功，你能否成功是另外一回事。后面我们会说到，在一个充满不确定性的世界里，没有任何办法保证你的决策是正确的和你一定会成功。

用过程中付出的努力还是用努力的成果来定价，取决于量化的难度。有些是可以量化、可以预期的，有些是无法预期、难以量化的。

值得一提的是，用企业家精神要求职业经理人并不公平。

很多企业都鼓励员工有创新精神，为企业无私奉献。如果经理人的创意的回报在一定的范围可以预期，那么他们还是愿意与企业合作共处的。一旦回报超出激励或一旦个人认为回报激励不足，他们就不会满足于作为一个经理人的回报。用企业家精神要求别人做贡献,你就要给他们企业家形式的回报和激励。所以,要求职业经理人做出企业家水平的贡献却不提供企业家水平的激励和回报是不公平的。

1.4　信息不对称和知识无形化既是决策约束也是决策驱动

决策约束:没有人拥有所有信息

一方面是信息不对称,另一方面是知识无形化,这两者构成了决策的约束条件。

经济活动并不是要改变信息不对称,而是要利用信息不对称。市场和企业制度就是帮助我们利用信息不对称和知识无形化达成分工和合作的机制,社会和经济组织的复杂系统活动都具有这个特点。

这是本书的一个重要前提假定,即在信息越来越不对称的世界里,决策者不可能拥有决策所需的所有信息。但是,即使你并不拥有所有信息,你还是必须做出决策。

其实,所有信息都具备的话,就只是"计算"而不是"决策"了。你要掌握该掌握的信息,同时也得接受每个人掌握的信息是有限的这个现实。

驱动决策的是无形化

真正让我们下定决心做重大决策的是价值观和直觉,这都是无形化的东西。《黑天鹅》的作者塔勒布认为,两难时候的决策只需要一个要素,或者说让你在最后一刻按下决策键只需要一个要素,这个要素一定是无形化的。我们在做决策时的选择与我们的直觉和价值观有更大的相关性,这些都是无形化知识的呈现,即决策是由无形化知识驱动的。

在用实验法讲授世界著名决策题"波斯公主选驸马"的问题[一]时，我曾问女生，在 100 个随机出现的优秀男生中挑选自己的意中人时会如何选择？一开始，她们都会列出那些可以量化的指标，如身高、财富、学历等。但当我告诉她们所有列出的这些指标都可以得到满足的时候，感觉、眼缘、化学反应等成为关键指标。这时，同学们会达成一个共识：真正驱动人们做出最终选择的，一定是那些无形化的指标。如果你仔细回顾自己在生活中的重大决策过程，应该也会得出类似的结论。

使命、愿景、价值观都是无形化的

在这个世界上，每一件与我们有关的事，都会被我们赋予一定的意义。针对不同的意义，我们会对同一件事形成不同的直觉和价值观判断。由于每个人对同一件事物赋予的意义不同，我们的直觉和判断也会不同，由此产生的决策就会不同。战士会为了人类、祖国、和平去战斗，企业家会为了证明自己的成功和肩负的社会责任感而奋斗，职业经理人追求的是成就感，发明家以造福人类为理想等。

意义是无形化的，我们根据意义所产生的直觉和做出的判断，又赋予标的物价值观上的意义，所以价值观也是无形化的。任何决策和交易，都有无形化的部分。在商务交易中，要理解自己，更要理解对方对于交易的价值观认知。

一家企业的使命、愿景、价值观是企业家的无形化知识的外化，是企业家在制定战略和运营管理决策时最根本的决策要素或驱动力，在某种程度上，企业战略来自企业的使命、愿景、价值观。

那么，使命、愿景、价值观等无形化知识在转化为企业战略和运营管理决策的过程中，是如何体现的？

[一] 详见本书第 8 章的"37% 法则：公主怎样才能选到最佳驸马"。

无形化知识的属人性特点，意味着在带来回报的同时，它的所有者也对其后果负有责任，因此，与之相关的责任很难转移出去。所以，企业的使命、愿景、价值观，看上去虚幻无形，但它反映的是企业家的精神气质、商业意识和道德底线，是企业家制定重大战略决策时最关键的决策驱动因素。

这也给企业的授权和协同工作带来了挑战：企业战略必须有可以量化的部分，这样才便于理解、管理、操作和实施；然而，在无形化知识解码为企业战略、进而分解为各个部门或事业部业务指标的过程中，其责任却很难量化并转移下去。

不要迷信量化管理，要关注无形化目标

我们的世界是一个被所谓的"量化管理"充分洗脑的世界。绩效考核、KPI管理、点击率、流量、规模、利润等量化指标成了管理的全部，这种为绩效而绩效、为考核而考核、忘掉或不顾其背后无形化目标的行为会带来很多问题。

我们不应迷信量化管理，而更应关注无形化目标。

量化投资大师詹姆斯·西蒙斯（James Simons）的文艺复兴科技公司及其旗下的大奖章基金，27年间平均年化回报率达35%，同期，巴菲特的伯克希尔-哈撒韦公司每股账面年化回报率为15.94%，标准普尔500指数年化回报率约为10.27%，西蒙斯的投资表现与巴菲特和标普500指数相比均高出20多个百分点。

分析文艺复兴科技公司的成功原因，我们可以发现以下几点不可复制：

首先，文艺复兴科技雇用了很多专家，这些专家几乎都不是金融专家，而是数学家、物理学家或统计学家，这减少了金融投资行业的"知识诅咒"[○]

[○] MBA智库. 知识诅咒[EB/OL].https://wiki.mbalib.com/wiki/%E7%9F%A5%E8%AF%86%E8%AF%85%E5%92%92.

和"经验陷阱",使他们可以充分地、自由地讨论而不受背景约束。要知道,这些人不是一般的"外行",他们是世界上最聪明的大脑,这些最聪明的大脑之间的充分辩论会产生伟大的思想和创新。

其次,这些最聪明的大脑对市场上发生的变化和有价值的信息具有极强的嗅觉和捕捉能力,这就构成了更新模型、调整参数的基础。

最后,这家公司的激励机制也很有趣。公司不设个人业绩指标,而是根据基金的表现,大家共享成功结果。因为,在这里,谁也无法将个人贡献和回报的因果理得非常清晰,这些人的贡献是无形化的,本来就很难量化,再加上知识的复杂性,很难搞清楚是哪一个单独的想法起了作用或哪一个灵感激发了知识的更新。搞清楚这些东西的成本高得令人无法承受。基金的特殊的激励模式和美国文化传统里的辩论习惯,以及基金最后在期货市场上的成功,形成了一种正向强化作用。所以,最有效的办法是看整体表现,而不是对每一个人进行绩效考核。

由此我们可以看到,对于无形化知识含量高的复杂系统,个人绩效考核、个人KPI管理的作用和价值非常有限。这也是我一直强调关注无形化目标的原因。

说来有趣,西蒙斯这样的量化大师,对于复杂金融资本市场的所有投资都是量化的,却无法量化自己团队里每一个人的绩效。

无形化知识的责任不应该被量化和转移

事实上,无形化知识的责任也不应该被量化和转移。

因为企业战略和运营管理决策最终必须与企业的剩余权相匹配,也就是说拥有企业剩余权的人,必须对目标负有终极责任。这种责任是通过企业或私有财产的剩余权体现的,这一部分只能留在企业家身上而无法转移,也不应该转移。

企业战略需要区分目标和指标。指标是一种管理手段，目标才是真正的目的。如果只看指标，就很容易忘记原来的目标。当然下一个问题就是：谁对指标负责，谁对目标负责？

对管理而言，有形化指标并不是难点，无形化目标才是。管理的终极重点应该是无形化目标。所有可以量化和转移的有形化指标，都是实现无形化目标的手段。

事实上，也只有那些可以量化的指标才是可以转移和分配的。换句话说，在企业的任务层层落地的时候，就需要对其进行剥离：交给部门和下属的任务必须是具体的、可量化的，但其无形化的部分要留在高层。无形化的收益需要与责任联系在一起，永远跟最终对它负责的人捆绑在一起，即任务无形化的部分永远是高层责任。

企业的管理能力也是一样的。我们强调管理者要有三种能力：技术能力、运营能力和战略能力。这三种能力，也是管理能力的三个层次。技术能力是比较容易说清楚的，运营能力里的无形化成分就比技术能力要高很多了，而战略能力这个层面就更是难以琢磨且诡谲难测的了。

新商业生态是复杂的、无形化的

我们所处的商业环境越来越复杂。电子商务和社交平台结合形成了新的商业生态，线上和线下、私域和公域、物理和心理等共同构成了这个系统。网络生态中的各种连接互相具有代偿性㊀，不同网络互相补偿且互相挑战。

这是一个新商业生态，也是一个复杂系统㊁，针对这个系统的决策对管理者来说是更大的挑战。

㊀ 以人体的"代偿性"为例，它简单地说就是人体的"备用机能"，比如一个器官的一部分功能受到损伤，为了保证这个器官还能正常为人体服务，这个器官的剩余部分功能就要代偿性增强。

㊁ 本书第 4 章会讲到。

新商业生态的主要特点是非直观、非线性。商业逻辑不再直接、明显，直觉只能看到表面和局部，决策的作用点会在你完全意想不到的地方出现。

传统的预测、分析和管理手段已经不再适应新商业生态的管理，投资决定不能再完全依赖传统的 ROI、KPI 的做法。没有一个指标会毫无价值，但也没有一个指标能够给你足够的决策信息。一家 500 强企业的 CFO 曾感慨，这几年的变化让他认识到，追求传统的财务精确已经完全不可能了，再也没有完美的模型和精确的数据来帮助你决策。

图灵奖得主理查德·哈明（Richard Hamming）在谈到如何变得卓越时说：在许多领域，通往卓越的道路不是精确计算的结果，而是模糊与含糊不清的。⊖罗素说，如果一个人告诉你，他精确地知道某事，那么可以肯定，你正在和一个不精确的人说话。⊜我打高尔夫球的时候，特别是推杆的时候，不喜欢用球上的细线瞄准，而是会用粗的图标来瞄准，因为这条细线会让我感觉过于精确而使我错失一些可能的关键的影响指标。用后面的复杂系统理论来说，整个推杆过程不是一个简单的物理过程，还包括心理、体力等因素，只依赖精确的物理系统这一个指标是不够的。完全靠量化的有形数字指标做出的，是计算而不是决策。

这里要强调一点，我不认同只根据数据做出决策，并不是否定对有形化事物的量化管理。能够被量化的指标或任务应该也必须被量化，而且这种量化肯定是高效的。但是，数据不是事物的全部。

限制条件是一种确定性

信息不对称和知识无形化是决策的前提，也是限制条件。但人们越是

⊖ 艾利克森，普尔.刻意练习：如何从新手到大师[M].王正林，译.北京：机械工业出版社，2016.
⊜ 哈伯德.数据化决策[M].邓洪涛，译.北京：世界图书出版公司，2013.

受局限，越能理解市场的作用。市场是拥有不对称信息的利益方通过互动、用价格机制调整自己的决策，并通过市场价格信号组织生产和消费的机制。

这里用一家药企的案例来说明。药企的价值在于它研发新药的能力（从现在开始到今后十几年或几十年里，有多少新药正在研发和将要推出），它是衡量一家药企的价值的主要指标。

这是一家世界500强药企，在CEO的领导下，建设了一个庞大的新药研发部门。这个新药研发部门充分显示了这家企业的实力，正如现在的很多企业喜欢宣传自己每年拿出营业收入的多少百分比用于研发、自己的研发部门有多大规模一样。但是，在CEO的带领下，这家企业的新药研发却日渐枯竭，企业价值也越来越低。

最终董事会下定决心换CEO。新CEO刚一上任，就采取了很多改革措施：尽可能缩减原来庞大、低效、冗余的研发部门，与世界各地有研发实力的高校、私人研发机构进行大规模的学术和研发合作。事实证明，这个模式的效果很好。它充分利用了市场上个人的研究兴趣和私人研究机构的冒险创新精神，这是企业内部研发机构所不具备的。

本章结语
经济从来都是知识的，时代从来都是信息的

本章说的是信息不对称和知识无形化决定了我们对商业模式、生活方式和决策行为的选择，以及核心竞争力和价值观通过市场机制，即商业模式和企业制度，来促进无形化知识的价值实现。

我们的决策是基于所掌握的信息和知识做出的。信息和知识既是决策的制约，也是决策的驱动。我们不仅要了解信息和知识的特性，还要了解这些特性是如何影响我们的选择逻辑和规律的，这样，我们才能在决策时

顺应这些特性和规律，而不是做出一厢情愿、无知者无畏的选择。

接下来的章节，在信息不对称和知识无形化的基础上，我会进一步引入不确定性和人的有限理性两个概念。㊀

> **游戏卡：获奖者游戏**
>
> 　　选一个可能让你获奖的数字，确保不要让别人看到你的选择，也确保自己不要去看别人的选择。请每一个人选择一个在1～100之间的整数（包括1和100），由老师来计算平均值。如果你所选择的数字最接近这个平均值的2/3的话，你就是获奖者。
>
> 　　你可以选3～5个人做一下这个小游戏，当然，人越多越好，你会发现结果比你想象的要有趣和复杂得多。
>
> 　　　　　　　　　　　　　　　　　　　（游戏卡版权归荷兰采购学会）

㊀ 不确定性会给你时间上的信息不对称，人的有限理性更会造成你在信息接收和选择上的偏误。

第 2 章

是有限理性在支配我们的行为

你不具备理性思维，你只有思维习惯。

——大卫·休谟（David Hume）

本章概要

上一章介绍了信息和知识的两个特性——信息不对称和知识无形化，以及这两个特性对市场决策、价格、资源组织和商业模式的影响。这是一个信息越来越不对称的世界，这两个特性的客观存在是人力所不能改变的，我们只能加以利用。

这一章，我们要挖掘人类主观上的认知局限，即人的有限理性。这会让我们了解，不仅客观世界的信息是不完美的，而且人类在主观上也存在着很多局限。这些局限，在无形之中限制和影响着我们在信息接收、事实判断以及决策方面的行为，并常常误导我们的行为，影响我们的决策质量。因为最终做决策的是具体的人，而具体的人都是有限理性的。

在本书中，"有限理性"的概念是围绕着行为经济学展开的。行为经济学的有限理性认为，我们不仅无法掌握完全的信息，而且我们的认知也是不完全的，我们的主观认知会导致我们对存在的事实和信息视而不见。信息本身有限，而我们还在有意无意地对信息做出不完全的片面选择，这导致了我们的认知局限，而认知局限又对我们的决策和行为产生影响。

张作霖的用人智慧

中华民国临时政府执政期间，北洋政府陆海军大元帅张作霖曾有一个跟随了他多年的秘书，叫任毓麟。张作霖升任东三省巡阅使时，任毓麟也升为巡阅使秘书长。后来张作霖入京，就任北洋政府陆海军大元帅，并组建内阁，当时很多人都认为任毓麟会被任命为内务总长或教育总长，然而张作霖在京执政三年多，内阁改组八次，却从未对任毓麟进行过任何提名。

于是有人替任毓麟打抱不平，对张作霖说：任毓麟跟随你十多年，忠心耿耿，为何不提拔他？张作霖的回答是：任毓麟是个好人，我对他并没有什么成见。不过他做了我八年的秘书长，却没有和我抬过一次杠，难道这八年我就没做错过一件事吗？用一个只知道听话和奉承我的人是会误大事的。将帅身边最忌的就是这样的人。

这个道理用在企业管理上也是非常适用的。那么，张作霖的用人智慧有什么心理学、行为学上的道理呢？其实，他的用人之道不仅体现了他的大格局，更体现出他已经克服了有限理性人的决策心理局限。

2.1 人类只具备有限理性

说到"有限理性"，我们要先谈一下"理性"。数百年来，人类希望理性主义能够指引人的行为，为此在理论思想上做了很多努力，但实际上人们却无法做到真正理性。

经济学上关于理性经济人的假定就是典型的理性主义。主流经济学的理性经济人假定，指的是在资源约束的条件下，理性人以效用最大化或利润最大化为目标做决策。这个理性假定给人类思想带来了逻辑严谨、学术纪律严格的当代经济学。

在行为经济学之前,解释人的决策行为的理论是期望效用函数理论（expected utility theory）。期望效用函数理论也叫期望值法,期望值即一种收益乘以这种收益的可能性,比如有一笔可能的收益是100元,但得到这笔收益的可能性是50%,那么期望值就是100×50% = 50元。如果另一笔200元的获得的可能性是25%,期望值就是200×25%=50元,这两笔收益对一个理性人来说是等价的。

期望效用函数理论必须维护理性人假定,从而使得效用函数具有一致性,即同样的财富增加程度带给每个人的幸福程度都是一样的。但我们都知道,每个人对幸福的理解都是不一样的,这种完美假定只是理想模式,是为了满足学术方法上的要求而做出的。甚至可以认为,这种严格的、不切实际的假定只是为了迁就我们在学术研究能力上的局限而做出的。理性经济人假定在解释人的现实行为时,就暴露了它缺乏现实性的局限。

事实上,人只具备有限理性,且有限理性的人是各异的。所以,接近实际的理论必须接受人是有限理性的现实,去研究有限理性的人,而不是一厢情愿地呼唤绝对的理性。

"非主流"的有限理性：从数理模型到行为实验

丹尼尔·卡尼曼（Daniel Kahneman）是第一位获得诺贝尔经济学奖的心理学家,他同时是一位行为经济学家,当年（2002年）与他同时获奖的还有实验经济学家弗农·史密斯（Vernon L. Smith）。心理学家和实验经济学家一起获奖,这不是一种巧合：因为有限理性假定,行为经济学无法建立基于理性的数理经济学模型,方法论上必须依赖对现实的、真实的、具体的人的实验和观察。所以,史密斯和卡尼曼都是用实验来观察人的经济行为,并因此共同获奖。

作为近30年才发展起来的一门新兴学科,行为经济学将我们带入一个新的思维领域。传统的经济学只能将人假定为理性人，任何不符合理性预期的行为都是对理性的偏离，是不应该发生的，过去的心理学主要是研究心理不正常现象和心理疾病的，而行为经济学研究的是正常人的经济行为背后的认知规律，即不具备完全理性的有限理性人的经济行为。

理性人假定下的期望效用理论是经典经济学，教导人们应该怎样做；而行为经济学是实证性经济学，描述人们实际上是怎样做的。

行为经济学认为，即使你主观上希望完全理性并为之努力，但大脑的惰性和认知偏差也会让完全理性的认知成为不可能。不仅你不可能做到完全理性，你的对手、你的合作伙伴也不可能做到这一点。

在实验中和现实中观察具体的人的经济行为，给了我们观察并分析有限理性人的策略行为的机会，具有放弃理性人假定或不依赖理性人假定的意义。事实上，行为经济学的发展拉近了经济学和管理学的距离。

参照点理论和框架效应

完全理性与有限理性的本质区别是：完全理性对所有人都存在一致效用，效用成了决策行为的参照点，而有限理性思想不存在这样一个对所有人都一致的参照点。对同一件事情，每一个人的参照点会不同。即使对同一个人，参照点也是可以不断变化的。

关于参照点，有一个笑话可以用来帮助理解：一个人下班后步行回家，跟老婆说自己是跟着一辆公交车回来的，省了两元钱。老婆回答说，怎么不跟着一辆出租车回来呢？那样能省十元钱呢。这就是参照点的影响。

参照点可能是错觉，开车的人都会有这样的经历：有时候你正坐在停着的车里，突然觉得车子向前移动或向后滑动，其实并不是你的车在动，而是旁边的一辆车子在动，这就是典型的参照物错觉。

20世纪70年代，美国普林斯顿大学心理学教授丹尼尔·卡尼曼和阿莫斯·特沃斯基（Amos Tversky）将心理学研究领域的成果应用于经济学。1979年，卡尼曼和特沃斯基提出了"展望理论"（prospect theory），也即"前景理论"。该理论提出：个人决策行为都是基于某个参照点而做出的，不同的人就会有不同的参照点，包括不同的风险态度。⊖

人在决策时会在心里有意无意地预设一个参照点，然后衡量每个决策或行为所预期的结果是高于还是低于这个参照点。展望理论通过一系列的实验观测，发现人的决策选择取决于预期结果与参照点的差距。

这个参照点也可以用"框架效应"（framing effect）来解释。框架效应是指人们对一个客观上相同的问题的不同描述和理解导致了不同的决策判断和行为。框架效应的概念由特沃斯基和卡尼曼于1981年首次提出。

让我们先看两个例子：

第一个例子，疫情发生后，专家告诉老百姓有A方案和B方案两个抗疫方案，采用A方案，10%的人会死；采用B方案，90%的人能活。如果让大众做选择，多数人会选择B方案。但A和B其实是同一种方案。

第二个例子，如果告诉疫情中的老百姓，针对病毒的有A、B两种疫苗，A疫苗的成功率是90%，并且注射A疫苗的人从此会对病毒产生免疫；而注射B疫苗有10%的失败率，失败时人们会出现不良反应和并发症，严重者可能死亡。这时，让大众做选择，大多数人会选择A疫苗，但A和B其实是同一种疫苗。

如果我们相信人是完全理性的，即做理性人假定，这两个例子里的A与B两个方案本质上没有区别，所以理性人应该做出同样的选择。但正因为人不是完全理性的，所以在这两个例子里，同一个方案的不同表述就对人产生了不同的影响。

⊖ 由展望理论引申出三个基本结论：人在面临利益时，不愿冒风险；而在面临损失时，人人都成了冒险家；而损失和利益是相对于参照点而言的，改变评价事物时的参照点，就会改变对风险的态度。展望理论主要是针对不确定性的决策理论，会在本书第3章里详细介绍。

框架效应之所以存在，是因为对同一个事物的不同描述、假定、顺序等[⊖]会构成不同的参照点，这些参照点会导致人们产生不同的主观感受，从而影响人们的偏好和选择。

比如在第一个例子里，A 方案的表述以无人生还为参照点，每多救活一个人都是一种"收益"；而 B 方案的表述则以无人死去为参照点，每多死去一个人都是一种"损失"。

参照点选择的不同影响了决策人的认知，使其做出不同的选择。参照点是可以变化的，每个人基于参照点的变化会对同一个方案产生不一致[⊜]的认知和反应。

表达方式会影响我们对得与失的认知，因为我们的认知形成受到信息输入方式的影响，而沟通是构建信息影响别人的方式，是有意地利用心理效应影响别人立场的行为。所以，表达方式对沟通效果很重要。我们常说，你说什么不重要，重要的是你是怎样说的。

一个行为经济学导向的认知框架

到目前为止，行为经济学还没有形成像新古典经济学"一般均衡理论"那样的理论体系，这也是行为经济学最容易被批评和诟病的地方，甚至很多主流经济学家因此拒绝接受行为经济学是经济学。但行为经济学重视实验和观察现实有限理性人决策行为的研究方法非常符合商务人员的现实需求，因为每个被研究的心理现象和它们所导致的行为都具有实用意义。

行为经济学的研究方法是针对一个个心理现象的分散研究，到目前为止，大概已经总结了 100 多个思维模型。本书挑选出那些对决策行为，特别是在不确定性条件下对决策者影响较大且具代表性的心理现象，进行重

⊖ 崔仁哲. 框架效应 [M]. 台北：远流出版公司，2019.
⊜ 即内生的行为不确定性。

点分析ᶿ。为帮助读者理解行为经济学的知识体系，而不是对一个个心理现象做孤立分析，基于行为经济学的教学经验，我梳理出了一个行为经济学导向的认知框架（见图2-1）。

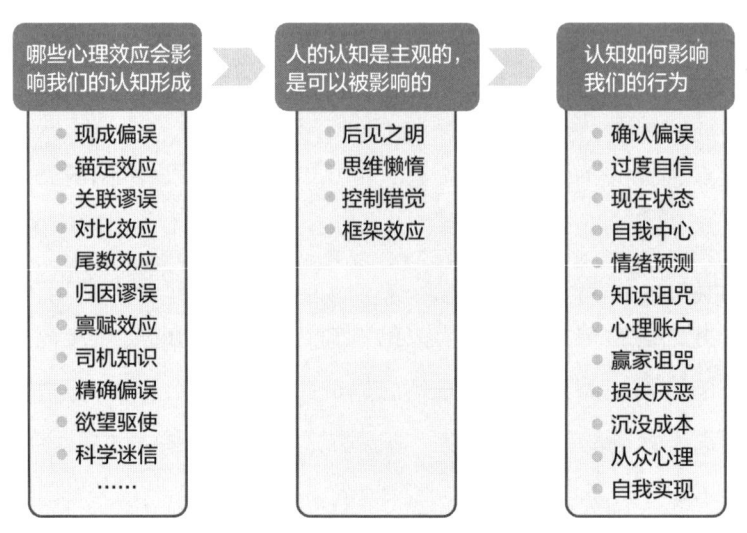

哪些心理效应会影响我们的认知形成	人的认知是主观的，是可以被影响的	认知如何影响我们的行为
• 现成偏误 • 锚定效应 • 关联谬误 • 对比效应 • 尾数效应 • 归因谬误 • 禀赋效应 • 司机知识 • 精确偏误 • 欲望驱使 • 科学迷信 • ……	• 后见之明 • 思维懒惰 • 控制错觉 • 框架效应	• 确认偏误 • 过度自信 • 现在状态 • 自我中心 • 情绪预测 • 知识诅咒 • 心理账户 • 赢家诅咒 • 损失厌恶 • 沉没成本 • 从众心理 • 自我实现

图 2-1　行为经济学导向的认知框架

需要指出的是，一个心理现象并不保证一定会发生在每一个人身上，甚至只会不同程度地发生在一小部分人身上，对不同人有不同程度的影响，这恰恰是有限理性现象的特征。我们需要知道的是，这种心理现象确实存在。这可以帮助我们提升自我认知，从而提升和改进决策行为，也可以让我们知道用什么办法可以影响别人的认知。了解到这些，我们可以提升沟通与谈判技巧，因为我们已经知道，我们改变的并不是对方的行为，而是对方的认知和思维框架。

所以，框架效应可以被理解为最具代表性的基础模型。

ᶿ 本书第2、3章都涉及心理现象，本章是一般框架，下章会结合人们面对不确定性行为时的心理陷阱进行讲述。

有限理性的认知框架

以行为经济学为导向的认知框架说的是,大脑会对我们通过感官得到的信息进行主观处理、解释,形成认知;认知又通过特定的决策模式指引我们的行为。所以,我们的行为受自身对世界的认知所左右,换句话说,我们对世界的主观认知决定了我们的行为。值得一提的是,认知是主观的,不是客观的,客观事物不会被影响,但对客观事物的主观认知是可以被影响的。

虽然认知会受到各种影响而不具备客观性,但只有认知才是我们决策和行为的出发点。认知构成了卡尼曼的展望理论所说的参照点或决策参照体系,即我们的行为受到自己认知的支配:符合我们认知的,我们就认为是对的,会获益,我们就会去做;不符合我们认知的,我们就会认为是错的,会造成损失,我们就会拒绝去做。

这个认知框架(见图2-1)从描述认知如何被影响,到阐释行为如何被认知左右。框架左边讲的是我们在认知形成阶段可能受到哪些心理效应的影响:我们的认知既被动地、不自觉地受到各种心理效应的影响,如锚定效应、信息易得性偏差、幸存者偏差等,也在主观上自觉不自觉地对信息做出片面的选择。框架右边列出了可能影响我们的行为和决策的心理效应,以确认偏误、过度自信、现在状态、沉没成本等为代表。框架的中间是行为经济学的基本心理模型,或主要的几个基础心理现象。

下面解释几个容易在决策中出现的心理效应或心理现象:

1. 自我中心:最自然的认知局限出发点

罗伯特·斯滕伯格(Robert J. Sternberg)教授认为,愚昧的首要条件就是"自我中心"。[⊖]每个人都单方面决定着自己看世界的方式,并且用这种

⊖ 崔仁哲. 框架效应[M]. 台北:远流出版公司, 2019.

方式来推及他人，认为别人也会这样看世界，这就是错误共识效应（false concensus effect）。

斯坦福大学心理系曾做过这样的实验：一位实验者不哼唱旋律，只在桌面上用手打一支儿歌的节拍，另一位实验者猜曲名。演奏者期望猜对的概率是50%，然而真正猜对曲名的只有2.5%。陷入自我中心的演奏者，以为儿歌节奏如此之明确，已经给了对方充分的信息，但事实并非如此。

自我中心的特点就是："我是这样认为的，别人也会这样认为。"

2. 现在状态：扭曲过去和未来的原因

"现在状态"是说，在我们的认知里，过去并不存在。我们对控制的需求驱使我们不仅用现在状态去解释过去，而且还预测着未来。我们对控制的需求要求我们对过去有所解释，而现在状态往往成为我们解释过去的参照点。那些对孩子非常严厉的父母，总以为自己当年很用功，其实不尽然，大多数情况下，他们当年的表现和努力并不如他们的孩子。

一方面，无论是充满光明的未来还是悲观的预测，其实是现在状态所制造出来的幻觉；另一方面，一个人要使自己具有控制力，就需要对过去有所解释。

3. 后见之明：所有的认知都是事后诸葛亮

"后见之明"说的是，人类有着事后解释事情的"非凡能力"。"我就知道会是这样""我早就知道了会这样"……这些其实都是后见之明。我们对事物现象的各种解释，包括最严肃的理论研究，其实都是后见之明。没有人能预测到新冠疫情的暴发，但疫情暴发之后，所有人都会给它一个自己能够接受的解释。

4. 控制错觉：不希望失去对世界控制的意识

虽然人知道有些事情是偶然事件，如彩票，不过他们仍然错误地以为它们是可以由自己控制的。这种错觉是不符合本身特征的错误感知，但它并非幻觉。

电梯里的关门键通常是无效的，但很多人喜欢按，因为这个动作会让他们产生一种控制错觉；赌徒想要一个大数字时，会使劲掷骰子，希望小数字时，会尽量温柔；球迷看球的时候会忍不住在关键时刻做一些手势和脚部动作，仿佛这样就能干预比赛结果。这都是控制错觉。

人不喜欢失去控制。一位 CFO 告诉我，他必须要将每个月的预期销售量与实际销售量的差异变化控制在很小的、可以接受的范围内。因为如果销量与预期差很多，管理层就会觉得他失去了控制。

关于控制错觉，心理学家做过这样一个实验：他们向一家保险公司的员工发放了一批彩票，员工只需花 1 美元就能购买一张彩票，有机会得到高达百万美元的巨额奖励。彩票号码可以机选，也可以由员工自己选择。等员工挑选完毕之后，心理学家们让该保险公司和他们协商，希望可以购买他们手中的彩票。结果，机选彩票的转让价是每张 1.6 美元，而自选彩票的转让价是每张 8.6 美元。当心理学家们调查自选彩票号码的员工为什么会提高转让价时，员工们的回答是：他们觉得自己选择的彩票中奖率会更高一些。

人们之所以认为自己选择的彩票更容易中奖，就是因为"控制错觉"。控制错觉是认知影响行为的典型心理偏误，由于平日生活的事件能用自己的能力加以支配，人们会把这种错觉扩展到偶然性事件上。比如有人觉得今天超级顺，上班路上连一个红灯都没遇到，就笃定自己今天运气好，买彩票也更容易中奖；再如看病，人们总是愿意选贵一点的医生，好像多付些钱找个好点的医生病就更容易治好，但绝大多数常规病，每位医生的处理方案是一样的，是否能治好、多久能治好也取决于每个人的身体素质和病情具体情况，和付钱多少并没有直接关系。这里说的偶然性事件就是不确定性事件，即本质上不由人们控制的不确定性事件，而且没有概率可以依赖。

由控制错觉产生的控制感可以为个体提供体验乐观、希望的认知基础，降低压抑、压力、抑郁等负性情绪体验，直接或间接地影响个体行为的产生与方式，影响人的思维模式和情感反应模式。

这种错觉并非幻觉，也不同于想象，而是一种需要加以认识并尽可能克服的本能。

2.2 眼见并不为实

决策依赖于认知，但人们的认知存在局限。

认知框架可以分为被动型和主动型。被动型是指人的认知在不知不觉中受到了接触到的信息的影响，主动型是指个人主动地去注意或忽视甚至拒绝某些客观存在的信息。

市面上很多关于领导力、影响力以及谈判和沟通技巧的书都让我们主动利用认知框架这种心理现象⊖，但那些会在我们无意识的情况下影响决策的心理现象才更需要我们关注。

被动型心理偏差

被动型心理偏差主要分为以下几种：

1. 锚定效应

有一个常做的行为学课堂实验：教授把学生们分为两组，安排在不同的教室里，让他们按照自己的认知写印度国父甘地的寿命。大多数人都知道甘地的名字，但很少人知道甘地是什么时候去世的。我在印度授课时发现，现在的印度年轻人也不清楚。

⊖ 在本书中，心理陷阱、思维模型、心理偏差都属于心理现象。

实验要求每一个学员都写下自己认为对的数字，不可以上网搜索，互相之间也不能讨论。但在学员写下数字之前，老师分别在两间房间给出了不同的信息。在第一间房间里，老师说："我听说甘地是147岁的时候去世的。"在第二间房间里，老师说："我听说甘地是9岁的时候去世的。"这两个数字都明显偏离常识。然而，在对两个组答案的平均值进行计算后发现，第一组的平均值明显高于第二组的平均值。

这个实验告诉我们，人们其实并不像自己以为的那么客观和理性。一个人的决策受认知左右，而认知又受外界信息的影响。这就是锚定效应。

2. 信息易得性偏差

课堂上，有教授问学员：美国一年有多少人死于车祸，有多少人死于肺癌。大部分学员会认为，死于车祸的人更多。但实际上，美国一年死于肺癌的人有16万，而死于车祸的人不到4万。为什么大部分人的第一反应是死于车祸的人多？因为我们听到的关于车祸的报道更多，于是就产生了因车祸而去世的人更多的想法，而一个普通人患肺癌去世了根本不算是一个新闻，也不可能被人们知晓。这就是信息易得性偏差。

3. 幸存者偏差

1941年，在第二次世界大战（以下简称二战）中，美国哥伦比亚大学统计学教授亚伯拉罕·沃德（Abraham Wald）应军方要求，利用自己在统计方面的专业知识，对飞机应该如何加强防护才能降低被炮火击落的概率进行研究。在对遭受攻击后返回营地的盟军轰炸机的各项数据进行统计和研究后，沃德教授发现：机翼是最容易被击中的位置，机尾则是最少被击中的位置。由此，他得出了一个结论："我们应该强化机尾的防护。"但军方指挥官却认为，应该加强机翼的防护，因为这是最容易被击中的位置。

沃德教授始终坚持自己的观点，他认为：统计样本只涵盖平安返回的轰炸机；被多次击中机翼的轰炸机，似乎还是能够安全返航；并不是机尾不易被击中，而是因为机尾被击中的飞机早已无法返航，寥寥几架返航的飞机都依赖相同的"救命稻草"——引擎尚好。

最终，沃德教授的建议被军方采用，并且后来被证实是正确的，看不见的弹痕的确是最致命的。

这个故事被后人用一个词语概括——幸存者偏差。㊀

主动型信息选择偏好

主动型信息选择偏好指的是有时候人会主动地、有选择地筛选信息，这也叫知觉选择性。

有一个行为实验：测试者被告知可以选择两种饮料，一种是好喝的橙汁，另一种是口味一般的饮品，大多数人更喜欢橙汁。测试者被分为两组，看快速闪过的图片。第一组测试者被告知，如果看到的是数字，就喝橙汁，如果看到的是字母，就喝第二种饮品；第二组则相反。实验结果非常有趣，第一组看到的都是数字，第二组看到的都是字母，所有人都喝了橙汁。

在新冠疫情中，我们会看到一个现象：对死亡比较恐惧的人，往往会主动去看、去听、去找和去转发关于疫情的负面信息，因为这是他主观上更在意的、更愿意相信的，而那些每天有更多人治愈出院、结束隔离的报道却往往会被他们忽略。

主动型信息选择偏好告诉我们，人们只想看到自己想看的。

大数据时代的群体认知面临伦理考验和挑战

大数据时代，一条被疯狂转发的推文往往会影响很多人的认知，而这

㊀ 卢森堡. 非暴力沟通[M]. 阮胤华，译. 北京：华夏出版社，2009.

条推文的真伪反而很少有人会第一时间关注。之所以会出现这种现象，有多方面原因。第一，推文的制作、发布和转发具有成本低、速度快的特点；第二，人们习惯了快餐式阅读，不会关注新闻的真假；第三，推文的标题部分就已经对大众的认知造成了影响，再加上缺乏主观动力，也缺乏制度与流程的保证，所以个体消化、抵制这种影响的能力并没有显著增加。

先进的大数据技术可以针对客户的喜好推送客户可能感兴趣的信息，但问题是，技术可以给你看你喜欢看的东西，也可以给你看它希望你看的东西，还可以只给你看它想让你看的东西，更可以不让你看它不想让你看到的东西。

大众主动选择的信息阅读方式造成的偏差是主动偏差，平台技术提供方的"原罪"则是另一个问题。互联网加剧了上述影响，就连以"不作恶"为公司宗旨的谷歌也曾被美国政府调查，因为它可能在2016年大选中影响了260万～1300万张选票。技术让操控者误以为自己是全能的，可以干涉其他人的选择。

由于互联网信息对大众认知的影响越来越大，且传播成本越来越低，人们对于利用互联网技术影响大众认知的行为确实需要考虑伦理问题了。

2.3 习惯驱动行为

前面介绍了从信息接收到认知形成阶段的主要心理偏差，通过这些心理偏差，我们可以看到自己的认知是如何被各种心理现象所影响的。大卫·休谟认为，人类不具备理性思维，只具有思维习惯。而我们的思维习惯充满了各种认知局限或心理陷阱。

下面，我们分析认知对行为的影响。我选择了对决策有重大影响、与不确定性有更多关联的确认偏误和控制错觉来重点说明认知对于决策行为的影响。

确认偏误

确认偏误是一个经典的心理现象。图 2-2 中是一个人还是一只狗？

图 2-2 图中是一个人还是一只狗

这张图片其实是一只黑色贵宾犬奔向镜头，不过乍一看会有人认为是一个人朝着树林走去，因为狗尾巴的高度会让人误以为是"人的头部"，而黑色贵宾犬的脸很容易让人误认为是人背上的袋子。

这就是确认偏误在起作用。当你第一眼看到一名男子走进树林，你会马上寻找支持自己观点的证据；当你第一眼看到黑色贵宾犬，也会马上找到支持自己结论的证据。无论先看到哪一种，让你接受还存在第二种解释总是会更困难一些。

这也反映了一个重要的决策事实——更多时候，我们是先有结论再有证据的。而且，我们总是会去找那些支持我们观点和结论的证据，而对那些不支持我们结论的证据视而不见。从这个角度来说，每一个人都是先有决策，然后再去找支持自己的决策的证据和数据的，正如数据圈里的一句行话："你总是可以折磨数据直到数据向你坦白。"

所以，我们喜欢听自己喜欢听的话，我们做决策的时候不喜欢听那些不支持自己观点的意见，这不仅是格局问题，很多时候反映的其实是一个常见的心理现象。

我的一位朋友曾经经历过一次严重的投资失败，他和我聊天时曾反省自己投资时的心路历程：不成功的原因其实显而易见，存在着事先就可以认识到的问题和风险。但为什么当时没有意识到这些问题和风险呢？一是当时心中有贪念，同任何一个发财心切的人一样；二是当时根本不想听任何反对的声音，只想听别人说这个项目好。

大量的认知心理学的文献认为，正常人都是过度自信的，尤其对其自身知识的准确性过度自信。过度自信意味着高估自己的能力，低估可能的风险，在这种情况下，决策者往往会系统性地高估自己的某些认知，造成盲目决策。这是认知影响决策的关键认知局限。

控制错觉

有些领导喜欢让自己表现得非常忙碌，这就是控制错觉在起作用。当忙于做事时，人们会产生自己对事情很有控制的感觉，但很多事情是有自己的规律的，顺应规律可能会有更好的结果，强行进行人为干预反而可能导致事与愿违。

大部分人都欣赏行动派领导，不少领导也喜欢用行动代替决策，这一方面可能是他在作秀，另一方面也是因为这样做会给他带来一种心理上的控制感，即控制错觉，仿佛只要自己在行动，事情就不会失控。但其实每个人对世界的影响是非常有限的，很多时候马上行动不代表是一种好的管理。

利用心理陷阱做营销要考虑伦理问题

很多网红都是依靠粉丝的身份认同、控制错觉、从众心理等一系列心理效应建立起粉丝对自己的认知的，他们清楚哪些心理陷阱会强化这些认知，从而使得粉丝不断在自己这里"买买买"。总体来说，心理效应组合拳的威力非常大，且它会形成正向强化，由此带来不断增强的网红直播带货效应。

从电视购物到互联网营销、数字化营销，本质上都是利用消费者的认知局限和各种心理效应，构建消费者对品牌和产品的认知。其中的心理效应组合拳的套路深、效果明显，让品牌方和营销者都欲罢不能。

然而，利用心理效应构建品牌认知乃至促成销售转化的行为，从某种程度上来说存在明显的道德风险，而且是比格雷厄姆对巴菲特不满的那个风险要大得多，后果也严重得多的风险。

金融行业存在诸多监管和法律限制，巴菲特的行为严格限定在法律允许的范围内。营销领域因为不与金钱直接相关，所受的约束要小得多，但是通过心理效应控制人们的认知却是严重得多的事，哪怕仅仅是在商业领域。心理效应一旦被滥用，将带来严重的后果。

心灵鸡汤：框架效应和关联谬误的结合

心灵鸡汤在最近 10 多年大行其道，就是利用框架效应和关联谬误的结果。

一句曾经流行过的心灵鸡汤是，人要学会和自己妥协。这句话是说，人不要一直和自己过不去，有的时候要学会放弃。这句话并没有大错，但是它缺了一个前提条件——"如果这件事远远超过你现有的能力，或者事情本身并非绝对必要"。如果没有这个前提条件就放弃努力，那么问题还会一直干扰你，你也无法从中学习和成长。

但问题是，为什么这些没有意义的心灵鸡汤会很受欢迎呢？这就要说到关联谬误了。

关联谬误是指人会给本不相关的事赋予某种关联。畅销书作者罗尔夫·多贝里（Rolf Dobelli）在《清醒思考的艺术》里举了一个例子：克劳斯今年 35 岁。在大学里，他主修的是哲学，自高中以来就致力于研究第三世界的课题。大学毕业后，他在西非的红十字会工作了两年，然后在日内瓦的国际红十字会总部工作了三年，在那里晋升成了部门负责人。然后他读完 MBA，并就"企业家的社会责任"撰写了他的论文。问题：下列情况哪一种的可能性更大？第一，克劳斯在一家大银行工作；第二，克劳斯在一家大银行负责第三世界基金会业务。

实验表明，大多数人都会选第二个选项。但这个答案是错的，因为第二个答案要同时满足两个条件，可能性肯定更小。如果你还觉得第二个答案更有可能，是因为关联谬误在起作用。

研究表明，人们之所以会落入关联谬误的陷阱，是因为人们更容易理解那些"符合逻辑"的故事，但这个逻辑很可能是人们主观强加给事物的，并没有证据证明这两件事之间存在这种逻辑关系。

所有的影响力技巧都是作用于人的认知框架的，心灵鸡汤能让人信服的技巧就在于它故意把认知框架设计得非常模糊，让人容易自我代入，通过建立似是而非的关联让自己本来的认知得到发挥和证实。我们知道，一旦框架是模糊的，没有准确答案，预设的潜在框架即锚定效应就开始起作用，符合我们认知的关联总是可以在这个模糊的框架里得到证明和解释，因此我们就会觉得这句心灵鸡汤很有道理。

同样是改变认知框架，如果选择的框架符合现实，或能产生真正的效果、带来长期有效的改变，那它就不是心灵鸡汤；如果选择的框架只能起到暂时转移话题的作用或一定的心理安慰作用，那它就是心灵鸡汤。心灵鸡汤用于缓解短期心理困境确实有其积极效应，但心灵鸡汤的框架不符合现实或不能改变现实，从长远的角度来看，它会对人们产生不利的影响，因为人最终还是要回归现实。

从地心说到日心说才是认知框架的变化。地心说容易被大众接受，因为人凭借直觉经验不认为自己是在高速运转，但日心说确实揭示了一个更接近实际的运动，所以从地心说到日心说，才是真正的认知改变。

2.4 有限理性并不否定理性

沙漠生存游戏[⊖]是我在课堂上给学生做的一个互动决策游戏。这个实验涉及信息收集、情绪控制、讨论过程、决策流程等很多关于决策的知识点。最有趣也最有价值的发现是，多次实验结果表明，大约有80%的集体决策比个人决策更接近专家的决策，即最优决策，仅20%左右的个人决策会比集体决策更接近最优决策。

这个心理实验说明了决策讨论的意义。有限理性决策之间的互动会抵

⊖ 详见本章游戏卡。

消非理性部分的影响,当所有的有限理性在一起互动的时候,最后的决策效果与基于完全理性计算出来的最优结果更接近。所以,经过不受限制的讨论之后获得的集体决策抵消了决策过程中个人的非理性部分。

所以,决策不必要求每一个独立的决策者都做到完全理性,最重要的是要有这样一个互动过程。谈判、辩论、议会都是不同意见碰撞的过程,都具有对决策进行讨论以让决策更接近理性的功能。诺贝尔经济学奖得主罗纳德·科斯(Ronald Coase)认为,谈判可以帮助达到帕累托最优(Pareto optimality)⊖,因为谈判是不同意见充分互动碰撞的过程。实验表明,决策前先对不同意见进行集体讨论是有利的。谈判中,也可以鼓励团队内部先谈判,以让决策更加理性。

如果信息选择的自由不存在,群体互动所能带来的客观理性就不存在。真正包容不同意见的公平讨论的过程,架起了理性和有限理性思维之间的桥梁。

真正能时刻提醒自己避免落入心理陷阱的高人很少。大部分人即使在某段时间内、某件事情上是高人,也不能保证在下一段时间内和下一件事情上还是高人。所以,高人不可靠,要靠流程和制度来保证决策的理想程度。

沙漠生存游戏决策逻辑的解释

我们无法改变每个决策个体都是有限理性人这一事实。但当每个有限理性个体都进行了充分、平等的争论或讨论后,每个人的非理性部分都会在一定程度上被抵消,最后沉淀下来的决策会更接近理性决策的结果。

每个有限理性个体之间的充分互动,不仅会在最终结果上抵消局部输赢,而且在过程中也会极大地抵消每个人的非理性部分。所以,完全理性

⊖ 帕累托最优即双方都无改进的空间了。

作为对个体行为的假定是错的，但作为对群体的假定，倒可能更接近正确。

经济均衡是指经济总量应该是均衡的。有人赚有人赔，有人买贵有人卖低，这些偏离理性均衡的个体行为并不影响经济总量均衡。因为禀赋效应[一]，人都对自己出售或出让的产品抱有较高的预期，往往会开出高价，但购买者却往往怀着占便宜的心理，这两种力量都不符合经济理性，但双方彼此博弈的结果却能抵消个体非理性部分的影响。所以，以理性经济人为初始假定的古典经济学，在预测推理出均衡结果上并没有错，只是实现过程可能和古典经济学家最初的解释并不一致。

对于辩证法的反思

有人会说："我看问题是很客观的，我可以从正反两面看问题。"然而，一个人可能在某些事情上能做到冷静客观，却很难在所有事情上都保持理性客观，特别是在面临巨大利益的时候。我们更容易理性客观地看待与自己切身利益关系不大的事情，正应了那句"旁观者清"的箴言。所以，"我看问题是很客观的"这种感觉恰恰是一种幸存者偏差，人们往往很容易记住自己保持理性的几个例子，这正是有限理性的行为表现。

大多数时候，人的行为不受理性控制。脑科学研究发现，大脑中主导人类决策的部分是前额叶皮层，它同时能调节情绪。有案例发现，前额叶皮层受损的大脑，其他一切如故，但不能正常做出任何选择，连今天穿什么衣服都不能做出决定。可以说，是情绪驱动着我们的认知偏好和决策行为。

了解有限理性，敦促我们要认识包括自己在内的每个人的认知局限，以及认知对我们行为的影响，从而避免落入心理陷阱。

[一] 禀赋效应是指一个人一旦拥有某件物品，那么他对该物品价值的评价要比未拥有之前大大提高。这个效应是由理查德·塞勒（Richard Thaler）于1980年提出的。

我强调重视人的有限理性并不是否定理性的意义，只是为了指出我们做不到真正理性的原因，或者更明确地说，是为了指出靠一个人自己是无法做到理性的。对我们的有限理性产生冲击从而扩大我们的视野的，只能是来自外部的信息，这些信息可能来自人，也可能来自阅读，但都是与我们的认知不同的意见和信息。

我非常欣赏二战期间的英国首相温斯顿·丘吉尔（Winston Churchill）。我去英国授课的时候，特地去参观了丘吉尔纪念馆，就在唐宁街后面一条街道的地下室。

丘吉尔当选首相后，第一件事就是提出战争中的英国必须组建联合内阁，即保守党要邀请反对党——工党一起组阁，因为他认为这样可以保证他第一时间听到反对的声音。英国电影《至暗时刻》里就有这个桥段。丘吉尔对反对意见的重视帮助英国、帮助正义的力量战胜了邪恶的纳粹。

一位企业家也曾这样总结自己的决策经验：在没有听到反对意见以前，他不会做任何决策。

丘吉尔、张作霖和这位企业家就是因为了解自己在认知决策上存在有限理性局限，所以用"第一时间听到反对意见"来避免自己落入心理陷阱。

本章结语
过去 30 年看博弈论，今后 30 年看行为经济学⊖

有限理性使人有意无意地通过自己的主观行为，放大了信息不对称的影响，即有时信息就在你面前，你却有意无意地视而不见。认知框架告诉我们，即使我们面对的是一个对称的信息世界，我们每个人眼里看到的世界也会不同。

⊖ 蒂姆·德温尼（Tim Devinney）是英国曼彻斯特大学商学院企业战略教授，他曾提出这个观点。

本章在认知决策框架下,帮助我们认识到厘清各种认知局限的意义。

对有限理性的决策者而言,如何才能减少认知局限对决策的影响,让决策更接近理性主义所期望的结果呢?解决办法并不是让人们自己变得更加理性,因为这是不可能的,而是鼓励人们在做出符合自己偏好的决策之前,要听一听那些不同的意见。只要做到这一点,我们就能踏出成为决策高人的第一步。

游戏卡:沙漠生存游戏

假设现在是七月的一个早晨,十点左右,你乘坐的飞机不得不在美国西南部的索诺兰沙漠紧急降落。在紧急降落过程中,驾驶舱突然起火,两个飞行员当场被烧死,但幸运的是,你和几位乘客没有受伤。飞行员临死之前无法判断出飞机准确的方位。他给出的最后一条信息是飞机已经偏离航道大约 65 英里⊖,距离南—西南方位的一个矿营大概 70 英里。这个矿营是最近的一个有人居住的地方了。飞机坠落的地方是一个地势相对平坦、天气干燥、零星有仙人掌生长的地方。最近一次的天气预报表明当地气温可能会升至 40 摄氏度,这就意味着地面温度会更高。你穿着夏天的薄短袖、短裤、袜子和鞋子。每个人都有一块手帕,并且口袋里都有 2.85 欧元零钱、85 欧元纸币、一盒烟和一支圆珠笔。

问题

你们目前都聚集在燃烧的飞机外面,与它保持着安全距离。在飞机的尾部有 15 件物品,这些物品都罗列在图 2-4 中。如果飞机的尾部

⊖ 1 英里 ≈ 1609.34 米。

没有着火，你可以把这些东西一个一个取出。你的任务就是决定取出这些东西的顺序。但由于飞机处于着火状态，随时可能爆炸，所以你只能在有限的时间内，取出15件物品中最重要的5件。

对你的生存最为重要的一件物品评分为"1"，最无关紧要的一件物品评分为"15"。除了你所在的小组外，再没有其他的存活者了。

现在，按照图2-3所示的步骤进行该游戏。

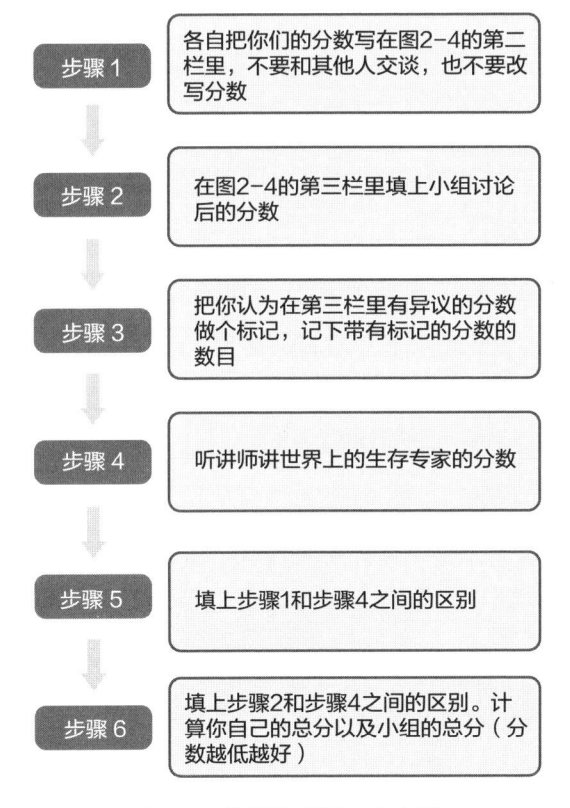

步骤1　各自把你们的分数写在图2-4的第二栏里，不要和其他人交谈，也不要改写分数

步骤2　在图2-4的第三栏里填上小组讨论后的分数

步骤3　把你认为在第三栏里有异议的分数做个标记，记下带有标记的分数的数目

步骤4　听讲师讲世界上的生存专家的分数

步骤5　填上步骤1和步骤4之间的区别

步骤6　填上步骤2和步骤4之间的区别。计算你自己的总分以及小组的总分（分数越低越好）

图2-3　沙漠生存游戏的步骤

如果小组的每个成员都说"或许这并不是我所要的，但是我相信

小组的决定可以使我存活"，那么你们的小组可以达成一致意见，但这并不意味着每个人都同意对方的意见。尽管每个人都认为如果让他一个人做决定，会有其他选择，但是他还是尊重小组得出的可行性意见。

小组的每个成员都有否决权。这就是为什么做一个一致的决定是比表决（遵从少数服从多数原则）更困难的交易方式。

尽可能地利用不同的意见以获得更多相关主题的信息，分辨看法和动机，迫使小组寻找一个更好的选择。

游戏规则

警觉地听其他人在说什么。

尝试把其他人的假设带到正在讨论的主题中，多问几个"为什么"。

避免简单的"是"或者"不是"，也不要总是进行"是的—但是"这一类对话。这样不会带来任何新的信息，而且容易产生问题。

尽可能避免以表决的方式做出最后的决定。这会把小组分成胜利者和失败者两个阵营，并且会在有多种可能性存在的情况下，创造一种"不是这个就是那个"的氛围。

不要为了避免冲突或者迎合大家而改变你的看法。当小组太快达成某项协议时，你一定要当心了。检查一下为什么每个人都会接受这样的解决方法，确信每个人都已经正确理解了已通过决议的方案。

不要只和提供信息的人或者坐在你身边的人讨论，鼓励团队中的其他成员跟你们一起讨论。

第 2 章 ▲ 是有限理性在支配我们的行为

物品	步骤1 15 分钟 你的分数	步骤2 45 分钟 团队的分数	步骤3	步骤4 专家的分数	步骤5 1和4之间的区别	步骤6 2和4之间的区别
闪光信号灯			把第三栏里你认为有异议的分数做上标记			
口袋里的小刀						
区域地图						
指南针						
急救用品						
有子弹的枪						
亮色的降落伞						
1000 片盐片						
每人1升的水						
关于在"沙漠"中的可食动物的书						
每人1副太阳镜						
2升伏特加						
每人1件大衣						
1个小镜子						
1件塑料雨衣						
				越低越好		
有异议的分数的数目				你的总分	团队总分	

图 2-4　沙漠生存游戏的计分表

（游戏卡版权归荷兰采购学会）

第 3 章

真正的决策都是不确定性决策

企业的利润来源于不确定性。
——弗兰克·海尼曼·奈特（Frank Hyneman Knight）⊖

---------- **本章概要** ----------

前一章说的"有限理性"，强调了框架参照点对认知的形成和决策行为的意义。这一章要谈的是决策的另一个大前提，即"不确定性"。从"世界是确定的"到"世界是不确定的"，这不仅是对客观世界的认知的变化，也是思维框架的变化。用棋盘来比喻的话，认识到棋盘内和棋盘外的不同，就是思维框架的变化，有的人只看到棋盘内，而有的人能看到棋盘外，视野和格局自然大不相同。

同时，在面对确定性和不确定性的框架时，人的行为是不同的。不确定性是影响行为的重要心理框架，是决策的前提，值得单独讨论。

⊖ 奈特. 风险、不确定性与利润 [M]. 安佳，译. 北京：商务印书馆，2010.

对人机大战热的反思

几年前，AlphaGo 和围棋大师柯洁的人机大战刷新了我们对 AI 的认知。然而，棋盘大小有限——围棋 361 点，中国象棋、国际象棋比围棋更少一些，棋子在棋盘范围内可能的组合模式虽然超过了人脑可以处理的地步，但也还是有限的，而这正是人工智能擅长的部分——计算。

有限的变数组合意味着棋盘内的世界是确定的。弈棋大师的过人之处是能背出更多残局。假定他在弈棋过程中思维、记忆不出问题，保持高度理性，不出昏着儿，弈棋也就是一个计算问题。

机器人、人工智能只能在给定变数的确定性空间里，发挥它处理信息、数据的能力，在棋盘内取胜。然而棋盘之外充满不确定性的世界，却是人工智能和机器人都无法掌控的。甚至，就算 AlphaGo 下围棋可以赢过世界冠军，但它却不知道自己为什么下棋。

3.1 企业利润来源于不确定性

芝加哥学派创始人弗兰克·奈特认为，企业的利润来源于不确定性，这是从不确定性的视角对企业制度和企业家精神的最大褒奖，点出了不确定性对经济和商业决策的重要意义。利润就是企业家在商场上承担了不确定性的剩余回报（residual return），是对企业家精神的最终回报，而不是对其承担的风险的回报。

对不确定性的偏好是企业家精神的重要特征。把握这种不确定性不仅依赖于经验与知识，更依赖于企业家独有的对事物本质的深度认知能力及与战略相关的具体知识，这些共同构成了企业家精神的核心。㊀

㊀ 奈特.风险、不确定性与利润[M].安佳，译.北京：商务印书馆，2010.

但无论企业家多么优秀，成功还是取决于运气这样的不确定性，而利润是对通过市场考验并获得市场认可的企业家精神的最终回报。

不确定性和风险不同

说到不确定性，很多人会理解为风险；说到不确定性决策，很多人会理解为风险管理。但这是首先需要纠正的认知错误。

1921年，奈特在《风险、不确定性与利润》一书中提出"不确定性"的概念，为不确定性思想的发展奠定了理论基础。奈特通过指出不确定性与风险的区别来阐述不确定性的定义，他主张风险是能被计算概率与期望值的，是基于已经发生的事件的统计；而不确定性是无法被预见的，即使能被预见，其发生的概率也不能被计算的未来事件。

不确定性事件是不可预见、没有概率的，包括灾难、命运、前景等一切未来可能发生的事件，是每个个体未来都要共同面对的。最明显、最容易被接受的、我们要共同面对的不确定性有：天灾人祸、危机疫情、技术变革、趋势运气等。在互联网时代，本来不相连的东西也被连接在一起，越来越多的节点连接意味越来越多的不确定性，万物互联的时代加剧了不确定性[⊖]，但不确定性的性质没有变。

不确定性的意义在于，决策者要理解和接受不确定性是无处不在的现实，并认识到不确定性对人的决策和行为的影响。

概率是一种"超级确定性"

不确定性是不知道什么事件会发生，没有概率可以计算。"世界是不确定的"这个预设前提让我们意识到，我们在现实中所做出的决策都是在可

⊖ 本书第4、5章的复杂系统和网络思维，将对节点和网络展开进一步分析。这本书不仅指出不确定性的现实意义，而且指出我们的技术进步带来的全球化发展还会加剧不确定性。

能性不可计量的基础上进行的决策。

根据奈特的定义,"风险"是有一定概率的,是可测量的,比如生产线上的次品率,就是我们根据历史经验总结出来的,或者对过去数据进行统计得出的。我们可以人为地给不确定性加上一个概率,但是这里的"概率"只是对过去的一个统计,它对未来是一个提醒,告诉我们某事可能发生,或有多大可能会发生。但就个体而言,未来肯定是不确定的,而且具有高度不确定性。事件一旦发生,就不是概率的事,何况还有更多未知的事件可能发生。

房子可能会发生火灾,保险公司也可能会提供保险,但就你所居住的这栋楼而言,它是否一定会发生火灾,却是不确定的。

我们习惯用概率来预测风险,这不仅是因为可能性,也因为我们的控制错觉⊖,概率让我们有机会根据它来提前规划应对方案,以让我们产生"一切尽在掌握"的错觉。

然而,按照奈特的定义,可以被预测、能够被计算概率的,都不是不确定性。

事实上,决策一定是面对不确定性的,我们在任何时刻的决策针对的都是"此刻以后"的事情。

严格的奈特不确定性

在奈特提出不确定性概念的 100 年来⊜,虽然经济学家都认可奈特不确定性的意义,但不确定性不接受概率处理,始终不能被纳入主流经济学的模型。如同当年亚当·斯密的分工理论一样,奈特不确定性只被提及,但从未被纳入模型,也没有成为主流经济学的核心。

⊖ 本书第 2 章中阐述过控制错觉。
⊜ 2021 年是奈特提出不确定性概念的 100 周年。

后世很多提及不确定性的研究，要么将不确定性与风险混为一谈，要么对不确定性做概率化处理㊀。其中最著名的是艾智仁于1950年发表的《不确定性、演化与经济理论》。在这篇著名文章中，艾智仁提出，市场按时间序列展开，如果决策者的随机决策顺应市场方向，市场就会选择决策成功者。他因此推论，面对不确定性时主流决策法的结果，与面对不确定性时决策者模仿成功率高的决策的结果相差不大，市场能做出比个人更符合理性的决策。

但是，艾智仁推论的前提是面对一个给定情境，而不确定性的定义即情境无法确定。

还有的学者采用贝叶斯法则㊁处理奈特不确定性。他们认为虽然存在奈特不确定性，但主张先假定一个概率，然后不断修正这个概率。

即使这样，概率仍然无法代表未来。所有对奈特不确定性的概率处理都无法解决奈特不确定性的现实，因为不确定性最终来源于世界在时间序列的不断动态扩张，概率无法解决这个问题。

如果我们能够认识到，世界是无数事件（信息）按照时间序列或序贯博弈展开的，可能就会理解和接受这样一个事实：无论我们在学术上做出什么样的努力，不确定性都会让我们无法超越自身的认识局限。所以，不确定性事件也不应该被理解为随机事件，它是网络世界无限动态扩张的产物。

3.2　人的确定性偏好和不确定性现实

本书的一个核心悖论是：虽然世界充满不确定性，但人却有着确定性偏好。确定性偏好对我们的行为，特别是对我们面对不确定性的决策行为

㊀ 比如熵增理论等。
㊁ 统计学中有一个基本的工具叫"贝叶斯法则"，当不能准确知悉一个事物的本质时，可以依靠与事物特定的本质相关的事件出现的概率去判断其本质属性的概率。

有着巨大影响。本章就是在揭示人的"确定性偏好"与"不确定性现实"的前提下，重点分析不确定性对决策者的认知和决策行为的影响。

确定性偏好源于对不确定性的恐惧和回避

人厌恶不确定性，具有很强的确定性偏好，因此对不确定性的潜意识的反应才是人们在决策时需要抓住的关键。

首先我们要知道的是，确定性偏好源于我们对不确定性的恐惧和回避。说到底，不确定性代表着世界的不可知，以及我们对这一点的恐惧和无能为力。

这种恐惧的表现之一就是，很多人都曾算命，希望了解乃至把握自己的未来。除此之外，人们进行经济预测也是出于对不确定性的恐惧。

算命是无可厚非的，预测也是可接受的，但不能把算命当真，不能相信并依赖它作为你的行动指引；预测也不能代替未来，因为影响经济、社会以及最终事态结果的不只是人，还有其他一些人类无法控制的要素，比如自然变化、命运安排等，而人与人的互动孕育了更多的不确定性。

这种恐惧的另一个表现是，我们会"在脑中构想"未来。

比如，我们不知道未来，但人的大脑会主动地给自己"构想"一个未来⊖，并按照这个虚构出来的未来做出自己的行为。

确定性偏好也反映在人们喜欢预测和算命。以预测来说，对未来的处理往往会假定一个贴现因子（discount factor），即贴现率，或给未来设想一个概率，这是用概率解决不确定性问题的办法。

但是，如果你连未来可能发生事情的概率都知道，连10年后的价值贴现率都知道，这就不是不确定性，而是超级确定性。

讽刺的是，我们出发点是处理不确定性，却使用了更不现实的超级确

⊖ 格式塔效应（gestalt psychology）。格式塔系德文音译，主要指完形。

定性。不得不说，我们陷入了一个思维怪圈。

不确定性世界不存在最优解或正确解

追求最优解或正确解的想法，也反映了人类的确定性偏好，因为我们主观上希望存在这样的"解"。但其实，一个决策到底是否最优或者正确，只有在决策以后才能"后知后觉"。

不确定世界不存在最优解或正确解，因为：

第一，博弈论的思维方式反映出人类在决策时有一个倒推归纳的习惯，即我们习惯通过分析各种决策可能带来的结果，反向推导对我们最有利的选择，也就是说，最优解和正确解是需要从结果倒推出来的。换句话说，最优解和正确解是以存在着明确的结果为前提的。但世界是不确定的，即不存在这样的明确结果，即使这些结果是用概率包装过的。

第二，不确定性是世界按照序贯博弈展开的结果，序贯博弈是按照时间序列展开的，即面对下一个时刻或轮次的无限可能展开的，每一个可能都有可能给世界带来结构性变化。虽然重要的只是那些影响巨大且深远的结构性变化，但是，每一个轮次增加的新节点对整个网络的影响是不可预知的，即世界的每一个瞬间在它发生之前都是不确定的。

第三，决策依赖信息和数据，但决策者只能掌握部分信息（包括那些无法描述和量化的信息）。同时，数据不可能是事物的完全体现，这是数据的局限，也是科学的局限。事实上，在决策时依赖与迷信信息和数据是没有担当和缺乏责任心的表现，也是思维的懒惰。

所以，只有面对不确定性时，一个人的决策能力才能真正受到考验。那么，面对不确定的现实，即一个不可被预测的未来，我们该怎么决策呢？

用计算代替决策不可行

有些人习惯用计算代替决策，特别是受过科学训练的人更容易陷入这个误区，以为任何事情都可以量化，都可以被具体地、准确地描述。很多有理工和财务背景的总经理或CEO，因为自己的职业习惯和思维习惯，非常依赖数据做决策，会进行大量的假设、预测、模型构建以及不同情境的模拟，似乎数据里存在着整个未来。但如果依靠数据就能做出决策，如果数据知道所有的未来，那只要计算就够了，还要人干什么？

同时，对数据的依赖容易带来几个后果：

第一，如果数据本身成了目的，你的努力就会偏离真正的目标。这一点高管和政府官员尤其需要警醒，因为对数据的依赖会导致他们制定错误的目标。在企业经营层面，对数据的依赖容易让经营者放弃那些长期研发项目，投入更多短、平、快的项目。

第二，对数据过于依赖，有可能导致数据造假。瞒报、虚报、假报都属于数据造假。

曾经获得25 000多项专利、13人获得8项诺贝尔奖的贝尔实验室是企业研发领域的一个神话，但是，贝尔实验室的研发人员没有KPI，没有业绩考核，没有进度检查，没有任务汇报。贝尔实验室能拥有今时今日的地位，靠的是对人员的筛选和对研发氛围的保护。在筛选初级研发人员时，贝尔实验室非常重视的一个素质是他们对科学追求的理念和自我驱动的激情，这都是无法通过数据来量化的。

对数据的追求容易让企业研发这个不应该被量化管理的部门成了最容易被数据包装的部门——每年有多少营收比例被投入研发，研发部门有多少博士、硕士都成了衡量的指标，而研发的结果却往往成为讳莫如深的话题。

数据不可能是事物的完全体现，这是数据的局限，也是科学的局限，但也正是人存在的意义。

我们必须接受不确定性算无可算的现实。

黑天鹅是不确定性在叫醒人类

如果用"看不见的手"来形容市场所具有的制度组织和资源配置功能，那么不确定性可以被称为真正的"上帝之手"。

从 2020 年开始肆虐全球的新冠疫情，是一个非常典型且产生了巨大影响的不确定性事件。对疫情发展的跟踪，让我们总结出一个规律，那就是：根本无法预测接下来会发生什么。即使人类对病毒和疫情了解得越来越多，甚至成功研发出了疫苗，这个事实也没有改变——不仅病毒本身产生变异完全无法预料，疫情带来的经济、政治、社会、心理的变化也无法预测。人类对疫情、经济、政治等的预期，无论是乐观的，还是悲观的，最后都失灵了。

新冠疫情一波又一波地蔓延，没有一件事能被预料。它再次证明，我们这个世界的无穷事件是按照时间序列或序贯博弈在互动中展开的，而这正是不确定性的本质。

你读到这里的时候，疫情可能还在蔓延，或者转换了一种形态，但它还在向我们展示着我们之前无法预料，却又符合后知后觉逻辑的惊奇。对抗新冠病毒，完全不是一个阻击战或者歼灭战的问题，一波之后还会有下一波，全世界都要接受新冠病毒和人类共存将会是"新常态"的事实。

不确定性导致更强的控制错觉

在对确定性偏好与不确定性现实的关系进行分析的基础上，我们进一步分析我们在面对不确定性时的心理现象，尤其是控制错觉、现在状态、情绪预测等几个表现特别突出的认知局限，以及它们对决策行为的影响。

1. 局限一：出现不确定性，就会有更强的控制错觉

有不确定性的地方，就会出现控制错觉。我们会产生控制错觉，是因为我们喜欢通过或许并不可靠但觉得自己能控制的感觉，来判断自己对未来偶发事件的控制能力。

我们经常说"这个事情有难度"，其实是在说，我们对这件事情的控制力不强。事物被控制的程度越低，结果的不确定性就越大。

控制错觉是人们在面对不确定性时的一个重要的心理现象。

控制错觉常与人的出价行为关联。为什么很多人在购物时总怕自己买贵，但在给算命先生酬劳时，却又担心会给得太少，情愿多给一些呢？人们之所以会有这样的心态，就是因为控制错觉。算命先生给你算了一个好命，诸如家人身体健康、生意蒸蒸日上、孩子考上好学校等，当你问算命先生收多少钱的时候，算命先生大多会说"意思一下"就可以了。但这时候，控制错觉会让你心甘情愿多付一些钱，因为你多花一些钱，就会给自己一种好像对结果有更多控制的感觉。

再举一个例子，如果你是老板，想提升员工的工作效率，那在为员工选择培训公司时，是选择一家贵一点的公司还是便宜一点的呢？实验表明，大多数老板倾向于选择贵一点的培训公司。无论是培训经理还是老板，都会觉得不值得为了便宜20%而错过好的课程。

低买高卖是经济学规律，但这规律的前提是你交易的是可以说得清楚的产品或服务。对于说得清楚的有形产品，因为确定性高，所以买方总是希望越便宜越好。而对于算命、培训、非标准化服务、品牌价值很高的奢侈品、名牌大学的MBA学位等无形化程度高，而且存在高度不确定性的产品和服务，买方的出价行为就不同了。比如，MBA课程的好坏是无法准

确评价的，但价格是一个非常重要的信号，同时可以把付不起高额学费的学员（说明过去还不够成功）排除在外，利用高学费对学员的过去经历做筛选。反过来，学员也有一种一定要读昂贵的MBA的心理。

控制错觉还会让客户觉得自己能掌控过程。

我有一位朋友是德州扑克高手，赢过很多比赛。他参加线上比赛经常会赢得一些可转让的比赛入场券（有了这些券，就有了参赛资格）。市场上有专门的"黄牛"倒卖这样的入场券，每张售价大约是8000～10 000元。他认识一位女士，她对买卖这些入场券非常在行，因此他委托这位女士帮他交易。

开始的时候，他问这位女士应该怎样给她计酬，她总是回答说"你看着给就行"。不过，有一次这位女士告诉他，有个客户在完成交易后，才给了她18元的酬劳，被她当即拉入黑名单了。于是，我的这位朋友就明白了对方想要的并不是"看着给"，他便决定以成交价的5%作为报酬。这是一个很聪明的策略，卖票的人总希望卖出更好的价格，给"黄牛"更多的激励是一种办法。5%的提成让那位"黄牛"很满意，朋友也会有"对这个过程有所控制"的感觉。因为成交价有不确定性，"黄牛"服务具有无形化特征，经常出让票券的人会有"给得多就能卖出更好价格"的心理。而"黄牛"只要找到这些总是选择以就高不就低的方式付费的客户群，就得到了最优质的客户群。

有经验的销售员总是会在销售的时候让客户有能控制或影响结果的感觉，这时候客户往往会产生控制错觉，从而愿意付出高价来购买他们的服务和产品。所以，销售员在销售产品或服务，特别是在销售无形化服务的时候，让客户意识到不确定性，从而激发客户的控制错觉，是必须掌握的一种有效的销售技巧。即使是有形的产品，如高尔夫球具，销售中也会描述产品有很好的"操控感"，这同样是抓住了潜在买家的心理——谁不希望对事情有控制呢？高尔夫爱好者终其一生都在追求对球杆的控制感。

控制错觉和不确定性对出价的影响，是行为经济学非常实用且值得进一步研究的话题。

2. 局限二：得失预期

1979年，卡尼曼与特沃斯基将决策者的心理偏好引入到决策过程中，通过一系列实验提出了展望理论。他们发现：对于高于参照点的收益型结果，人们往往表现出风险厌恶，偏好确定的小收益；对于低于参照点的损失型结果，人们又表现出风险喜好，寄希望于好运气来避免损失。卡尼曼教授因展望理论中关于框架和参照点对行为的影响的研究获得了2002年诺贝尔经济学奖。本章游戏卡"红绿信封游戏"很好地呈现了这个场景。

3. 局限三：情绪预测

去理发的时候，你想象自己马上就会有一个出彩的新发型，在朋友婚礼上能吸引所有人的目光，为此，你愿意多付一些钱，因为你非常想让这个结果发生。这就是情绪预测。

曾经有一个关于"如果和现任分手会感觉如何"的研究，发现那些有现任的人都倾向于夸大与现任分手自己可能会受到的伤害的程度，而那些经历过分手的人却表示分手这件事对他们的打击没有那么大。这说明我们在面对不确定性时，会有情绪预测。这种主观臆想出来的未来情绪影响了我们的决策。

4. 局限四：现在状态

研究表明，人们目前的状况对于其在面对不确定性时的决策起到了很大的影响，特别是对预测行为。我们总是用现在的状态回忆过去，并用现在的状态预测未来。上一章我们讨论了现在状态对于过去认知的影响，这里我们重点讨论现在状态如何影响我们对未来的认知。

面对未来的不确定性时，人们往往会夸大现在的状态对未来的影响。

比如你问一个今天午饭吃了一碗炒饭的人明天还要不要吃炒饭，哪怕炒饭是他的最爱，他多数情况下也会说明天不要吃炒饭，因为那样他会觉得太单调。这其实就是他在用现在预想未来，从今天午饭到明天午饭之间还会发生很多事情，比如今天的晚餐、今天的夜宵、明天的早餐等，明天中午继续吃炒饭对他而言可能依旧是个不错的选择。但用现在的状态去想未来的时候，会忽略很多重大且会发生的其他事件。

这些认知局限在一起发挥作用，形成了我们在面对不确定性时的行为"组合拳"，放大了我们的认知局限。

3.3　管理就是管理不确定性

管理就是管理不确定性：管理团队是为了保证团队里每个人都能够按照要求完成工作，不出现不确定性；和供应商、客户签订合同，是为了确保对方按照需求完成合同所列事项，不出现不确定性；员工和公司签订合同，是希望公司能够按照合同提供报酬，反过来，公司也希望员工按照合同要求付出自己的时间并提供服务；与别人一起合伙创业时，要签订合伙或合资协议，是为了保证合伙伙伴能按约定履行包括出资在内的合同义务，不出现不确定性。所有的这些管理行为，都源于他人行为的不确定性。

仔细观察，你会发现，我们在工作和生活中所遇到的那些让人不安的难题和挑战，都是因为不确定性。面对不确定性时的选择，才是真正的选择。

合作协同需要确定性

现实中，人类更多的是合作关系，婚姻、亲情、朋友、客户、供应商、合作伙伴等，都是以合作为目的的互动博弈，追求的大都是双赢，这与以输赢为目的的竞争或对立关系不同。现实中的纯粹输赢，基本只存在于竞技体育中。

达成合作最好的方法是给对方明确的信号。比如，走路的时候两个人正面相遇了，如果彼此都想让路，有一半概率是都往一个方向礼让，再次碰在一起。所以，这个时候保持运动，容易给对方错误的信号。最好的方式，是站着不动，给对方一个明确的信号，给对方一种确定性，这是最有利于协调合作的。

然而问题是，很多现实中的决策会受输赢观念的影响。比如男女生交往，该表白的时候却被输赢概念迷惑而不去表白，最后双方反而可能在猜忌揣度中起争执。换句话说，在应该给合作方明确信号的时候，如果我们的某些行为习惯是不确定的，会让对方猜忌揣摩，达不到合作的最佳模式。

东方领导艺术里的"不要把话说透""留有余地"，就是让人感觉不确定的行为，这些行为往往会导致猜忌揣摩，使双方最后都做最坏的打算。大家都做最坏的打算，结果就是都陷入了困境。

领导者和管理者有明确的风格就是给出一种明确的信号，有利于减少团队成员和协作部门的猜忌和揣摩，让人觉得容易打交道，有利于提高管理效率。

谈判是在不确定性中争取确定性

合同、法律、道德等都会约束人的行为，减少内生不确定性。

别人的行为对你一定是不确定的，你自己的行为也存在不确定性，但这种不确定性是自己能决定的。比如，一个人不讲信用、不遵守协议、赖账，这是主动行为，是内生不确定性，外力不能轻易左右。民间层面能约束不确定性行为的是道德、合同、名誉等，而政府能做的是建立法制、坚守规则、鼓励良俗。

2020年美国大选发生了两件事：在选举尘埃落定之前，特朗普指责民主党和大财团相互勾结，在选举上做假；选举尘埃落定后，民主党又开始了对特朗普的弹劾案。

已宣布胜利的反对特朗普的人更关注的是如何杜绝特朗普主义在美国的蔓延和惩罚特朗普。虽然特朗普已在美国总统大选中失败，弹劾他可以阻止他"继续做危险的事情"，是从一个"掌握最高权力又能煽动民粹势力"的人手里拯救美国。

而支持特朗普的人更关心的是"民主"：弹劾是大选以来一系列"舞弊""封杀"的延续，是建制派精英联合发动的"美国政变"，试图让特朗普及其7000万支持者无法发声，是对美国民主价值观的根本性破坏。

两派的观点和证据都用很多具有争议性的事实做支撑，但这种矛盾不会也不可能在一个框架上得到解决。两派都有自己的诉求，这样的情形会带来不确定性，然而一个国家不能承受太多的不确定性或太长时间的不确定性。

我们再来看看英国为什么必须尽快实现脱欧。

从2016年公投脱欧，到漫长的脱欧谈判，到2020年1月23日英国议会通过脱欧协议、英女王签署生效，预期2021年最终完成脱欧，英国的脱欧进程消磨的不仅有三任首相，还有英国人以及和英国有贸易等多重关系的欧洲各国乃至全球民众对英国的信心和耐心。无论是否赞成脱欧，没有人愿意脱欧悬而未决。

英国现任首相鲍里斯·约翰逊冒着大选失败的风险给了英国和欧洲民众一个确定性：完成脱欧。这个确定的结果让很多人高兴不已，即使是反对脱欧的民众也是一样。2020年1月脱欧时间表公布的那一刻，不只是英国民众，整个金融市场、贸易市场都在为此鼓掌，各方对英国经济的期望以及与英国合作的预期都明显提升。

政府存在的一个好处就是给民众确定性，并维护那些确定性，通过法律来鼓励好的规则和秩序，制约人为的不确定性给社会和商业可能带来的坏处。

用好不确定性，设计超预期的产品和服务

内生不确定性并不都是负面的，比如我们都喜欢的惊喜服务体验等，就是因为这种内生不确定性而被设计出来的，这方面的经典案例是海底捞的超预期服务。但我对这样的服务模式的评价一直有所保留，因为没有一项服务是零成本的。

用好不确定性，可以用较低的成本提供较好的服务。经常出差的朋友一定有过这样的经历，当你在酒店办理入住的时候，如果前台告诉你"先生/女士，您预订的是普通客房，但今天我们给您免费升级到行政楼层"，你一定会感到很开心，因为这对你来说是一个惊喜。

但下一次你再住这个酒店的时候，并不会说"你们上次给我免费升级了，这次也要给我升级"，因为你知道，上次的惊喜是有不确定性的，并不是标准服务。坐飞机时偶尔免费升舱的机会也一样，买了经济舱票的你得到了一个免费升级到公务舱或头等舱的机会，肯定是一个大大的惊喜。但你下一次值机的时候也不会要求免费升舱，因为这只是不确定性，而不是航空公司的标准流程。

企业在打折的时候，也要用好不确定性，把降价打折作为一个惊喜活动来做，而不是"就应该"降价打折。这种不确定性会强化稀缺性对人们心理的影响，从而提高客户满意度和忠诚度。

对个人来说，上下级的关系是职场上最重要的关系（没有之一）。你对领导的价值是你成功的一部分，聪明的员工会把自己和"成功"绑在一起，让别人一提到他，就有成功的信心。

如何做到这一点呢？了解领导的需求，达到领导的期望值——这还不够，也不够智慧。仅仅达到预期不会创造深刻的印象。充满智慧的向上管理是抓住可能的机会，超出领导的预期，因为超预期才能制造惊喜。并不是总有这样的机会，但你要有意识地去寻找这样的机会。这样一来，你和领导的关系就会形成良性循环。这也是管理不确定性带来惊喜的例子。

3.4 确定性让人作恶，概率让人投机，不确定性引发敬畏之心

从经济学的角度来看，莎士比亚的名剧《麦克白》讲的是确定性和不确定性如何影响人的决策和行为的：苏格兰国王邓肯的表弟麦克白在为国王平叛立功归来的时候，和副手班柯在路上遇到三个女巫。第一个女巫称呼麦克白为葛莱密斯爵士，第二个女巫称麦克白为考特爵士，第三个女巫称他为苏格兰国王。她们还预言，班柯虽然不能当统治者，但他的后人会成为国王。女巫在预言后随即消失。

麦克白回来后将女巫的预言告诉了自己的夫人，夫人动了心，怂恿麦克白谋杀邓肯国王，自己做国王。为防止他人夺位，麦克白害死了班柯，并继续追杀班柯的孩子。恐惧和猜疑使麦克白心里越来越恐惧，也越来越冷酷，麦克白夫人最终也因精神失常而死。故事的结尾，麦克白被邓肯之子和他请来的英格兰援军围攻，落得枭首的下场。

《麦克白》创作于1606年，是莎士比亚创作后期的一部悲剧，它不仅多次被拍成电影，也是经久不衰的经典舞台剧目，故事还被收录进中学课本，在欧美的影响力如同中国的四大名著对国人的影响力。

有趣的是，现在在欧美的很多中学的教学大纲中，关于这个故事的话题是"女人的影响"，即因为有了麦克白夫人的怂恿，所以麦克白才会犯下弑君之罪。这个解读对女性是不公平的。我认为，这个悲剧不是女人的影响，也不是女巫的影响，而是确定性的影响。

女巫是算命的人，是靠贩卖确定性挣钱的人，是女巫的预言自带的"确定性"导致了麦克白的弑君罪恶。

探究周围发生的商业和生活骗局，你会发现，骗子都是那些很会"推销"确定性的人——保健品会让你变健康，金融骗局会让你变有钱……所以，要小心那些贩卖确定性的人，特别要小心那些打着宗教信仰的旗号贩卖确定性的人。

确定性让人作恶

如果存在信息不对称，即一方的想法另一方不知道，或我知道一件事情一定会发生或我一定会让某件事情发生，但你不知道或者我可以让你不知道，就很容易产生利用信息不对称作恶的机会主义行为。信息多的一方很可能做出损人利己的事情，造成灾难性的后果。

庞氏骗局等商业诈骗就是这么得逞的——诈骗方知道这是一个骗局，同时他又能对结果进行控制，而被骗者不知道未来会发生什么。

概率让人投机

如果有人确信自己将来100%会进天堂，他会做什么？他很可能会没有约束和顾忌，无法无天，干尽坏事。反之，如果一个人确信自己将来一定进地狱，又会做什么？他一定会破罐破摔，无所顾忌，干尽坏事。再设想一下，如果一个人被告知死后80%的可能进天堂，20%的可能下地狱，他又会怎么做？他一定会算计他还可以干多少坏事以保证自己不至于下地狱。

不确定性引发敬畏之心

《麦克白》说的是"确定性"会诱人作恶的故事，事实上，当人意识到未来具有不确定性时,就会自然而然地产生敬畏之心。这就是宗教的意义,宗教的核心就是告诉信徒未来是不确定的,即对于死后、来生的说法,无论是上天堂还是下地狱,都是有不确定性的,甚至连概率都不会给你。

这三种情形其实都是确定性的倾向。所以,不确定性是不能和概率产生关联的,只有当一个人算无可算的时候,才会产生真正的敬畏之心。

不确定性意味着对未来的未知,未知产生恐惧,恐惧产生敬畏,因为有了敬畏,人们才会减少让人作恶的算计,公德心也会被激发出来。不确定性给人们带来的恐惧和敬畏,是良心和自律的开始。

本章结语
让不确定性回到决策的中心

在第 2 章有限理性决策的基础上,本章导入不确定性这个新框架。世界是不确定的,但人偏好确定性,这使得有限理性人在面对不确定性时会产生包括控制错觉在内的心理反应。

人的主观确定性偏好和世界的不确定性就是一个悖论,这个悖论也是我写作本书的初衷和背景。事实上,所有的决策都是不确定性决策,但碍于主观确定性偏好,大多数人都以为自己做的是确定性决策,实际上做的只是自己以为的确定性决策罢了。

很多学者呼吁让奈特不确定性回归经济学。这不仅是学术和思维方式的问题,也不仅是方法论的问题,它具有更高的现实意义,因为正视不确定性可以帮助我们更好地在现实中做决策。

信息不对称、知识无形化、不确定性和有限理性四个特点互相独立,共同决定着商业世界的深层逻辑,决策者要顺势而为。信息不对称告诉我们"你不了解别人",知识无形化告诉我们"你讲不清世界",不确定性告诉我们"你不了解未来",有限理性告诉我们"你其实不了解你自己"。

但是,有限理性人面对不确定性必须做出自己的决策,这就是决策者必须面对和接受的现实。人在面对不确定性时的行为特征让我们认识到,不确定性决策一定要考虑到有限理性行为特征。或许确定性决策不需要考虑人的有限理性,但哪里有什么确定性决策呢?

游戏卡:红绿信封游戏

给学员发奖学金,每个学员都会得到两个信封,一个是红信封,一个是绿信封,每位学员只能选一个。

如果选红信封,信封里是 1000 元。

如果选绿信封,信封里还有四个小信封,学员必须再选一个。四个小信封里三个是空的,一个里面有 4000 元。

你会怎么选?

再给学员发学费账单,也是两个信封,一个是红信封,一个是绿信封,每位学员只能选一个。

红信封是肯定付 1000 元。

绿信封里的四个小信封,有三个是空的,意味着不付钱免费上课,另一个小信封里是 4000 元的账单。

你又会怎么选?

(游戏卡版权归荷兰采购学会)

中 篇

系统思维篇

第4章

世界的秩序服从二八法则

上九，亢龙有悔。

——《周易·乾》

本章概要

本章从我们身边二八分布的现象开始介绍复杂系统理论，让我们对世界的复杂性有一个比较系统的认识。通过与大家比较熟悉的服从正态分布的随机系统相比较，我们可以理解复杂系统的特性。本章还重点介绍了支配复杂系统形成和演进的规模法则，以及如何运用复杂系统思维分析我们所面对的各种问题，为我们解决问题、做出决策提供规律性的依据和参考。

人的一生要做不计其数的决策，但只有不到20%的决策是重大决策，包括我们的专业方向、婚姻大事、职业选择、买房置业、创业投资和交友合伙等，这些决策都是做局布局，会决定人生的走向。

了解复杂系统对于决策的意义就是，让我们了解到，复杂问题一定是一个复杂系统问题。

对企业做出一半贡献的人有多少

研究发现，人数为"企业员工总数的平方根"的员工做出了大约50%的贡献。即如果一家企业有10名员工，10的平方根约为3.16，这就意味着，3～4个员工为这家企业做出了50%的贡献。这听着似乎很正常。

但是，随着企业规模的扩大，结果就变得很有趣了。当员工数达到100时，10个人做出了一半的贡献，另外90个人做出的贡献加起来和这10个人差不多；当员工数达到1000时，1000的平方根约为31.62，即31～32个员工做出了一半的贡献，而另外的968～969个人的贡献与他们差不多。如果这家企业有10 000个人呢？10 000的平方根是100，即100个人做出了9900人的贡献。我曾经给一家世界上最大的商业银行上课，他们在全球的员工总数是46万人，46万的平方根约为679，连1000都不到，也就是说其余的459 321名员工加起来的贡献和这679人相当。

第一次听到这个结果的人，都会觉得不可思议。但复杂系统理论会告诉你，这个结果符合幂律。更重要的是，当一个事物呈现幂律，往往说明你做对了什么，而不是做错了什么——因为它反映的是不被扭曲的符合幂律的系统结果。

上面员工贡献值的例子说明，在一个复杂系统里，如企业，对每个人提同样的要求是不对的，如此一来，那些所谓的KPI或基准（benchmark）思维就有问题了。这个现象为管理决策提供了更深层、更有价值的参考，日常管理中领导者应该重点依靠哪些人，危机来临时领导者又应该依靠哪些人、保护哪些人，就有了依据。

4.1 世界不是随机系统

二八分布现象最早是由意大利经济学家维尔弗雷多·帕累托（Vilfredo Pareto）提出的。他观察到，在意大利，20%的人口拥有80%的财产，这是通过对真实世界的现象进行观察总结出来的财富分布规律。这一现象被命名为帕累托法则。

二八分布现象在生活中比比皆是。比如，如果我们按照数额的大小来对企业每一单项开支进行排列，就会发现，开支最大的前20%个开支项的数额之和占了大约80%的总开支额。这类现象是开支管理、采购管理和供应链管理的出发点。

图4-1是2020年国内百强购物中心的销售额分布，它呈现了非常典型的二八分布。

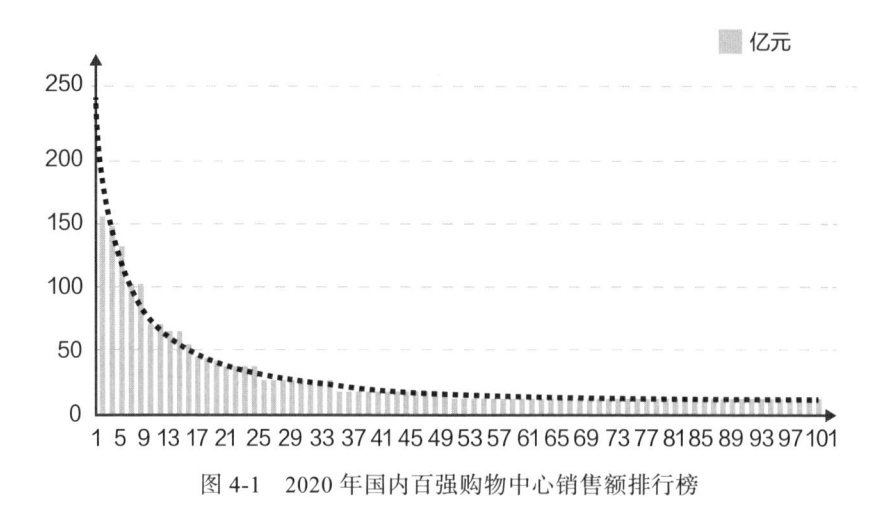

图 4-1　2020 年国内百强购物中心销售额排行榜

随机系统与复杂系统

二八分布是复杂系统现象。大家耳熟能详的很多概念，如规模经济、二八分布、墨菲定律、马太效应等，说的都是复杂系统的特征㊀。这里通过与大家熟悉的随机系统对比，来展现复杂系统。

简单来讲，只要个体相互独立，互不影响，就构成随机系统，随机系统呈正态分布。人的身高就是随机系统，呈正态分布。A 比 B 高两厘米，并不是由竞争来决定的，并不是 A 长高两厘米，B 就变矮两厘米。人的寿命也是一样，A 与 B 不存在直接的资源竞争，A 多活两年也不意味着 B 就少活两年；智商也是如此，A 聪明一点并不意味着 B 就愚笨一点。

相反，如果要素之间不独立，互相有影响，就构成复杂系统，复杂系统呈二八分布。简单来说，有人的主动行为的地方就构成复杂系统，或者说，人的主动行为对结果有影响的就构成复杂系统。一个人主观上想长高一点并没有用，但一个人追求财富就很可能会对另一个人的财富产生影响。

正态分布和二八分布

我们常见的系统的统计规律主要有两种：正态分布与二八分布。随机系统呈正态分布，复杂系统呈非线性的二八分布。这两个规律都是管理者需要关注的。关于正态分布和二八分布，我们要理解三点：

1. 正态分布说明存在"典型性"

如果自然界或社会生活中的某类事物存在典型特征，个体在这一特征尺度附近变化，这一特征尺度就是平均值，而这个平均值代表群体特性。此类事物的分布特征称为正态分布（见图 4-2）。

事物呈正态分布说明系统存在一个有效的算术平均值，绝大部分个体的数值分布在平均值附近。比如人的身高、体重、寿命、智商都有一个基本有效的均值，我们能直接知道个体具体的数值，这些值彼此间呈正态分布。

㊀ 为节省篇幅和表达简洁，本章用二八分布代替所有的同义概念。

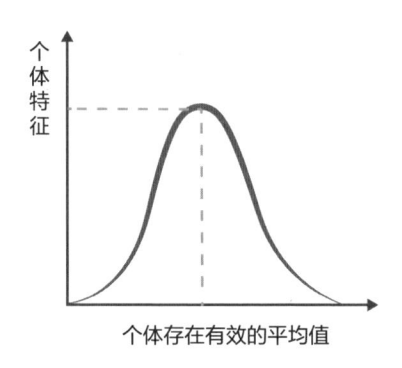

图 4-2　线性关系的前提是正态分布

2. 二八分布说明事物呈非线性分布

与随机系统不同，呈现二八分布的复杂系统内，个体相差悬殊，不存在一个有意义的均值。比如，收入、开支分布、网络上节点的连接数等，都呈二八分布。网红与其粉丝规模也存在这样的关系，能够做到李佳琦、薇娅这种拥有数千万粉丝的头部网红只有少数几人，而中国的网红的数量多达数百万。

如果事物呈现二八分布，说明事物呈非线性分布，即符合复杂系统特征（见图 4-3）。

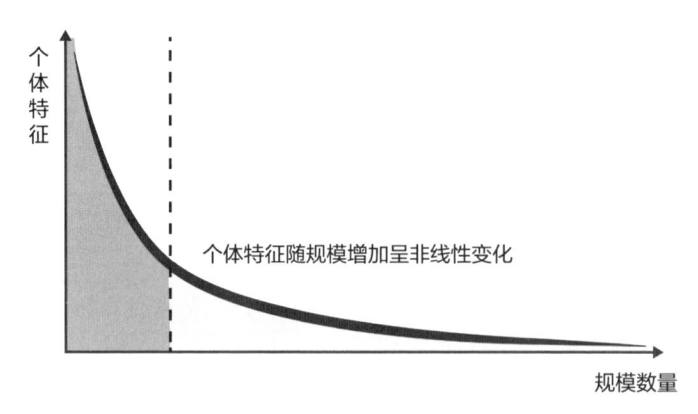

图 4-3　个体特征随规模增加呈非线性变化

3. 复杂系统没有算术平均值，有几何平均值

复杂系统的二八分布告诉我们，复杂系统不存在有效的算术平均值，即没有一个个体特征对整体有代表性或典型性意义。

根据广义的帕累托法则，p 份额的人口占据总财富 $1-p$ 的份额，即 20% 的份额占了（1-20%）即 80% 的财富。当我们把这个乘积关系从 10% 到 90% 都列出来，就得到 9%、16%、21%、24%、25%、24%、21%、16%、9%，在分布图上，我们发现 $p \times (1-p)$ 呈现正态分布（见图 4-4）。

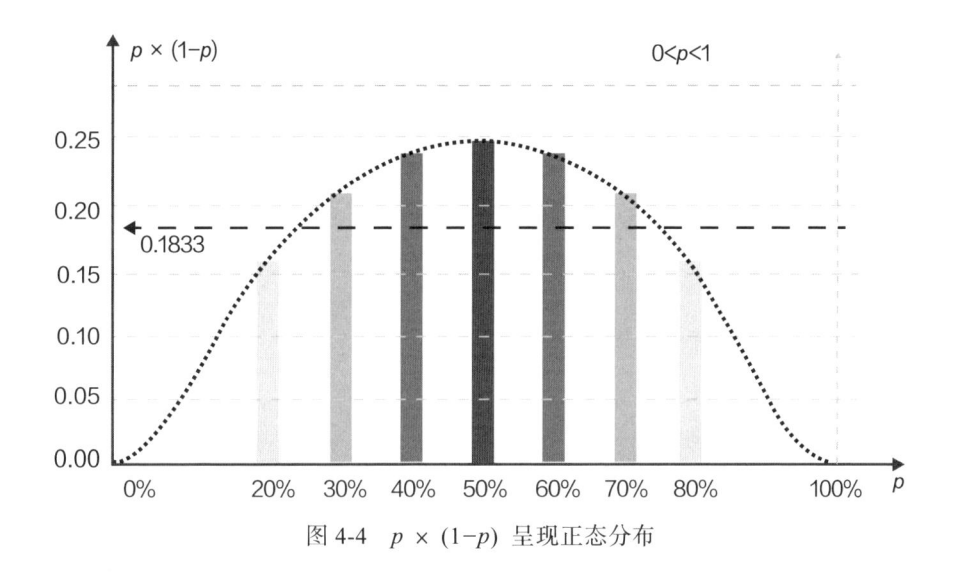

图 4-4　$p \times (1-p)$ 呈现正态分布

虽然复杂系统的个体没有代表性，但相关要素之间的乘积可能呈现一定的规律，即存在一个有效的算术平均值，换句话说，衡量一个复杂系统，一定要从复杂系统的各要素的几何平均值，或要素与其作用的乘积存在算术平均值作为出发点。这样就给我们衡量复杂系统整体和个体之间的关系提供了参照。这是复杂系统的一大特征。

1932 年，生物学家马克斯·克莱伯（Max Kleiber）做了一组实验，他将各种哺乳动物，大到几吨重的大象，小到几十克的小鼠，都拉到秤上称

体重，并以它们的体重作为横坐标。然后通过它们在单位时间内呼出的二氧化碳，测量出它们的代谢率，作为纵坐标。得出的结果让他大吃一惊。

当横纵坐标分别取对数之后，所有的动物都齐刷刷地站在了一条直线上，这条直线的斜率为3/4。在数学上如此统一的规律令人叹为观止。这就是克莱伯定律（Kleiber's law）：对于哺乳动物，其代谢率与体重的3/4次幂成正比。

4.2　人的主动行为构成复杂系统

对比了随机系统的正态分布与复杂系统的二八分布后，我们来进一步了解复杂系统的特征。谈到复杂系统，我们要先问自己一个问题：当我们说一个系统很复杂的时候，想表达的是什么？这个问题不难找到答案：就是影响这个系统的要素很多且互相影响。所以，复杂系统其实并不复杂，只要找到影响因素就可以理解这个系统。

虽然自然界存在着天然的复杂系统，如生物生命、生态系统、动植物本身及其赖以生存的环境，连人的大脑、神经系统、消化系统和血液循环系统都是极其复杂的系统，但本书仅关注基于"人的主动行为"的复杂系统，主要是各种社会组织，如社会、政府、市场、企业、家庭、朋友圈等，城市与农村系统、能源系统、交通系统、贸易系统、金融系统和政府组织等也在此列。一切社会经济系统都是复杂系统。

既然国家、社团、企业等都是复杂系统，要管理这些组织，我们需要了解复杂系统的运行规律。

复杂系统是非线性的

我们知道，面对任何一个问题，考虑的要素越多，事情就越复杂。每个要素，其实都可以被理解成一个维度，所以要素或维度越多，系统的非线性就越强，事情就越复杂。复杂系统讲的就是这个道理。复杂系统的前提是这些要素之间具有关联性，所有关联的要素一起作用决定了系统的状态。

如果用数学语言来表示要素一起起作用的关系，就是乘积的关系或几何的关系。有一个简单的例子，可以帮助我们理解要素或维度增加是如何增加系统的非线性的。比如，有一个正方形，边长是 a，如果我们想求出它的面积，那就是 $a \times a$，即 a^2，所以，面积就是一个二次的非线性问题，这就是一个复杂系统的开始。如果我们感兴趣的是体积，把这个物体看成一个系统，那我们就需要增加一个新的要素或新的维度，就不能只考虑长和宽，还要考虑高度了，这就是三个要素相乘的关系了，就要 $a \times a \times a$，也就是 a^3，所以，体积就是一个三次的非线性系统。系统维度增加，非线性也随之增加。如果我们还想求出这个立方体的重量，就还要乘上比重 d，这就变成了一个四次的系统。如果我们再加上时间变量 t，就变成一个更为非线性的复杂系统了。

一个系统的维度可以不断增加，系统可以无限地复杂下去，这代表着看问题的深度不断增加。无论增加的维度是重要的还是不重要的，从结构上来说，从几何上来说，系统的非线性还是提高了。

人类社会之所以复杂，是因为构成它的要素太多，每个要素之间相互联系并彼此影响。每个要素的变化都会引起系统状态的变化。除了物理要素以外，人的心理也是重要的要素。社会的复杂系统与人类的复杂系统互相关联、一起起作用，构成了经济世界的复杂系统。

复杂系统是开放性的

我们生活的世界有无穷无尽的要素，复杂系统处于这个世界之中，是一个处于不断动态扩张过程中的开放的系统。每一个系统内的要素都不断受到系统外的要素的影响，系统内的要素也在不断地对系统内外的要素产生影响，任何新的要素加入系统，本质上都会给系统带来结构性的变化。

这种开放性的动态扩张，也是不确定性的来源。

复杂系统是模糊性的

复杂系统还有模糊性，也就是 VUCA 的 A（ambiguity）。模糊性指的是系统要素之间的关系是描述不清楚的，相互之间的影响也是模糊的，这与人们所熟知的、可以依靠直觉去解释的随机系统大相径庭。随机系统可以用方程式、公式等表达并清晰界定界限的。即便是飞机、导弹、人造卫星等，因为各部件之间的关系具有确定性，也不构成复杂系统。㊀

一旦树立起复杂系统的非线性、开放性、模糊性的概念，人们就会放弃一味追求模型方程标准解的念头，接受较具经验色彩、形式上不太严谨的系统模拟方法，使建模者把注意力从追求参数的准确度转移到更为重要的系统结构方面。

复杂系统需要跨学科思维

跨学科本身就是一个多维度问题。同一个复杂系统中可能同时包含社会、经济、文化、技术、政治和心理等诸多因素，它们之间相互作用。在传统的理论分析中，上述因素被彼此隔离，独立观察。但现实中，复杂系统总是包含许多方面，这些因素很难割裂开来，它们总是结合在一起，相互影响、彼此作用。如果人类能够打破诸学科之间的森严壁垒，就能更好地理解复杂系统，否则它们之间的相互作用将永远不能被洞察。

㊀ 火箭、飞机、导弹等系统虽然复杂，但其各部件间的关系具有确定性。区别于复杂系统和随机系统，此类系统称为简单系统。

以美国圣塔菲研究所㊀为代表的复杂系统研究中心，突破了思维和学科的局限，从复杂系统整体的角度观察更多的影响要素，包括那些未被识别的和不可识别的要素之间的互动，以及未知规律对系统状态的影响，让我们能从更现实、更全面的角度去观察、发现和理解现实世界的规律。

复杂系统服从规模法则

复杂系统的核心规律是规模法则。规模法则包含三个方面：

第一，随着规模扩大，系统的非线性也增加。因为要素之间是乘积关系，当构成系统的要素或维度增加时，规模扩大，系统整体的非线性也随之增加。

第二，随着规模扩大，要素自身发生指数级变化。幂律是指每个要素发生指数级变化，它们对于系统的影响和作用也会发生变化。

第三，系统的规模不会无限扩张。虽然指数增长解释了规模的力量，但规模不会无限增长。

4.3 二八分布意味着复杂系统形成了秩序

我们可以从以下几个角度来理解二八分布意味着复杂系统形成了秩序的原因：

第一，复杂系统充斥着对有限资源的竞争。

在复杂系统中，参与者相互竞争有限的资源。有人的主动行为的地方，就一定会形成对有限资源的竞争。

比如彼得·蒂尔看风投项目，他认为，头部项目到后来会拥有更多的

㊀ 圣塔菲研究所（Santa Fe Institute，SFI），是位于美国新墨西哥州圣塔菲市的非营利性研究机构，也是世界知名的复杂性科学研究中心，成立于1984年，该所的主要研究方向是复杂系统科学。

资源和收益，尾部项目只能拥有很少的资源和收益，所以，风险投资基金的投资业绩评定不应该是好、中、差的正态分布，而是更应该追求少数头部项目的成功。同样，想成为网红的年轻人越多，反而越能成就头部网红的成功。使用互联网的人越多，就越会让头部互联网大佬拥有更多财富。以头部员工的贡献程度来说，如果企业的管理者想提升企业的整体效益，激励头部员工可能比帮助尾部员工更容易见效。

第二，有人追求非线性，有人追求线性。

当复杂系统呈现二八分布，说明系统形成了秩序。复杂系统最主要的构件就是20%的主要要素，它们在系统中起了80%作用，对秩序的建立也起到了主导作用。

从财富分配的帕累托分布来看，总有人追求非线性回报，比如企业家。成功的企业家会在财富分布里占据头部，因为复杂系统会通过市场效率选择更好的决策和行为。而公务员和经理人是追求线性回报的群体，大概率会稳居在财富分配的长尾部分。

从混乱局面里产生秩序，生成二八分布，是市场的自发秩序，并不需要政府介入。

系统规模不会无限扩张

有健身经验的人都知道，健身初期往往效果明显，同样重量的哑铃举起的次数会逐渐增加，或哑铃的重量可以持续增加。但是，坚持锻炼数周或数月以后，增幅就开始放缓，如果继续追求与初期一样强度的增幅，可能会对身体造成伤害。

健身初期的训练量高速成长，到后来开始减弱，甚至变成负值，这个过程其实就是指数发生了变化。

学者在对收入对家庭幸福的影响的研究中也发现了回报递减的现象。

人们通常都以为收入增加会使家庭更幸福。这在一定程度上是对的，但只是在到达一定程度之前是成立的。太低的收入意味着贫困，贫困会带来很多生理和心理健康问题。当家庭年收入从 3 万美元增长到 4 万美元时，家庭成员的幸福感会大大提升；但是当家庭年收入从 10 万美元增长到 11 万美元，给家庭成员带来的幸福感提升极小，甚至可能带来家庭福利的负增长。突然中奖或中彩票获得巨额财富反而给自己的人生带来灾祸的故事并不鲜见。

感情上也有这样的现象，男女一见钟情产生爱情的时候，如同火山爆发，情难自已。但随着时间的推移，爱情的炙热程度就会减弱，会趋于平淡，有些情侣甚至还会走向分手。

新事物都有启动容易但持续发展艰难的特点。战略同样也具有启动容易、实施艰难的特点，这正是复杂系统的特点。这个特点预见了任何一个当红网红，即使是头部关键意见领袖（KOL）如李佳琦，都不可能以初期的高速持续发展，这是复杂系统的必然规律。

《周易·乾》有云："上九，亢龙有悔。"乾卦爻位到了上九，以六爻的爻位而言，已位至极点，再无更高的位置可占，高高在上，犹如一条乘云升高的龙，升到了最高亢、最极端的地方，四顾茫然，既无再上进的位置，又不能下降，所以它反而忧郁悔闷。这一爻讲的便是物极必反的规律、乐极生悲的现象，意为龙飞到过高的地方，必会遭受灾难。居高位的人要戒骄，否则有可能遭遇失败，悔之晚矣。金庸小说中的顶级高手洪七公分析降龙十八掌，讲"亢龙有悔"这一招最厉害的地方就在于一个"悔"字。

有一个关于指数增长的经典故事，相信很多人都曾听说过：

古希腊著名数学家、哲学家阿基米德与国王下棋，国王输了，问阿基米德要什么奖赏。阿基米德说："我只要在棋盘上的第一格放一粒米，第二格放二粒，第三格放四粒，第四格放八粒……按此方法放到这棋盘的第 64

个格子就行了。"

国王一听，这个按大米颗粒数给奖赏的要求也太低了，放满了一个棋盘才能用掉多少米，随即答应了。结果国王又输了。这一次可输大了，原来国王赏不起这么多的大米。

这个问题可以通过简单的加法来解决。如果连续两个方格上的大米数加倍，则所有 64 个方格上的颗粒总数为：$1 + 2 + 4 + 8 + \cdots\cdots + 2^{63}$，由此大米颗粒总数为：18 446 744 073 709 551 615，约 4427 亿吨大米⊖，这大约是当今全球大米年度产量的 889 倍（2019 年为 4.98 亿吨），国王如何赏得起？即使把全部家当赔上也赏不起。

这个故事让我们看到了指数级增长的力量。但更重要的是，这个故事告诉我们，增长是不可能无限进行下去的——资源有限意味着规模不可能无限扩张，否则会激化要素对资源的竞争，有限资源也不会支撑指数的无限增长。

综合以上几个方面，我们可以理解规模法则的三个方面也是互相制约的。

下一章我们会阐述，从混乱中形成秩序需要付出非线性增长成本⊜，这同时证明了规模不会无限扩张。

要素的指数变化影响系统规模

系统规模是自变量，系统状态是因变量，规模的变化会引起状态的变化。我们看到，不仅规模变化影响系统的非线性，系统要素通过指数变化对系统的影响程度，也会随着规模的变化而发生变化，比如要素的连接点越多，对系统的影响程度越大。用数学语言来说，一个变量的指数并不是

⊖ 一粒米按 0.024 克计重。
⊜ 下一章会论述建立秩序的成本的话题。

一成不变的，它随着规模的变化而变化，指数变化意味着质变。因此，规模变化会带来要素性质的变化，最后带来系统的状态变化。

不同要素在规模扩张的不同阶段会有不同影响，主要角色的位置也随规模的变化而变化。决策者要明白，企业处于不同的规模阶段，就会有不同的问题，即不同阶段需要不同策略。小企业借用大企业的成功策略未必能成功，人生经验也是如此。一方面，已有的经历会给我们提供很多参考，可以帮助我们进行决策思考；另一方面，我们也要警惕过去的经验方法的局限性。

随着规模变化，要素指数发生变化，意味着给系统带来的影响发生了质的变化。

规模变量和状态变量

我们将系统分为规模变量和状态变量两种：规模变量一般是我们可以直观观察、量化和控制的；状态变量是衡量系统状态的指标，一般是间接的变量，是规模变量变化的结果。在复杂系统里，非线性变化关系还体现在并不是每个规模变量的变化都给状态变量带来同样的变化。

重要的规模变量是决策的关键因素，而状态变量是我们期待的结果。我们要解决问题，让系统到达某个状态，都是从规模变量入手的。

主要的规模变量有下面几个：

（1）数量：这一变量是指某一要素的数量规模发生变化。企业的员工数、客户数、资金、供应商、原料数量、产品数量、努力程度、时间投入、培训投入都是数量型规模变量。

（2）品类：这一变量是指要素的品类数量发生变化。一个规模变量可以理解成一个品类，比如有多少库存量单位（stock keeping unit，SKU）就有多少种类的规模变量。产品种类、企业事业部数量、多元化经营中的行业种类、进入多少个市场等都是品类型规模变量。

（3）时间：时间也可以是直接测量的变量。一方面，它代表我们投入了多少时间；另一方面，时间本身的流逝也是一个规模变量，也在对复杂系统的变化起作用，时光流逝可以看成是产生不确定性的规模变量。比如，人类的衰老与时间关系紧密，无论你生活水平质量是好一点还是差一点，都不可能比时间这个要素对衰老的影响更大所以人类的衰老过程是一个时间函数，不确定性也可以被理解成时间函数。

总之，规模变量是指具有直观性、可控性、可量化的变量。因为这样的特性，规模变量成为我们主动影响系统变量的切入点。

研究复杂系统是因为我们关心哪些变量会引起系统状态的变化，特别是哪些我们可以直接控制的变量，会带来我们关心但不能直接控制的间接变量的变化。而衡量系统状态的变化结果，还需要用我们能找到的具有几何平均值特点的能体现复杂系统一致性、规律性的指标。

比如，增加多少员工可以带来利润的增长；从哪个环节入手可以让企业成功完成转型；关注哪些市场或客户能够更有效地提升企业的营收；采用什么方式才能更好地达到减肥瘦身，锻炼出肌肉、力量和耐力的目的等。

4.4 复杂系统要求抛弃线性思维

到目前为止，我一直在用尽可能简洁的表述来描述复杂系统的定义，建立对复杂系统非线性特征的初步认知。复杂系统的非线性特征要求我们要有非线性思维，但大多数人的思维却是线性的。还原论、随机假定及正态分布几个概念合在一起，导致我们有着很强的线性思维习惯。惯有的线性思维妨碍了我们对复杂系统的观察、理解和思考。

人类的大脑可以直接想象线性关系，因而线性关系在人类大脑中的优先级比较高。我们在学习微积分的时候，就是借助切线（把曲线假设成由多根很短的直线组成的）的线性假设来帮助理解的；建模的时候首先学习线性回归模型，就是把非线性问题分解成线性问题，把复杂问题分解成简单的局部问题。对问题的线性分解是很多管理思想的主要方法。

随机系统正态分布是线性思维的基础。因为存在平均值，每增加一个单位的事物，事物总体就会按照平均值线性增加。比如电梯里增加一个人，载客的总重就会增加一个平均量。这种关系呈现线性特征，也是正态分布和线性思维的关系。

但复杂系统理论对这种思维提出了挑战。

如果我们接受影响我们所关心的现实问题的因素或变量有很多，直到无穷无尽，就不难理解复杂系统思维的有效性和必要性。

整体不是局部的简单叠加

事物的局部加起来并不等于事物的整体，无论是认为整体是局部的放大，还是认为整体可以分解到细节，都是不正确的认知。复杂系统的要素之间的互动并不是简单的相加关系，拆解掉一个要素，就等于拆解掉与该要素直接或间接相连的所有关系，相当于去掉一个维度。

所以，复杂系统是人所不能完全控制的，它与人们熟知的从直观上、专业上可以剖析的随机系统完全不同，复杂系统有一般人所不知的特性。

相比多维的复杂系统，人更容易停留在随机系统的线性思维里。

新冠疫情就是非线性的，历史观察和现象叠加不能帮人们更好地掌握和预判疫情的发展态势，唯有谨慎、心怀敬畏地积极应对和处理才能帮我们渡过这场灾难。

从确诊数量来说，被感染的人数每天并非等量增加，而是非线性增加。

美国在两个月的时间里经历了从每天确诊约 1000 人到每天确诊超 20 000 人的增长。

病毒在体内的繁殖也是非线性的。疫情严重时,医护人员发现有的病人早上进医院时还是蹦蹦跳跳的,但到下午就突然不行了。从表象推理,一开始是一个器官被感染,人的反应不大,甚至没有征兆,但当多个器官被感染的时候,性质就变了,甚至会引发更多病症。造成这一现象的原因可能是病毒侵入了更多器官,也可能是时间变量在起作用,也可能是病毒本身繁殖的量达到了一个临界点,导致病毒大规模爆发,这就是复杂系统,影响要素众多,彼此之间相互关联、影响。

遇到问题首先要分析它是复杂系统还是随机系统,这不仅有现实意义,而且会让你有不同的洞察。复杂系统的核心是非线性,这意味着事情不再直观,算术平均值没有意义,整体也不是局部的简单叠加和平均,我们必须依靠所知的系统内在规律去分析它。

在一些特定情况下,"人多力量大"不一定完全正确

一直以来,我们都喜欢说"众人拾柴火焰高""人多力量大",也有人用十根筷子在一起不容易被折断来表示"多就代表强大"。在一些特定情况下,这其实是对规模的误解:拾柴的人多人少与火焰大小没有直接关系;人多不代表力量大;筷子本来就是两根一起用的,追求强度有比把筷子放在一起更好的办法。"人多力量大"的说法在特定情况下是线性思维产生的谬误,最终有可能演变成"一个和尚挑水喝,两个和尚抬水喝,三个和尚没水喝"的场景。

警惕"窥一斑而见全豹"的想法

还原论是 20 世纪很多科学研究背后的推动力,很多管理思维背后都是还原论。还原论相信，要了解一个问题，就要认识产生问题的体系及其各组成部分。还原论的假设是，一旦了解了各组成部分，我们就很容易掌握整体。

中国人常说的"窥一斑见全豹"反映的就是还原论思想，其实这更容易导致一叶障目、见木不见林的结果。

管理咨询领域的很多热门词汇，如业务流程重组、六西格玛、供应链管理、战略解码等，都有着还原论的影子。这些管理方式都以为通过观察表面和局部可以了解全局，忽视了现象背后的非线性关系，其实，现象背后的复杂性是无法用直观的线性思维感知和理解的。

不是细节决定成败，而是复杂性决定成败

不知从何时开始，"细节决定成败"成了一句经典的管理名言。但复杂系统提供了不一样的思考：即使细节重要，也不是所有细节都一样重要，有些细节比另一些细节更重要，而且复杂系统对大部分细节并不敏感。恰恰是复杂系统的规模法则放大了重要细节的影响，最终决定成败的是复杂系统的关键因素和少数细节。所以，关注细节并不一定正确。

而且，过度关注细节容易失焦，用局部代替整体，恰恰使你错过了对事物真正法则的认识和理解。

艾伯特-拉斯洛·巴拉巴西（Albert-László Barabási）⊖认为，我们现在几乎了解了自然界事物的各个组成部分，但人类对这个自然界的理解还停留在过去的水平。拆解与还原过程的难度是超过人类想象的，这就是复杂性问题。人类对自然界的"自组织法则"的理解还处于非常初级的阶段。

⊖ 巴拉巴西，生于1967年3月30日，美国物理学家，以网络理论研究而闻名，是网络科学学会的创始人。

不要忽视极端事件

面对社会负面现象，我们经常听到有人说，"这只是'极少数人'"或"这只是'个别现象'"。这种思维其实就是线性思维，因为在他们的思维里假定了正态分布——大部分人居中，极少数的好人和极少数的坏人分布在两边。正态分布是线性思维的基础。

如果坏人真的分布在极端，我们不必过分担心，因为那根本就不是事儿。比如，任何社会都无法根除刑事犯罪问题，因为那是极少数行为，民众不会对极少数人的极端行为常怀恐惧。

每当有人抱怨"世风日下，人心不古"的时候，可能是在提示我们遇到的是复杂系统，系统呈现二八分布，非常危险、不容忽视，而不仅是个别现象。这里包含三种可能，一是某种情况已经比较普遍，二是少数人做了极其多的坏事，三是大多数人都开始做坏事了。

不要再说"这是一个系统工程"，要说这是一个复杂系统

我们常听到这样的话，说"这是一个系统工程"，比如飞机、火箭的制造过程是一个系统工程，改革是一个系统工程，战略实施是一个系统工程等。这种表达往往想说的是事物很复杂，彼此之间的互相影响很复杂。

其实，系统工程不是复杂系统。火箭的制造过程虽然庞大且复杂，但火箭的各个要素之间的彼此影响是机械的，是可以精确控制的。火箭的复杂性来源于其专业的复杂性，但对于懂专业的人来说，这些都是基于科学、物理、机械、化学、电子原理的可以计算、设计出来的系统，都是可设计、可控的。火箭如果设计失误、运行失败坠地，那是事故。所以，火箭不是复杂系统。

足球迷可能都知道，巴塞罗那队（简称巴萨）是一支以卓越传控能力称霸足坛的足球队，它的传球成功率在 90% 以上，你因此肯定会认为巴萨是一支优秀的足球队。但是，如果你知道从深圳飞回北京的飞机在下降时，飞机起落架成功放下的可能性是 90% 时，你还会坐这架飞机吗？这就是开放性系统与封闭性系统的区别，也是复杂系统与系统工程所指的人造系统的区别。人造系统再复杂，也不会产生交互，不是复杂系统。

4.5 财富的奥秘在于追求非线性回报

线性回报与非线性回报

有的财富机会会带来非线性回报，有的财富机会会带来线性回报。企业家追求非线性回报，利润就是一种非线性回报。企业家的商业嗅觉、洞察力和企业家精神等无形化资产投入，通过利润得到回报。

对非线性回报的追求，使很多人选择创业、追求企业规模。商界流传着当年蔡崇信放弃了 580 万年薪，加入阿里巴巴跟马云一起创业，一个月只拿 500 元的传言。但传言不会告诉你，他这样做的目的是寄希望于阿里巴巴创业成功，上市以后能获得非线性回报。

当然，如果有选择，更多人会放弃承担风险，更愿意选择追求线性回报的工作。而职业经理人或打工者，追求的就是一种具有确定性的线性回报，如工资。这就是为什么社会财富只会集中在少数人手里。

发财的奥秘就在于追求非线性回报。以艺术家表演为例，在科技不太发达的年代，艺术家的每一次演出都是真人出演，出演一场挣一场的钱，完全是随时间投入而取得回报，用出场次数来结算报酬。这是典型的线性回报模式。随着技术的发展，唱片被发明出来，后来又有了电影技术，现在又有了数码科技，借助这些技术和工具，艺人可以把自己的演出制成唱片、电影、数码产品等。艺人只需要演出一场，就可以制造无限量的产品，因为这些产品的边际生产成本极低，适合量产，且销售量也不受限制，艺人从此就可以得到非线性回报，他的社会地位也得到了很大的提升。这很典型地体现了非线性回报的魅力。

网红经济也是如此，直播带货给了头部网红获得非线性回报的机会。

在不同生存环境下，人人都可能有不同的追求。不满足于只得到线性回报，通过创业产生新的企业，从而带来行业结构的调整，并成功得到非线性回报的人就成了头部人群；追求安稳和线性回报的大多数人就待在了尾部。待在尾部的大多数人里，智力密集、投入较多的工程技术人员、公务员得到较高的线性回报，而做一天拿一天钱的工人得到较低且稳定的线性回报。

选择创业还是打工，与每一个人的不确定性偏好有关，当然，是否在头部还与运气密切相关。

创业才有得到非线性回报的机会

哈同原本是沙逊家族⊖在印度的一个打工者，但由于他天资聪明，沙逊家族将他派到了上海。在上海，他成了业务骨干。老上海人都知道靠近静安寺的哈同花园、曾经的中苏友好大厦、现在的上海展览馆，就是哈同的家。

清朝末年，沙逊是上海老牌的首富，曾经的远东首富。中法战争使当时在上海的外国人产生了一种普遍的恐慌情绪，因为清政府赢了，这是清政府在与列强的战争中第一次获胜。上海的外商们都想撤离上海，哈同凭借他对清政府的理解，知道清政府肯定会求和，于是大肆收购土地。结果

⊖ 沙逊家族是一个国际知名的家族，起源于中世纪从西班牙逃难到中东巴格达的犹太人家族。有"东方的罗斯柴尔德家族"之称。

时局变化印证了哈同的远见，政局稳定后，上海房地产大涨。哈同帮沙逊家族净挣 300 万两银圆。但哈同作为一个打工者，只分到了 1000 两银子。这个回报明显太低，但这是由哈同的打工地位所决定的。

沙逊也明白这个道理，不久就和哈同一起开起了药房。在这个生意上，哈同和沙逊五五分账，哈同终于成了老板，可以得到非线性的回报了。最后，哈同自己出来单干，这是后话。

在一定范围里，要求打工者做出一些特殊贡献，在一定的绩效关联和打工者对个人职业生涯长期发展的考虑的前提下，是可以期待的。但如果打工者觉得自己的贡献在 20% 以上，甚至在头部的话，肯定会提出改变合作结构，或自立门户。

如果给到足够时间，我们可能发现这世界并没有随机事件，那些符合正态分布的现象可能只是因为我们的时间不够、数据不够的结果。

4.6　规模不应该成为决策目标

决策目标：改变复杂系统的状态

从规模法则来看，规模可以理解成自变量，但其本身不应该成为最终目标。就像锻炼身体一样，跑多少米不是目标，健康才是最终目标。所以，不宜用"规模"作为衡量复杂系统的指标，就如同不能说跑得最远的人是最健康的人一样。衡量复杂系统的指标，是各种变量的比例关系、换算结果，比如人的健康，就可以用 BMI（身体质量指数，体重除以身高数平方得出的数字）来衡量。衡量企业的健康也不能只用销售量和员工数作为指标，还应该参考利润率、周转率、负债率这些间接指标。

从这个概念上说，真正反映国民福祉的指标，应该是医疗、卫生、心理、体质、幸福指数等,这才是国家真正经济实力的体现。

规模是一把双刃剑

规模不仅不代表系统状态,规模带给非线性系统的影响更像一把双刃剑,在带来好处的同时也带来很多问题。

早期经济学认为,企业的规模增长是因为存在规模经济,即随着企业规模的壮大,企业效率会提升,单位成本会下降。但是,OECD[1]国家、亚洲新兴经济体以及中国的相关数据却显示,厂商平均规模不是越来越大,而是呈倒 U 形变化——先逐渐成长,到达某个峰值之后,企业规模开始逐渐缩小。经济学家阿林·杨格(Allyn Abbott Young)[2]很早就指出,报酬递增是因为分工与专业化,与经济规模不是直接相关的。

那么,规模为什么容易成为目标?原因在于以下几点:

首先,追求规模是一种思维上的懒惰。规模带来的好处比较直观,而坏处则隐藏在幂律之中,不那么直观。我们知道人都是思维懒惰的[3],所以看得见、摸得着的规模变量就容易成为管理的指标。

其次,规模目标可以通过增加投入达成,相比间接的状态变量的变化,规模目标更容易实现。但效率指标或盈利能力是需要锻炼内功的,不可能立竿见影。

最后,规模目标容易造假并造成行为扭曲。相比状态目标需要真正的

---

[1] 经济合作与发展组织(Organization for Economic Co-operation and Development,OECD),简称经合组织。
[2] 阿林·杨格(1876—1929)是美国经济学家,代表作《报酬递增与经济进步》。他最早提出是专业化带来递增效益,而不是规模。
[3] 美国心理学家基思·斯坦诺维奇(Keith E. Stanovich)认为,我们的大脑遵循"懒惰"的认知准则,即能不用就不用,该用脑也尽量少用。所以懒惰是人类的天性,跟智商高低没关系。斯坦诺维奇目前担任加拿大多伦多大学人类发展与应用心理学的国家首席教授,他的研究领域是推理和阅读的心理学机制。

能力提升才能达成，规模目标也容易造假。这些年很多数据造假的公司涌现，一方面是因为流量、销量这些规模数据比企业盈利能力更容易造假，另一方面也是企业追求规模变量的结果。

五百强榜单排名的迷思

《财富》杂志的世界 500 强排行榜除了将利润、资产、股东权益、雇用人数等作为参考指标外，最通用、最主要的标准就是企业的销售和利润收入。世界 500 强名单的规模导向对中国企业的发展方向造成了极大的误导。

2019 年 7 月 22 日，财富中文网与全球同步发布了最新的《财富》世界 500 强排行榜[一]。2019 年，即使不计算中国台湾地区企业，中国企业（包括中国香港地区企业）的数量已经与美国并驾齐驱，达到 119 家，与美国的 121 家相差无几。

但这个排名都是以规模来计算的，只解释了做大的问题，没有解释做强的问题。与世界 500 强比较，中国企业的盈利指标是低的。世界 500 强的平均利润为 43 亿美元，而中国上榜企业的平均利润是 35 亿美元。中国企业的盈利能力并没有达到世界 500 强的平均水平，与美国企业相比，更是存在着明显差距。

企业是复杂系统，直接指标无法反映企业的健康状态，反而容易掩盖问题，不能凸显企业真正的运营状况和实力。一般来说，销售收益率和净资产收益率两个指标更能够体现企业经营状况的优劣。2019 年，入榜的中国企业（包括中国香港地区企业，不计中国台湾地区企业）有 119 家，平均销售收入 665 亿美元，平均净资产 354 亿美元，平均利润 35 亿美元，根据这三个数据计算，上榜中国企业的平均销售收益率为 5.3%，低于美国企业

[一] 财富中文网.2019 年世界 500 强 129 家中国上榜公司完整名单 [EB/OL].（2019-07-22）. http://www.fortunechina.com/fortune500/c/2019-07/22/content_339537.htm.

的 7.7% 和全球平均的 6.6%；平均净资产收益率是 9.9%，低于美国企业的 15% 和全球平均的 12.1%。其中，中国上榜企业的近半数利润来自银行，中国和美国在银行业之外的大企业的利润水平差距显著⊖。

本章结语
从线性思维到非线性思维

人的主动行为构成复杂系统，复杂系统的非线性呈现增加了我们对它的理解难度，但是复杂系统服从二八分布则给了我们观察、理解和把握复杂系统的切入点。

复杂系统对分析问题和制定决策的意义在于，即使存在很多可知或不可知的要素，复杂系统中少数要素起到了大部分作用的特性，也能帮助我们对问题及其产生的环境形成一个整体和现实的理解和认识，从而抓住主要矛盾。

对管理活动而言，二八分布的意义就在于，如果你找对了起头部作用的要素，就会事半功倍；如果没有找对，始终在尾部做文章，则事倍功半，效果可能微乎其微，甚至可能还有反作用。

⊖ 财富中文网.2019 年世界 500 强 129 家中国上榜公司完整名单 [EB/OL].（2019-07-22）. http://www.fortunechina.com/fortune500/c/2019-07-22/content_339537.htm.

第 5 章

现实世界需要网络思维

> 人类社会从来都是网络结构的，你的网络，就是你的命运。
>
> ——马修·杰克逊（Matthew O. Jackson）[一]

本章概要

在介绍了复杂系统理论以后，这一章将会介绍网络思维。网络思维与复杂系统是同构的，只是表述方式不一样。复杂系统可以解释网络现象，网络思维也为我们提供了更具象的可以帮助理解复杂系统理论的思想方法。

先有网络思维，然后才有互联网。互联网只是网络世界和网络思维的一部分。这一章可以被视为复杂系统理论在网络世界的运用。

[一] 杰克逊. 人类网络：社会位置决定命运 [M]. 余江，译. 北京：中信出版社，2019.

金融危机中 AIG 的案例[一]：枢纽节点影响全局

2008年9月，随着美国金融危机愈演愈烈，美国国际集团（American International Group，AIG）陷入了严重的流动性困境，形势十分危急。当年9月16日，美联储拒绝雷曼兄弟的求救、任其破产的次日晚，美联储决定对 AIG 施以援手。

在官方文件中，美国政府将援助原因归结为："为了防止 AIG 的无序性失败，而这一失败将会打击原本已经很脆弱的金融市场，增加借款成本，减少家庭财富，实质性地弱化经济绩效。"简言之，因为 AIG 是个"具有系统性意义"的公司，美国政府不得不伸出援手，不能眼看着其倒下。

AIG 的系统性意义主要表现在以下几个方面：

- 拥有大量金融机构客户。由于大量涉入信用违约掉期合同，众多金融机构都在 AIG 投保，以至于有人认为，AIG 是整个美国乃至欧洲金融行业的财务担保人。如果 AIG 破产，全世界许多银行和投资基金将在按揭违约率不断上升的背景下失去保险保护，财务状况会进一步恶化，从而出现连环破产事件。
- 对美国本土经济有较大影响。AIG 是美国房地产市场的重要投资者，同时承保着大量企业风险，包括对曼哈顿众多大楼提供恐怖袭击保险等。
- AIG 的业务范围遍及世界130多个国家和地区，全球雇员高达11.6万人，拥有代理人和经纪人超过70万人，一旦破产会波及很多层面，是雷曼兄弟和美林证券等机构无法比拟的。
- 拥有大量的普通客户。作为一个超大型金融服务集团，AIG 的资产

[一] 田辉. 美国政府为何要救 AIG[EB/OL]. (2008-12-31). http://finance.sina.com.cn/review/20081231/18205708697.shtml.

超过万亿美元，服务客户多达 7400 万人。如果 AIG 倒塌，影响会波及各个层面普通消费者的生活（绝不限于投保人），从而对社会造成很大的冲击。

在 2008 年的金融危机中，如果说雷曼兄弟是一个关键节点，AIG 则是绝对的核心枢纽节点，AIG 一旦倒闭，将会引发"树倒猢狲散"的系列连锁反应，对美国乃至全球经济的潜在冲击将远远大于雷曼兄弟破产（见图 5-1）。

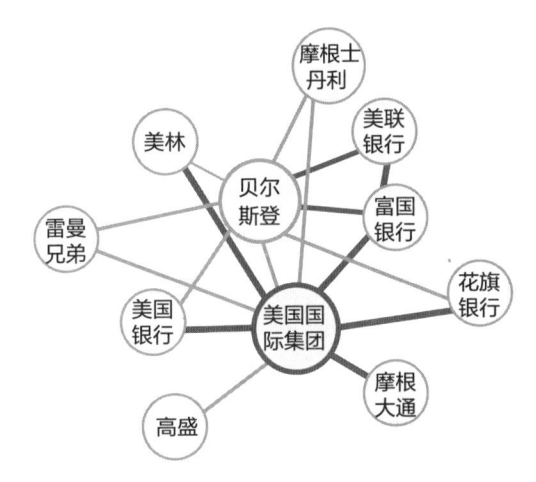

各个机构之间的连线代表彼此之间的关联，连线越粗、越深，关联就越强

图 5-1　各金融机构之间的网络模型

5.1　网络思维是理解复杂系统的方法

网络是复杂系统的同构

网络符合复杂系统的所有特征，网络本身就是复杂系统，或者说是复杂系统的具象，更接近我们可以观察的现实世界。复杂系统里各个要素之

间的相互关系，本质上是网络拓扑㊀关系。所以，网络思维不仅能帮助我们理解网络现象本身，还能帮助我们更好地理解复杂系统。

在这里，我们还要做一点空间想象，因为网络是由节点和连线组成的空间。这个空间是多维度、跨时空的，从平面到立体、从物理到心理、从正式到非正式、从无机到有机、从物质到精神、从静止到移动、从现实到虚拟……每个节点都与多种要素关联。网络每增减一个节点，都会带来系统维度或规模变量㊁的变化。

世界从来都是网络的

网络并不是新事物。人类社会从来都是网络的，随着科技进步，各种物理形态的网络出现了，公路、铁路、航空、海运、电报、电话、互联网……人类社会的网络越来越发达。

经济社会中的经济组织、交易合同、物流供应链、价值链、信息流、企业等组成了经济意义上的网络，社会生活中的政府组织、人际关系、心理活动通过信任、崇拜、思念、亲情、心理等维度也构成了社会意义上的网络。有着不同功能和形态的网络构成了多层次、多维度、跨时空的错综复杂的网络系统，这是一个浩瀚深邃且互相交织的、复杂的、云团般的网络生态，也是互为补充、互为威胁或互相竞争的网络生态。

每个人都不可避免地加入到不止一个网络中，比如亲属网络、朋友圈、兴趣小组、校友网络、球迷网络或是慈善组织的志愿者网络等。

社会从来都是网络的，互联网技术的出现适应了人类社会的网络特性，互相正向强化。当然，网络节点之间的连接关系可以是正面的，也可以是

㊀ 网络拓扑（network topology）结构是指用传输介质互连各种设备的物理布局，指构成网络的成员间特定的物理的即真实的，或者逻辑的即虚拟的排列方式。

㊁ 详见本书第 4 章。规模变量是我们可以直观观察、量化和控制的；状态变量是衡量系统状态的指标，一般是间接的变量，是规模变量变化的结果。

负面的；可以是合作的，也可以是竞争的。

5.2 网络演化的底层逻辑：自组织行为

网络演化的底层逻辑是自组织行为。网络的形成以及节点的连接、变化和扩大都是自发的，每个节点都在做对自己最有利、最有效的连接决策。巴拉巴西总结了网络扩张的法则：节点永远在竞争新的连接，节点永远喜欢连接那些拥有更多连接的点。这是网络自组织的特征。

网络一定会产生枢纽节点

巴拉巴西在《链接：商业、科学与生活的新思维》一书中提出了"枢纽节点"的概念：在一个具有一定规模的网络里，每一个节点与其他节点的连接数量呈长尾分布。那些连接数量最多的节点，就是枢纽节点。比如，主播在直播带货的业态系统里就是枢纽节点，而 AIG 是全球金融行业的枢纽节点。

在商业世界里，出现大企业是网络产生枢纽节点的表现，这说明经济系统在按照复杂系统的逻辑运行并形成秩序，证明现在的市场是有效的。

这就引起我们对反垄断思想的反思。主流经济学的完美市场是批判垄断的依据，但完美市场只存在于课本中，现实世界里从来没有出现过教科书里的完美市场。

枢纽节点或主动或被动地吸引着更多的节点和连接，头部企业一定会吸引更多的合作、竞争和模仿，这就是马太效应。

2021 年伊始，许知远在综艺节目《吐槽大会》里吐槽的网红段子突然火了。许知远的定位是知识分子，一般来说，他并不如其他综艺大咖那样吸引粉丝，但吐槽大会惯用的手法即吐槽大咖，建立与大节点的连接以吸引更多眼球。许知远在节目中接连吐槽多位大咖，凸显了攻击枢纽节点也是竞争连接的效应。

网络永远处于动态扩张和调整中

世界给了任何网络、任何节点无限连接的可能性。网络与网络之间无时无刻不在互动，不同时空、维度的网络互相补充又互相威胁。这种不断产生新的连接和新的网络的现象就是"自组织"的结果。

在这里，我们需要注意以下几点：

1. 序贯博弈是网络不确定性的根源

因为无限连接的可能性，每一刻，网络都在产生新的连接、切断旧的连接。我们的世界可以被理解成一个以动态序贯博弈或时间序列展开的网络云团。动态扩张的网络意味着规模不断变化，规模法则开始起作用。

规模变化是不确定性的来源，每两个节点之间的连接给网络带来的影响，都是不可预测的。我们无法在决策阶段保证决策的正确性，但网络思维可以帮助我们更全面、有效地思考问题。

2. 没有一个网络结构能满足所有的需求

没有一个网络会满足所有节点的所有需要，因此，网络的自组织性会自发产生新的网络。网络间存在着互为补充的代偿性，即一个网络的缺陷总是催生其他网络弥补这个缺陷。网络的代偿性也是网络发展的动力，它可以及时反映出危险信号，防止价值流失以及传播风险的出现。

曼瑟尔·奥尔森（Mancur Lloyd Olson）在《集体行动的逻辑》⊖中说，即使集体利益最大化对你个人是最有利的，你也会为追求个人的利益去牺牲集体的利益，这一点非常反逻辑和反直觉，但用网络的代偿性可以解释

⊖ 美国经济学家曼瑟尔·奥尔森的经济学著作，于1965年首次出版。

这个现象。

在摸鱼博弈游戏[注]里，当集体无法明确每个人的行为和贡献时，就会产生"搭便车"的机会主义行为：规模大的时候，选 B（不合作）的比例较高；规模小的时候，选 B 的比例较低，因为更容易暴露。

这种不公平会促生代偿性的网络结构，产生非正式的网络，如小圈子，因为在小圈子里更容易看到每个人的贡献和行为，监督成本更低。同时，当感到自己的贡献未被所在网络认可，或对得到的回报不满意时，团队成员就会建立或加入新网络来获得应得的认可和回报。

团体越大，越难形成有效的执行规范，因为人们在利益、认知、情感、空间与时间的限制内很难同时经营很多社会纽带，所以大网络往往容易分裂成小派系。团体越小，越容易规范成员的行为，就更容易被维系。同时，也要考虑信任和感情的特点：人们需要两个人私聊的信任和情感网络，这也是基于对私聊对象的清晰界定。

所以，奥尔森在《集体行动的逻辑》中考察了不同规模的集团，最终得出了在多数情况下小集团更有效率、更富有生命力这一结论。

每家公司都有非官方的网络，即圈子，我称之为"影子网络"。影子网络的形态与官方的组织结构有很多不同。管理者不仅要关注正式的层级和组织架构，而且要关注非正式网络。非正式网络一定存在，且应该得到重视：互为替代的网络之间存在威胁、竞争，能使彼此更具生命力，有不可忽视的价值；互为补充的网络可以让组织架构更有序、更有效。

3. 网络结构更容易出现租值耗散现象

经济学里说的"租值"可以理解为"每个人基于自己的能力创造经济

[注] 一个心理学实验，在人数固定、双盲的情况下，让 A、B 双方选择自己想扮演的角色，目标是获得最高收益。其中 B 的收益总比 A 的收益高。现实结果和大脑中纯理性的运营结果差异极大。本书第 6 章对此有具体阐述。

收益的可能性"。如果你为市场创造了价值，但你没有得到应有的回报，就发生了租值耗散。

一个人创造了流量，却不一定能享受到流量的变现。比如，网红在抖音带货创造了流量，但订单不一定是在抖音小店完成的，也有可能在淘宝店铺完成；很多客户在大商场看到喜欢的产品，却到网上下单。如果线上下单的好处在线下完全得不到，那么线下业务就不会有人去做。在互联网流量问题上，外部性现象非常明显。

为了防止租值耗散，价值创造者就会织起一张复杂的网，获取流转在各个点上的价值。

4.网络思维能使我们更好地理解互联网商业生态

互联网商业生态是一个典型的多维网络，线上线下、数字物理多重跨域，运用网络思维，我们能够更好地理解互联网商业生态和数字化转型的关键点。我用张五常的租值耗散理论⊖来解释互联网商业生态的经济逻辑。互联网商业生态与传统的线下商业生态不同：线下商业生态的供应链与价值链呈线性链接，互联网商业生态的供应链和价值链呈网状链接，你无法线性地得到你在每个节点、每个链接上的投入产出。因为在一个节点或一个链接上发生的活动可能在另一个节点和链接上产生经济效果。

所以，我们看到中国互联网商业生态分为腾讯和阿里巴巴两大主要体系，这两大集团通过直接入股或者间接参股，各自构建了自己的商业帝国，防止自己创造的价值只是为别人做了嫁衣。

淘宝、天猫、微博、大润发、苏宁、支付宝等构成阿里系，QQ、微信、美团、京东、拼多多、微信支付构成腾讯系。这些平台之间具有关联性，

⊖ 租值消散理论或租值耗散理论（the theory of rent dissipation）是当代产权经济学的重要理论之一。租值消散理论的核心是，本来有价值的资源或财产，由于产权安排方面的原因，其价值（或租金）下降，乃至完全消失。租值概念没有很严谨，它是指无主的、没有界定清楚为谁属的收入，在竞争下会消散，在边际上会下降为零。

不断涌现新的带动流量的形态，如网红直播带货等。这些形态各异的互联网商业活动，一起构成了复杂的、线上线下共生的生态系统。

当然，网络世界里，你为别人创造外部性的同时，你也可能在享受别人创造的外部性。这是互联网经济的逻辑。

5. 数字化战略需要非线性思维

企业的数字化战略解决的是如何在互联网商业生态这个数字化平台上进行商业竞争的问题。

互联网商业的品效评估非常复杂，在这些生态上，企业需要了解平台运作的细节，了解每一个节点如何影响流量、如何影响交易，广告是否有效，流量能否带来销量等，才能决定应在哪些平台上投放广告，各自投放多少的广告，采取什么样的折扣、促销活动等，这是一个复杂系统问题。

与传统渠道投放广告、经销商卖货的方式相比，互联网商业生态有了很大的变化，这不只是复杂程度的变化，更是思维方式的变化，只有从传统的基于线性思维的管理思想、市场营销理念、评估和监测手段、KPI/ROI，转变为基于非线性的网络思维，才能适应这个网络状的复杂生态系统。

互联网商业生态是个非线性的复杂系统（见图5-2），规模大、更具复杂性，局部细节说明不了问题，节点间的连带关系和逻辑关系无法靠线性思维去理解，决策的不确定性大，更需要各部门协作，寻找能够反映市场和企业复杂系统特点的管理目标和经营指标。

从网络思维的角度看，我们应该回到企业制度的初衷，特别是企业追求利润的初衷，关注价值创造的整体效果，寻找那些反映复杂系统几何平均值的比例关系，最终对企业创造利润的能力进行把控。

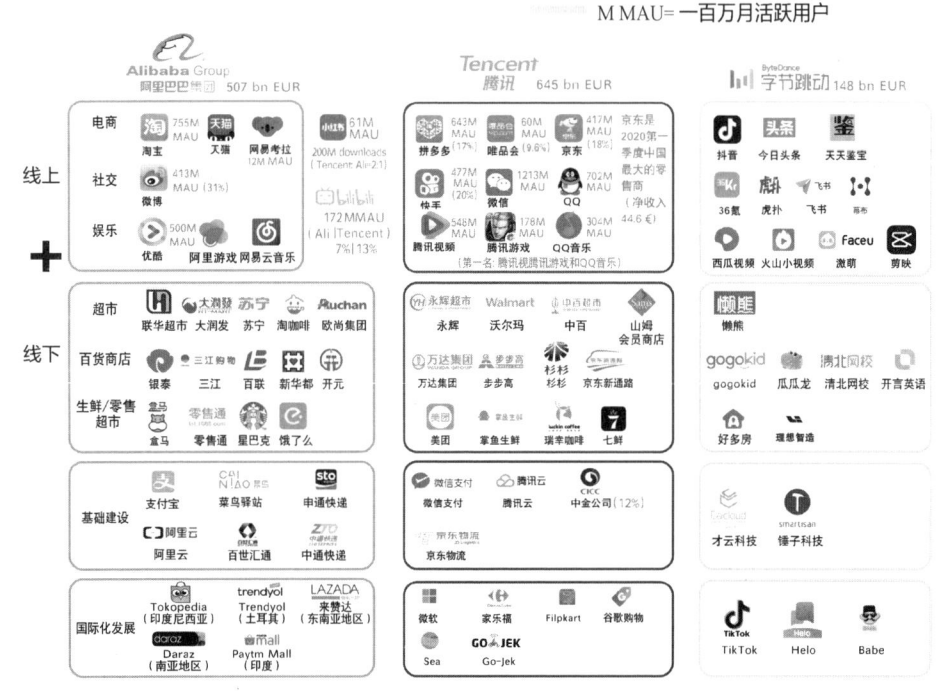

图 5-2 电子商务系统生态图

节点连接数不会无限扩张

规模法则告诉我们，规模不可能无限扩张。用网络思维的语言来表述，就是节点的连接数不会无限增加。

为什么系统规模不会无限递增下去？主要可以归纳为以下几个原因：交易费用、熵增原理、风险和不确定性以及涌现行为。讲到互联网规模效应时，为了方便分析，"互联网思维"⊖把这四个原因的成本假定为零。但是，这造成了一种误导：交易成本为零，规模当然越大越好；但在现实的

⊖ 百度公司创始人李彦宏最先提出"互联网思维"。随着这个词的广泛使用，它的指向更加广泛而模糊，它更像是一个流行用语而非严格的学术定义。

网络社会里，这些成本都不为零，而且会随着网络规模的增加而非线性地增加。

1. 交易费用随规模递增

亚当·斯密在《国富论》中提出的分工理论认为，因为专业化分工有递增效应，所以分工推动了经济发展。但事实上，分工不会无限进行下去，因为分工的程度受制于交易效率。随着分工的深入，交易变得频繁、复杂，花在交易本身的精力、时间和投入都会增加，交易效率会随之下降，交易成本也会上升。这就是分工不会无限深入下去的原因。

科斯定理讲了同样的逻辑：如果不存在交易费用，即交易费用为零，那么不管如何进行初始配置，制度都是没有意义的；反过来说，因为有交易费用，企业等制度才有了意义。或者说，因为有阻力，我们才要讲方法、模式，如果阻力为零，那么做事的方式是不重要的。

这个道理在管理上也是一样的。企业规模不断增长，管理成本以非线性的速度不断爬升，因此，企业规模不会无限扩张。需要说明的是，这里所说的"管理成本"，与网络经济里所说的成本不同，是指交易和管理本身的费用，比如沟通费用、管理费用、律师费、保险费等。

从管理成本的角度来看，规模增加导致管理需求增长，最后导致组织中间层增加。而中间层主要由只得到线性回报的管理人员构成，因为存在激励的不对称，随着规模扩张，管理层的管理效率很可能会下降，所以管理成本会非线性增加。

企业的顶层主要是企业家，因为有对称的非线性产权激励，所以不用担心他们缺乏积极性。底层有容易界定的业绩指标，也不难管理。但对中间层的管理却相对较难。这些年一直有组织扁平化的说法，即希望通过变革中间层来减少管理成本，提升组织效率。

2. 熵增原理：规模带来混乱

我们经常看到企业规模变大以后，容易出现管理混乱的现象。在一个封闭系统里，如果没有外力作用，事物会不断趋于混乱和无序，这是熵增原理。

熵（entropy）是由德国物理学家鲁道夫·克劳修斯（Rudolf Clausius）于1854年提出的，用以度量一个系统的"内在混乱程度"。熵增在生活中的表现为：书桌不收拾就会越来越乱，屋子不收拾垃圾就会越来越多，手机不清理会越来越卡等；企业规模变大，组织架构会变得更臃肿，员工会变得官僚化，整体效率和创新能力也会下降。㊀

熵增原理是个人、企业、国家、国际关系等各种系统都服从且难以克服的宇宙大定律之一。随着规模和时间的发展，企业越来越大，业务发展得越来越多，乱局终不可避免。以前，一个产品经理对于自己产品的销售情况可以做到尽在掌握，但现在渠道越来越多，产品越来越多，系统越来越多，很多产品经理根本讲不清自己的产品在不同渠道的销售情况，被设计用来支持工作的系统也越来越复杂——不是系统在帮你，而是你在和系统搏斗，报告文档也越来越多，系统之间不可能做到无缝对接。

世界向着熵增演化的原因是，一切符合熵增的都更容易实现，比如懒散，符合最省力原则㊁——自律总是比懒散痛苦，放弃总是比坚持轻松，变坏总是比变好容易。

熵增原理说明：复杂系统规模扩大后，效率会越来越低，你必须去整理，但整理过程需要投入成本，成本增加会减缓系统规模的扩张速度。企业的管理成本可以理解为负熵投入，负熵投入可以帮助系统实现从无序向

㊀ 引自微信公众号兰陵王的文章《熵增定律：为什么熵增理论让好多人一下子顿悟了》。
㊁ 最省力原则是哈佛大学教授齐夫在《最省力原则：人类行为生态学导论》一书中提出的。

有序的发展，实现自发秩序。○

在因为疫情居家隔离期间，我就发现家务的繁杂程度超出了平时不干家务的人的想象，这时我终于理解家里需要有人投入大量时间和精力来做家务的道理了，做家务就是负熵减熵的过程，而负熵过程是投入成本和努力的过程。

3. 风险是不对称增加的○

网络的另外一个特征是，两个节点连接在一起意味着两个节点背后的网络是连接在一起的，这种连接在带来各自网络所能带来的好处的同时，也带来新的风险。路德维希·米塞斯○曾说，现代社会的风险结构，已从自然风险转变为人为风险和制度风险。其实人为风险和制度风险都是一直存在的，只是现代社会的巨大网络系统放大了这些风险。

人类历史从未见过今天这样庞大的网络系统，也没有见过如此快速、像病毒传播一样的信息流动。有一个不幸言中的说法是，信息像病毒一样传播，但其实病毒也像信息一样传播。目睹2020年、2021年新冠病毒如何通过人际网络传播继而肆虐全球的同胞，对这点应该有深刻理解，不只是人类和网络亲近，病毒也喜欢网络。

新冠病毒就是从人类生存中最薄弱的环节开始攻击，由点成面，继而成为一个公共卫生事件，然后又演变成经济事件，再演变成政治事件、社会事件、公众心理事件等，每件事互相连接。新冠病毒反映的不是一个孤立的病毒问题，而是风险随着网络规模的增大而非线性扩张的问题。

○ 薛定谔.生命是什么[M].罗来欧，罗辽复，译.长沙：湖南科学技术出版社，2016.
○ 塔勒布.非对称风险[M].周洛华，译.北京：中信出版集团，2019.
○ 路德维希·海因里希·艾德勒·冯·米塞斯（Ludwig Heinrich Edler von Mises，1881—1973），20世纪著名的经济学大师，被誉为是"奥地利学派的院长"。2000年被美国《自由》杂志评为"自由至上主义的世纪人物"。

形成对比的是，新冠病毒会人际传播，这使得人人自危，而飞机失事、高铁出轨等个别事故引发的恐惧感的蔓延程度就小很多。因为谣言的传播、情绪的传播，都呈现网络特征。风险随规模扩大而增大，可以说福也规模，祸也规模。但网络本身是中立的。

4.涌现行为

复杂系统的另一个特点是，规模上去以后，系统如同有了生命，开始生成某些单独元素不曾有的特性，这就是涌现行为或涌现特性。企业、组织、城市、经济体都会呈现系统整体与组成系统的局部不一致的特性。

大自然存在着大量涌现行为，比如几个病毒不会引起疾病，但病毒数量累积到一定程度后，不仅会引起宿主的疾病，还可能传染给别人，成为公共卫生事件，乃至改变人类的免疫体系。网络黑客、网络谣言、生命的产生也是涌现行为。

人类主动参与的复杂系统制造了更多涌现行为。但涌现行为不一定都是负面的，感情也是很典型的涌现行为。比如爱情不会一直保持炙热，随着时间的推移，爱情有可能演变为亲情。所以有人说，把爱情经营成亲情就说明爱情成功了。家庭最后就是靠亲情来维持的，所以说婚姻是爱情的坟墓是不对的，说亲情是爱情的归宿可能更为准确。

如果没有涌现行为，系统就非常容易被理解，因为我们就可以从局部特性推理出它的整体特性。涌现行为在大多时候并不是人所期望的行为，也不是人所能控制的行为，而是一种不确定性来源。

很多管理中遇到的问题也是涌现行为。我们分析部分官员在疫情初期的反应迟缓行为，会发现每个具体人员和事件，都可以说有一些简单、有说服力的原因：虽然系统中的个体很少是恶人，甚至很多是非常出色的专业人士，也不缺乏人文关怀，但当整个系统出问题的时候，你却无法找到任何一个可以负责任的个体，每一个个体都有他的理由或苦衷。

切尔诺贝利核事故并非某个环节、某个人的不负责任引发的一个偶然事故，事实上，每一个人都有他那样做的理由和逻辑，是情有可原甚至正确的决策。2008年次贷危机导致雷曼兄弟破产，继而形成席卷全球的金融危机，也是同样的故事，你很难说是某个人做错了什么，但是金融本身的贪婪天性必然导致这个结局。

"雪崩时，没有一片雪花是无辜的"，这是波兰诗人斯坦尼斯洛的名句。然而，当一个系统发生灾难时，却找不到一个可以归责的个体，这是系统真正的问题。这里的系统不是指某一个系统，而是指复杂系统本身。

5.3 警惕"规模经济"变成"规模诅咒"

网络思维对于互联网思维的修正就是不仅要看到规模的好处，也要看到规模的坏处。

这些年，一提到"互联网思维"，很多人都会讲到互联网与规模的关系，但基本上局限在"规模经济"的思想。但其实，规模经济思想对于规模的理解是不够的。

中欧商学院的许小年教授总结了四大网络价值效应，都是基于规模经济的思想，但它们只看到了规模对于价值的非线性递增的意义，并假设成本只是线性增加的。实际上，线性增加的只是"布线"成本，随着规模增加，交易成本会有非线性增加，还会出现熵增现象、网络风险和涌现行为，成本并不为零。

四大互联网规模经济效应

2020年，许小年在《商业的本质和互联网》中以简明的逻辑严谨地梳理了互联网商业模式的理论，总结了互联网商业模式的四大核心经济法则，

并通过翔实的案例和精辟的分析帮助人们理解互联网商业模式。[一]

1. 梅特卡夫效应

网络的成本是线性增加的，即每增加一个节点，只需新建一条线就可以实现它和任何一个节点的交流。也就是说，N 个节点的网络，成本是 N，却可以满足 $N(N-1)$ 的通信。由此，网络呈现出成本投入随节点增加而线性增加的特点，但带来的收益却是非线性增加的（见图 5-3）。最后，网络规模越大，效益越高。

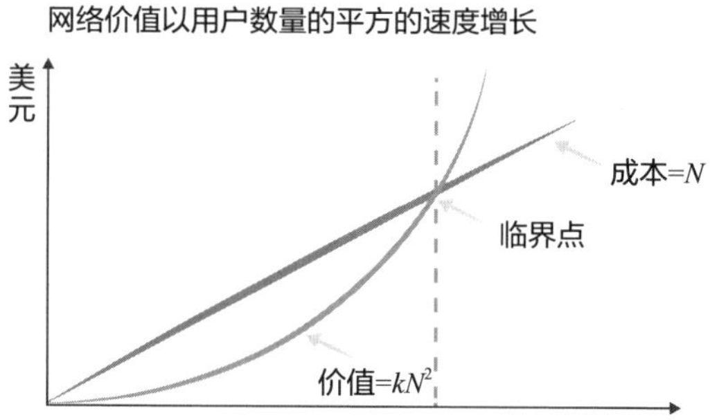

图 5-3 网络的规模经济

2. 双边市场效应

双边市场，指的是在一个网络环境中存在角色明显不同、功能互补的双方，比如买方和卖方。买方数量的增加使卖方有更多的选择，带来卖方更大规模的汇集，卖方更大规模的汇集反过来又吸引更大规模买方的聚集。天猫和淘宝都具有双边市场效应。

3. 规模经济效应

产量规模上去以后，固定成本会均摊到每个单位产品上，随着产品产量的增加，均摊的固定成本越来越小，产品的平均成本就降低了。这是最经典的规模经济。

[一] 许小年. 商业的本质和互联网[M]. 北京：机械工业出版社，2020.

4. 协同效应

协同效应（synergy effects）是指企业内部或企业外部的生产、营销、管理等不同环节、不同阶段、不同方面共同利用同一资源而产生的整体效应。如果说规模经济指的是一个品类的单体数量规模的增加，那么协同效应指的是更多的不同种类合在一起以后产生"1+1＞2"的效果，比如大卖场可以卖成千上万的不同库存量单位的品类的商品。

规模不会一直增长

四个效应各有侧重点，但都与规模相关，梅特卡夫效应对应的是节点数量规模，双边市场效应对应的是买卖双方各自的数量规模，规模经济效应对应的是单一品类的数量规模，协同效应对应的是多个种类的数量规模。从本质上来说，它们都体现了规模经济，让我们看到了规模递增的经济效应。

但是，规模递增不会一直持续，随着规模的持续增加，系统状态递增到一定程度后，各要素互相制约，平均成本上升，就会出现规模不经济。需要特别指出的是，这些年我们看到了互联网经济享受规模经济的好处，可能会对规模形成错误的认知，忽视规模变大后可能会带来的一系列问题。

规模法则告诉我们，随着经济体的规模增长，管理成本会快速增加，效率和创新的缺失也会相继出现。互联网带来规模经济的同时也放大了风险，使企业经济体面临的风险和成本呈几何级数增加。中国高铁和互联网的高速发展使得中国的物理和虚拟网络都达到全球领先水平，它们在推动地方经济发展的同时，也几何级数地放大了规模成本和规模风险。

规模作为企业战略目标的危害性

规模带来的交易成本、不对称的风险、混乱以及涌现行为，都会体现在成本上，因此，规模经济示意图应该加上一条规模带来成本以及风险增加的曲线（见图 5-4）。这条曲线一定会追上甚至改变规模收益曲线，收益会在到达顶点之后开始回落直至零，如果继续增加规模，收益可能变成负值。

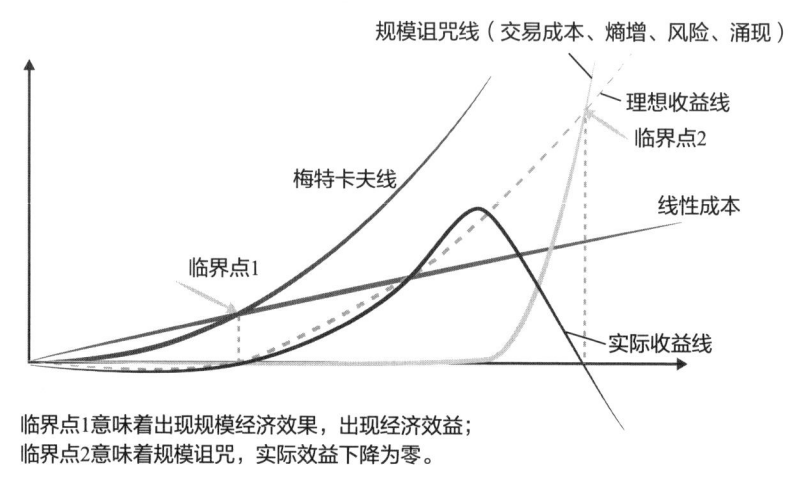

图 5-4　从规模经济到规模诅咒

规模是直观的，这使关于经营管理的思考变得简单。规模给职业经理人提供了偷懒但看上去仍能创造业绩的可能。从管理的角度看，规模可以掩盖管理的平庸，满足经理人或企业家的虚荣心，并导致扭曲行为：规模是一个可以直接人为操纵的指标，数据造假不可避免。很多职业经理人热衷于企业并购，不仅是因为通过并购可能会带来协同效应，也是因为在一个更为复杂的系统里，可以做很多利润转移或隐瞒决策错误的事情。

企业的规模扩张应该是一个自然变化的过程。自然扩张会使规模达到一个合理的程度，但不会使企业太大。只有人为过度追求规模才会造成规模过大，反而使企业陷入低效、缺乏创新、管理行为扭曲的规模诅咒。

通用电气（General Electric Company，GE）的前任 CEO 杰克·韦尔奇

（Jack Welch）⊖有一个非常著名的、以规模作为战略的"数一数二"管理思维。他要求通用电气的每一个事业部，如果在各自的市场里没有占有第一或第二的市场份额，就要退出该市场。

韦尔奇的"数一数二"战略对管理思想影响甚大，被很多商学院和咨询公司奉为圭臬。据说，韦尔奇这个战略的灵感来自德鲁克思想。

值得注意的是，韦尔奇最后放弃了这个战略。因为这个以规模为导向的战略带来了极大的恶果。为了满足韦尔奇对规模的要求，各事业部竭尽全力争取在相关领域数一数二的地位，但它们采用的不是创新、增值服务等正当的经营手段，而是大量使用数据造假的方式，从数据上将自己的事业部装扮成业界第一或第二。

韦尔奇意识到这个问题后，就放弃了这个著名战略。他把要求修正为"永远把自己假定成只占各自领域 10% 市场份额的玩家"，意图让各个事业部永远把自己设定在一个弱势的地位，从而激发创新。无论后者效果如何，放弃数一数二这个规模导向的战略本身是很有意义的。

规模过大滋生低效和平庸

规模诅咒是指，对规模的追求在初期有利于企业的起步和生存，但当企业成长到一定阶段后，规模会滋生低效和平庸，遏制竞争力，导致企业缺乏创新，难以提升效率。同时，规模的直观易操作也容易让管理者将规模本身作为一个发展目标。这种对规模的错误理解会造成管理者对规模的过度追求，是"舍本逐末"的错误思想。

美国的本土市场很大，大到足够形成规模经济。所以很多产品，特别是汽车，只要在美国市场上站稳脚跟，就能达到足够的规模经济。美国的

⊖ 杰克·韦尔奇（1935—2020）是 GE 的董事长兼 CEO。在他任职的 20 年间，他使 GE 的市值增长了 30 多倍，达到了 4500 亿美元，排名从世界第 10 名提升到第 1 名。

经济孤立主义，其实也和其国土和市场规模足够大有关。这造成很多美国企业高管缺乏国际视野，在这方面不如其他国家企业的高管，与他们沟通的难度也更高。

所以，规模大很适合让企业起步并获得初期发展，却也容易使管理者缺乏发展的动力。

诺基亚和宜家都是从小国家发展起来的国际化企业，因为只靠国内市场规模有限，所以它们一直努力向外拓展。亚洲的新加坡是一个不需要国内机场的国家，因为飞机起飞以后就在外国领空了，这种生存环境很自然地锻炼出管理人员和人民的危机感和国际观。所以，新加坡从政府到企业管理都非常国际化。

和美国类似，中国的企业也享受到了规模带来的好处。一家企业只要做到国内领先水平，日子就很好过了，这从两个方面影响了中国企业的成长：

其一，入世后，中国逐渐落实世界贸易组织（World Trade Organization，WTO）协议、遵守相关规则，在短时间内中国企业实现了快速成长。相比之下，关税政策降低了外国产品在中国市场的竞争力。研究表明，只有通过开放，引入更高水平的竞争，才能迫使本土企业提高效率，并为此积极投入创新。

其二，中国的制造业企业在国际上的竞争力相对较弱。中国制造业的优势在于生产效率高，但在品牌打造以及技术创新方面的能力相对较弱。因此，在海外市场上，中国企业很难通过领先的技术开拓市场，也缺乏品牌影响力。产生这种现象的原因在于，品牌与文化密切相关，国人的国际化程度较低，缺乏对海外不同市场、不同文化的深刻了解，也没能吸收更多的国际人才帮助冲破天花板。中国企业国际化做得最好的是华为，它能突破天花板的根本原因在于它很好地实现了人才国际化，然后依靠管理创新脱颖而出。

所以，国内市场规模太大会滋生平庸，阻碍创新和品质提升。再加上政策与环境影响，这些因素彼此强化，反而让中国企业的国际化路途受阻。

值得一提的是，有时收缩规模反而能推动成长。

2005年，总部位于悉尼的国际购物中心的领导企业西田集团（Westfield Group）做出重大战略转变㊀，提出了在"最好的城市打造最好的购物中心"的新战略。西田集团随后将集团旗下A、B、C、D四个级别的购物中心中不具发展前景和潜力的C级和D级购物中心出售，把获得的资金投入到在悉尼、伦敦、洛杉矶、旧金山和纽约等国际大都市改造或新建"旗舰购物中心"。到2015年，西田集团拥有的购物中心总数已经从最多时候的128个缩减到87个，但是其资产价值反而从300亿澳元迅猛增长到700亿澳元。

5.4 关注枢纽节点，抓住主要矛盾

在介绍了网络思维对规模的认识后，我们回到网络思维对决策的影响上来。

关注枢纽节点

20世纪50年代，美国辉瑞公司在四环素推广项目上最早发现了枢纽节点现象——那些人脉最广的医生，除了在接受新思想方面有过人之处，在新药使用和传播推广上也达到了最佳的效果。

疾病传播也有枢纽节点的影子。从医学角度讲，艾滋病这种致死率很高的疾病不应该有这么大规模的传播，因为病毒传染了人以后也就等于杀死了这个传染源。后来发现，最早把艾滋病传播开来的超级一号病人，是

㊀ 马戈·弗兰克·洛伊的第二生命[M]. 王玮，王艾迪，译. 北京：中信出版社，2018.

一位有高度活跃的人脉网络且高频率接触不同区域人群的飞行员。

复杂网络的枢纽节点为财富聚集、信息交流、时尚传播、思想影响提供了高效的媒介。关注枢纽节点会为产品的营销与传播带来更高的效率，企业不仅要考虑如何与枢纽节点合作，还要考虑如何将自己打造成居枢纽地位的企业。

当然，关注枢纽并不是忽视尾部。当尾部形成新的枢纽节点时，网络的多边连接会造就咸鱼翻身的神话。枢纽节点的产生是网络存在不确定性的重要原因。2021年美国发生散户干翻机构的故事，说明哪怕是在尾部的散户（相对于头部的金融机构），在散户交流平台上形成枢纽节点，也能逆袭翻身，让华尔街最著名的空头折戟沉沙。对散户，这是一个正面的例子；对机构，这是巨大的危机。

2021年1月下旬，一向被认为微不足道的散户们一路披荆斩棘，将一只被华尔街机构做空、被认定只值20美元的股票，一步步推高到483美元。经过这场史诗级的散户与华尔街大战后，最初在平台晒单做多的散户的5万美元看涨期权变成了1117万美元，盈利超过210倍。而做空者亏空超过200亿美元，多家机构因此黯然平仓，其中包括千亿资产的明星对冲基金梅尔文资本（Melvin Capital）。

机构和散户本来是智猪博弈的关系——机构赚钱的同时，让一部分散户跟着赚钱。通常情况下，机构是稳定的赢家，因为散户信息不共享，彼此间也存在博弈。但是，这次参与大战的散户都是在Reddit平台上的华尔街赌场（Wall Street Bets，WSB）板块聚集的。Reddit是一个散户平台，其WSB板块号称美股"散户大本营"，已经成为聚集了数百万散户的大枢纽⊖。平时Reddit上一直有不同观点的辩论，正常来说，非理性部分会自然

⊖ 本书第5章有关于枢纽节点的进一步分析。

抵消，有助于达成群体理性①。但这一次，Reddit 上的散户被机构的傲慢激怒，新仇旧恨一起涌上心头，这已经与股票本身没什么关系了。加上 WSB 散户大牛的专业分析和晒单，美国的"陈胜""吴广"们揭竿而起，带领散户一起起义。

在这场大战里，散户已不再是有各自利益、彼此博弈的散户，而是通过互联网平台形成了紧密的组织，他们有比机构更高维的目标：爱、荣誉和复仇。

其实，做空本身无可厚非。股价会被做空说明其价格高出实际价值，做空是让价格回归理性的一种方式。然而，香橼、梅尔文资本等华尔街做空机构却以此为由，利用信息、技术、资金和资源的优势，高频狙击各种股票，为追求自身利益让做空的量超过股票的流通市值，合谋坑害散户的利益，这是不对的。散户们不会心甘情愿一直被"割韭菜"。

2021 年 2 月 4 日，几只被散户做多的股票和白银回归到事件发生前的价格。这次事件如同当年平民攻占巴士底狱，虽然他们建立的法兰西共和国本身没能坚持很久，但是，这一事件让"贵族"（机构）们看到了"平民"（散户）们联合起来的力量有多大，尤其在现代这个互联网世界。

关注非正式网络

美国学者马克·格兰诺维特（Mark Granovetter）②在《社会与经济：信任、权力与制度》中把关系分成强关系和弱关系两种。他提出了"弱关系优势"的观点，认为弱关系是非正式网络的一种。在传统社会中，大家接触最频繁的是自己的亲人、同学、朋友、同事……这是一种十分稳定但传

---

① 本书第 2 章中"有限理性并不否定理性"一节有详细解析和论证。
② 马克·格兰诺维特，美国斯坦福大学人文与科学学院琼·巴特勒·福特讲席教授，曾任该校社会学系主任，他是 20 世纪 70 年代以来全球最知名的社会学家之一，主要研究领域为社会网络和经济社会学。

播范围有限的社会关系，是"强关系"。同时，还存在另外一类比强关系更广泛的，然而却在浅层的社会关系，例如被人无意间提到或者打开收音机偶然听到的一个人……格兰诺维特把后者称为"弱关系"。强关系可以理解成有更多共性的节点间的连接，弱关系可以理解成有较少共性的节点间的连接，关系的强弱说明节点间连接的紧密性不同（见图 5-5）。

······· 社群/网络
—— 强关系
--- 弱关系

社群/网络
因为社群成员之间存在着频繁的互动，随着时间的推移，他们往往会有相似的想法，这减少了想法的多样性，在最坏的情况下会导致"群体思维"。

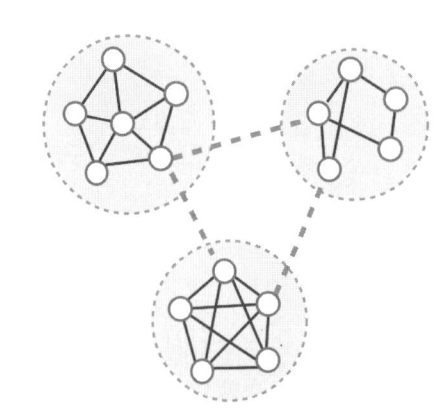

弱关系
弱关系是不同成员之间的关系。这种关系很少使用，因此不需要大量的管理来保持。它们将不同的思维方式联系在一起，从而产生了各种各样的想法。

强关系
强关系是不同的人在一起工作、生活或娱乐。它需要大量管理才能保持健康。同时，关系密切的成员往往会有相似的想法，因为他们总是分享自己的想法。

图 5-5　社群/网络的强关系与弱关系

"弱关系优势"的观点认为，"强关系"能够传递影响力，但强关系的同质化非常严重，不仅只能传递同质信息，而且思维模式也存在同质化。"弱关系"才更可能传递有用的新信息。因此，当我们需要一份新工作、一项稀缺服务或一些重要投资、项目的信息时，"弱关系"更容易帮得上忙——网络间的互相补偿和互相竞争都会带来新的机会，不同网络间的互动正是机会产生的环境和土壤，比如技术网络与经济网络的互动产生了互联网经济。弱关系也更容易带来创新。所以，非正式网络给我们提供了更多的信息和机会。网络结构是人通过自组织的主动行为结果，也是对网络上的流动信息的反应。

格兰诺维特还提出弱关系中的一个特例——"结构洞"：一个人如果恰好处在社会纽带的位置，能够连接相互分离的多个网络，那么他就能享有极大的战略优势。举个例子，观察一下，公司里升迁最快的是什么人？不一定是那些最有能力、最有才华又刻苦勤奋的人，也不见得是能说会道的人，而是那些能连接不同部门的人，尤其是那些不只看物理网络、社会网络，还会关心心理网络，能将所有网络资源结合起来的人。

格兰诺维特对强关系和弱关系的研究引发了我对网络结构性质的思考：弱关系代表灵活的网络连接，给了自组织很大的发挥空间；相对而言，靠法律、制度、流程、文化固化的网络关系，使自组织发挥作用的能力被限制甚至丧失。

非正式网络对创新非常有意义。一家著名药企前些年曾经做了一个重大举措，裁撤了原来庞大的研发部门，采用与全球的大学实验室以及私人研究机构签约的方式进行合作研究。这对那些喜欢宣传每年投入多少资金用于研发、拥有多少研发人员的企业来说是有很大启迪作用的。没有思想的碰撞是很难带来创新的。

研究还表明，在处理冲突时，采用非正式的流程比严格依靠流程决策更好。⊖ 我对一家非常注重流程的美国公司进行了长期观察，在对这家公司与另一家流程概念不太强的法国企业进行了决策文化方面的对比后，我发现，总是开会争论而不是依靠流程决策的企业，在寻找最优决策、收集不同观点以及应变方面更有优势。与之相反，非正式网络非常有利于信息传播和影响力扩散。

⊖ 里德尔. 冲突管理 [M]. 杨献军，译. 北京：中国友谊出版公司，2018.

网络思维告诉我们，强关系或正式网络在很多方面可能是低效的，这个现象非常值得进一步研究。

网络发展带来不确定性

前面我已经说到，开放网络的不断扩张带来了不确定性。所以，开放网络会不断产生新的危机，这是网络时代的特色，这不仅与网络扩张有关，也与网络的结构有关。

20 世纪 50 年代，美苏进入冷战时期，两国开始了自己扩大核武库的进程。美国政府开始思考一旦美国的通信系统受到苏联的核打击，它们该如何避免整个通信系统的瘫痪。

美国政府委托兰德公司进行有关课题的研究，于是，兰德公司的科学家保罗·巴兰（Paul Baran）开发了一套新型通信系统，这套新型通信系统后来发展成为现代意义上的互联网，它在所有节点和连接的拓扑㊀选项上，体现了最大的反脆弱性。因为一旦网络的某个节点或连接受到了核攻击，虽然被攻击部分的通信会瘫痪，但网络拓扑可以保护余下的网络继续通信。而集中式的、链式的、环式的拓扑，都很脆弱。特别是集中式拓扑，一旦中央枢纽节点受到攻击，整个系统就完全瘫痪。而在网络拓扑里，即使枢纽节点受到攻击，也不会影响网络大部分的连接工作。

但是，核打击与病毒攻击不同。核打击只能打击一点或有限的多点，不具备传播性，病毒却能侵蚀整个网络。网络在抵抗核打击方面是非常强大的，但对抗能像信息一样传播的病毒，效果就很差。这大概就是比尔·盖茨预测一定会发生大规模疫情的原因。

㊀ 拓扑是研究几何图形或空间在连续改变形状后还能保持不变的一些性质的一个学科。它只考虑物体间的位置关系，而不考虑它们的形状和大小。

本章结语
对全球化的反思就是对追求规模的反思

疫情期间,有两件大事发生:一是世卫组织将新冠疫情列为国际突发卫生事件,二是长达四年的英国脱欧终于尘埃落定。两件事的共同点是人类对管理体制弊端的调整。

世卫组织决议的意义在于:宣告新冠疫情是国际事件,需要国际社会共同应对。国际化在带来经济利益的同时,也放大了风险。任何一个国家的问题,都可能造成世界范围的影响,任何一个局部事件都可以被放大成整体事件。

英国脱欧是对大一统、大规模管理模式的反思和调整。英国加入欧盟是做乘法,享受规模的好处,也不得不接受规模的坏处。很多时候,英国的问题成了欧盟的问题。如果英国是独立的,英国和欧洲就只是加法,英国的问题会影响欧洲,但基本上还是英国内部的问题。

规模带来的好处比较直观,无论是线性增长还是指数增长,都能被清楚地观察到。而如规模诅咒等坏处,则隐藏在幂律之中,不直观,也非线性,是随着规模的增长而凸显出来的。

工具卡：麦肯锡风险矩阵

既然现实是典型的复杂系统，影响因素众多，并且因素之间互相影响，那么，在如此纷繁复杂的现实中，用什么样的策略思考，才能让我们的决策有意义、有价值？博弈思维如何成为复杂系统场景下的决策突破口？

麦肯锡风险矩阵可以帮我们用复杂系统和不确定性分析问题（见图 5-6）。

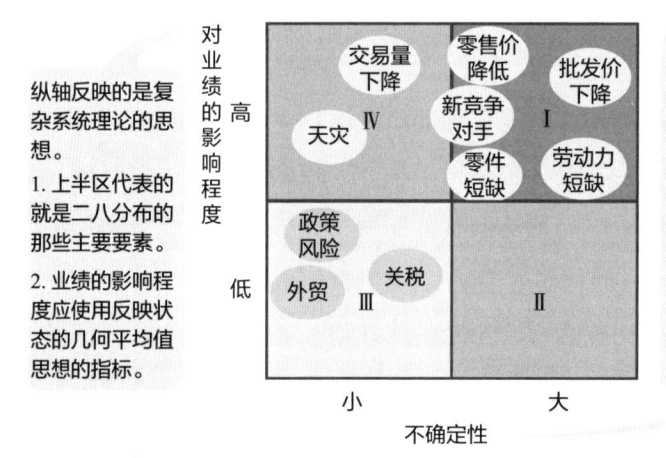

纵轴反映的是复杂系统理论的思想。
1. 上半区代表的就是二八分布的那些主要要素。
2. 业绩的影响程度应使用反映状态的几何平均值思想的指标。

横轴反映的是不确定性思想，也可以解释为 VUCA 思想。
1. 虽然不确定性要素并不能预先设定，但要素的不确定性指的是要素受不确定性的影响的程度。
2. 不要使用概率来代表不确定性。

图 5-6　反映复杂系统理论思想和 VUCA 思想的思想工具——麦肯锡风险矩阵

麦肯锡风险矩阵分析不确定性对业绩的影响程度，以不确定性为规模变量，设定在横轴；以对业绩的影响程度为间接变量，设为纵轴。横轴对应不确定性，反映 VUCA 思想，不仅可以列举不确定性要素，还可以分析要素受不确定性影响的程度。纵轴对应复杂系统理论，下半区对业绩影响较小的要素即长尾部分，上半区对业绩影响较大的正是二八分布中起关键作用的头部要素。一个矩阵将不确定性和复杂系统联系在一起。

需要注意的是，麦肯锡风险矩阵的横纵轴都不对应明确数字，因为横轴的不确定性并没有明确的概率，纵轴的影响程度应该呈现几何平均值，而非算术平均值。

在这个矩阵下，你会很容易发现，对业绩的影响程度低的下半部分，即第Ⅱ、Ⅲ象限，并不需要花费你的精力去做决策；而不确定性小、对业务影响程度高的第Ⅳ象限，却需要耗费你的精力，但容易判断管理；唯有不确定性大、对业绩影响程度高的第Ⅰ象限、矩阵的东北角才是二八分布中的"八"，是真正会耗费你的时间和精力的决策区。所以，麦肯锡风险矩阵亦可以命名为复杂系统矩阵。

麦肯锡风险矩阵中的第Ⅰ象限，即不确定性大、对业绩的影响程度高的区域中，规模变量的不确定性因素可能有很多（见图5-7）。这里有很多可以使用的管理工具，比如用头脑风暴打开思路，寻找此类关键规模变量；用波特五力分析不确定性的纬度；用SWOT来分析规模变量的性质……

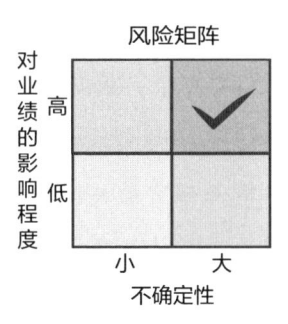

图 5-7　风险矩阵

在进入下一步分析前，我们先插入一个前提条件：现实是复杂系统，但人脑却是线性的。

现代脑科学资料发现，视觉系统是人类最为重要的感觉系统，人的大脑皮层有1/3的面积都和视觉有关。人从外界接收的信息中，通过视觉接收到的信息占绝大多数——美国哈佛大学的相关研究资料表明，人的大脑每天通过五种感官接受外部信息的比例分别为：味觉1%，触觉1.5%，嗅觉3.5%，听觉11%，以及视觉83%。并且，视觉能够有力地影响人们的认知、决策、情感乃至于潜意识活动。

既然人脑接受的主要信息是视觉信息，人脑的思考就不免受视觉信息的牵引而倾向于更直观的思考，即"所见即所得"的一维思考，以及规模变量引起状态变量变化的二维象限思考。

由此我们会发现，在思考过程中我们的选择不仅不能过多，还要按复杂程度、确定性、个人能力等来对这些选择去芜存菁，仅保留少数几个关键决策因素。而且，所有有效、能直接引导行动的决策都是双因素选择，因为只有在二维的情况下，才能挖掘出项目的主要矛盾、形成两难，也只有在此时，决策者才需要，也才能做出有效和有意义的选择。

需要指出的是，决策的目的是解决问题，决策过程是不断修正问题、提炼维度的过程，很少有人能一蹴而就。

在复杂系统矩阵中筛选关键因素，用波特五力等模型梳理，最终整理出整个复杂系统对决策者而言最关键的两难矩阵后，我们就可以用博弈思维继续梳理决策框架。从复杂系统理论、网络思维和不确定性思想帮助我们分析现实问题，到建立思维矩阵、利用博弈论和克服有限理性的心理陷阱，都能帮助我们做出面对不确定性的决策选择。

第 6 章

博弈论是分析互动行为的最好工具

尽管人类可以合作行动，但人类只能个人思考，社会并不会思考。

——米塞斯

本章概要

复杂系统告诉我们，要素之间互相关联，二八分布告诉我们，少数几个要素构成的矛盾的影响力巨大，这种少数几个要素之间的关联性构成了决策需要关注的主要矛盾。

互动关系可以是合作，也可以是竞争，也可以既合作又竞争。我之所以引入博弈论来分析事物要素间的这种互动关系，是因为博弈论是分析互动行为的重要方法和工具。博弈论分析首先要构建一个博弈矩阵，即为问题建模，建模的标志是建立要素之间的两难关系，两难关系意味着要素之间通过互相制约达到一种均衡，即一种稳定的秩序。

八年后，京东、苏宁又起价格战

2012年8月14日上午，京东商城CEO刘强东通过微博宣布，京东商城所有大家电将在未来三年内保持零毛利，并"保证比国美、苏宁连锁店便宜至少10%"。此言一出，立即引来对手的反击。苏宁易购通过微博宣称，包括家电在内的所有产品价格必然低于京东。当当、国美等也随即宣布应战，一场轰轰烈烈的电商价格战迅速拉开序幕，而其背后的资本较量也逐渐浮出水面。京东股东表态称："我们除了有钱，其他什么都没有！你就放心打（价格战）吧，往死里打！"

随后，京东在全国招收了5000名价格情报员，往国美和苏宁的每家门店派驻两名价格情报员。京东还宣布，客户到国美、苏宁购买大家电的时候，可以先同京东客户端比价，如果便宜不足10%，京东就当场发券。

但是，京东本意是为了打一场价格战吗？苏宁等竞争对手是不是误读了京东的意图？事情是不是会有另一个发展结果呢？

2020年6月，面对即将来临的"618"，苏宁又掀起了价格战，启动"J-10%"省钱计划：承诺"618"期间家电、手机、电脑、超市等类目比京东到手价至少再低10%。

"10%"这一数字与8年前京东发起的对苏宁的价格战是一样的，但从参与的品类看，此次价格战已经不再局限于8年前的家电品类，而是延伸到了日用品等，战场扩大。

京东没有正面回应苏宁的价格战，只是在同期宣布通过认购可转债的方式，战略投资国美。登陆京东App，首页位置已经找不到"超级百亿补贴"入口了，而是被"超省百亿消费券"替代。

两次价格战，对手相同，策略不同，是双方都变聪明了吗？

6.1　两难是博弈，均衡是秩序，决策是取舍两难

有一次上课，一位女学员问我能不能用一句话说明博弈论是什么。我当时回答她："博弈论告诉我们的是，我们每个人的决策都是独立的，但没有一个决策是孤立的。"

对独立决策之间互相影响的关系进行分析，最合适的工具就是博弈论。人们对博弈论往往有很多误解，大多数人一谈到博弈，就想到输赢、冲突、你死我活。其实这样的理解是不对的，博弈论是研究互相影响的关系的一门学科。

博弈论是对反映矩阵思维的两难局面进行选择，决策就是对两难做出取舍。

关于博弈矩阵和两难，我们可以用一个大众比较有共鸣、容易理解的例子来说明。一个女生想要找个男朋友，如果你问这个女生，她主要考虑男生的哪些方面，通常你会得到身高、外貌、体型、学历、职业、工资、父母生活习惯、家庭资产、个性、品格、习惯、价值观等林林总总的标准，这些确实也是影响未来家庭生活质量和幸福感的关键因素，但如果我们归纳一下，就会发现，它们基本可以归为两个大的维度——人品和财力，个性、品格、习惯、价值观，可以归纳到"人品"里，学历、职业、工资、家庭资产等可以归纳为"财力"，而身高、外貌、体型等可能相对来说次要一些，可以归纳为第三个维度。

为什么我们要把这些要素归纳成两个维度呢？不是因为我们怕忽略更多的要素，而是因为要素之间本来就具有关联性，而且这样做也可以让分析具有可操作性。更重要的是，两个维度体现了复杂系统的二八分布，它们确实反映了人品和财力这两个决定婚姻和生活质量的重要要素。最后，两个维度符合大多数人的空间想象。

两个维度构成一个矩阵，如图 6-1 所示：首先看右上角，如果一个男生人品好又有钱，那女生很容易就会做出决策；如果像左下角一样，男生人品不好又没有钱，女生也会直接拒绝。但大多数人遇到的都是两难的局面：好男没钱或渣男有钱。在这种情况下，女生或做出什么样的选择跟她的成长背景、家庭情况、品性有关，或者简而言之，与她的价值观相关。

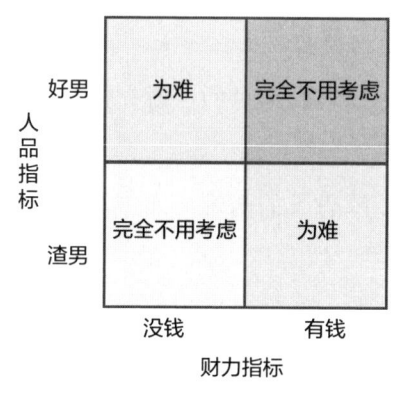

	没钱	有钱
好男	为难	完全不用考虑
渣男	完全不用考虑	为难

图 6-1　女士择偶决策矩阵

矩阵的意义在于让我们意识到最优选择往往可遇不可求，但我们可以避开最差选择，保持底线。面对两难，才是决策真正的开始。

如果你实在纠结于第三个维度，比如外貌，说明这个维度对你很重要，你可能会遇到好男有钱但是貌丑、渣男没钱但是很帅的两难，那么最后一定还是存在两难的。

两难就是主要矛盾

前面介绍的复杂系统建模，其实就是矩阵思维。

有了矩阵思维，我们就可以分析两难局面了。矩阵分析并不等同于两难，只有人参与的博弈矩阵才有两难。换句话说，只有当维度中加入了决策人的偏好，或反映了人与人之间的利益冲突时，才有两难。

博弈论关于系统秩序的关键词是"均衡",均衡是指各方利益达到了一种平衡状态,意味着一种共存秩序的建立,结果往往是避免对个人而言最坏的局面,双方达成合作、默契或是竞争。值得一提的是,没有一方是被消灭掉的结果。无论是从哪个模型来看,最终都形成了各方共存的秩序。

两难是均衡的开始

两难就是没有完美的答案,没有一个选择可以让所有人都得到最理想的结果。或者,决策者可以看到最好的结果,但这并不完全取决于他自己,存在着自己无法控制的影响要素和条件,那就只能退而求其次,避免最坏,争取拿到次优或者次坏的结果。两难是达到均衡的起始点。

说回上面的案例,渣男有钱、好男没钱,宝马车上哭、自行车后笑……好男和渣男有很高的无形化成分,不是只要完全理性就可以做出选择的。而面临这个选择的都是现实中不完全理性的你、我、他。这个两难矩阵也不含有相应的结果,只体现了"未来婚姻幸福度",这同样是一个高度无形化的目标。最后,常规博弈是不同的人或者团队之间进行博弈,而这个博弈则是决策者选择条件间的博弈。这虽然不是博弈论课本中会出现的两难案例,但它是最现实、最日常、每个人都会遇到的两难局面,也最切身相关,学会用博弈论分析这样的问题,可以帮助我们在日常生活中更好地运用博弈论来做决策。

当然,课本里出现的、完全理性的博弈是现实博弈的抽象,博弈分析用理性保证了我们对主要利益相关方的思考。同时,多方利益博弈过程中决策选择的比较和分析,保证了我们决策的全面性和选择多样性。

两难对决策的意义

为什么发现两难局面那么重要?

因为如果没有出现两难,就说明我们面对的是一个简单问题,是非常简单的 A 比 B 好,选 A 即可,不需要进行复杂问题的决策。发现两难,说明我们已经找到了事物互相制约、互相影响的关系,或者说是主要矛盾关系。我们的决策或选择就是处理这个矛盾。如果不处理这个矛盾,事物就有向两种方向发展的可能,包括向我们不希望看到的方向发展的可能。

出现两难意味着,我们总是会遇到制衡的力量:或者是一个决策或行为不会让所有人都获益,又或是我们侵害或改变了某些人的福利,再或是我们会遇到竞争。

最重要的决策维度是人

现实中,人与人的博弈是最重要的,也是我们在决策时最为关注的。

从博弈逻辑的角度来说,一个人面对左右为难的局面,即"左手搏右手",与两个人因为利益冲突和立场不同导致的博弈在结构上是相同的。将决策的重点放在人与人之间的博弈上,也恰到好处地反映了"人的主动行为"之间的博弈,即我们面对的问题都是复杂的、网络的,同时也反映了人是最重要的决策维度。

6.2 博弈是分析主要矛盾的工具

本节通过几个经典博弈模型介绍博弈论是如何帮助我们分析矛盾关系的,但我们首先要明确如下几个要点:

- ▶ 以均衡为目标的博弈论是体现不同利益的共存理念的,因为最坏的结果是消灭博弈关系本身;
- ▶ 博弈论是从结果倒推归纳我们的最优选择的,所以博弈分析以存在明确可计算的结果为前提；
- 倒推归纳意味着决策者都是理性的；
- 如果存在占优策略[一]，那么决策者一定会选择占优策略；
- 博弈论可以帮我们更好地思考两难，但博弈矩阵本身无法帮我们突破两难。

悬崖策略：让自己生存下来的均衡策略

一般教科书讲博弈论喜欢从囚徒困境说起，但我更喜欢从悬崖策略说起。

悬崖策略设定的情境是两个人在山顶打斗，其中相对弱势方有一个很聪明的策略，就是主动站到悬崖边上，因为这可能是对自己最好的保护：如果在平地上搏斗，或任何不会有生命危险的地方打斗，他的强势对手可以很放心地、无后顾之忧地攻击他，他被击败的可能性很大。但在悬崖峭壁上进行殊死搏斗，即使是强势方也可能会面临跌下悬崖粉身碎骨的结果。强势方如果足够聪明、理性，一定会想到这个结果，会放弃攻击，不轻易做出侵犯弱势方的行为，从而形成一个稳定的战略均衡。

这意味着弱势一方有一个占优策略。任何博弈方只要拥有占优策略，它就一定会选择占优策略。

强势方本来有战胜弱势方的可能，但因为弱势方选择了自己的占优策略，强势方就无法保证达到自己的最优结果，反而会陷入两难境地：如果攻击弱势方，就会面临同归于尽的可能；如果不攻击，则战胜不了对手。但恰恰是因为这个两难，构成了一个均衡局面，强势方一定会选择避免最

[一] 占优策略是博弈论的术语，指无论竞争对手如何反应都属于本企业最佳选择的竞争策略。在公司的商务竞争过程中，具有占优策略的一方无疑拥有明显的优势，处于竞争中的主动地位。

坏的结果——坠入悬崖，因此，通常来说，他是不会攻击站在悬崖边的弱势一方的，最后，双方实现了共存。

在和平年代，悬崖策略是一种各国经常使用的深层博弈逻辑。

有一个事实，自从有了原子弹，虽然小规模的武装冲突不断，但世界上再也没有发生过大规模的战争。原因就在于几个大国都有了核武器，从而形成均衡态势。

这听起来是一个悖论——武器是用来杀人和作战的，但当所有的大国都拥有了大规模杀伤武器，反而减少了大规模伤亡的可能性。

1951年4月5日，美国物理学家罗森堡和妻子被判处死刑，罪名是为苏联进行间谍活动。罗森堡夫妇间谍案一直迷雾重重，没有人确切地知道，他们是否将美国的原子弹机密泄露给了苏联。夫妇二人到最后还是坚持自己是清白的。

审讯过程在全球各地引起了强烈的反响。法国总统戴高乐、科学家爱因斯坦以及其他很多著名人士都向美国当时的总统杜鲁门发出了赦免罗森堡夫妇的呼吁，但杜鲁门以任期将满为借口回避了这一问题。杜鲁门的继任者艾森豪威尔同样对所有请求无动于衷。他说："罗森堡夫妇被指控犯下的罪行，比杀害另一名公民还恶劣数倍。这是对整个民族的恶意背叛，完全有可能导致大量无辜公民的死亡。"

死刑日期定于1953年6月19日。罗森堡夫妇被允许同司法部部长进行直接通话。这时，如果他们承认犯下了间谍罪，还可以挽救自己的生命。然而，罗森堡夫妇却拒绝了这个机会，他们在临死前给儿子们写了一封信，信中写道："永远要记住，我们是无罪的，我们无法违背自己的良心。"

几十年后的解密材料证明罗森堡夫妇的确参与了某些间谍活动，但没有直接证据显示他们从事了泄露原子弹机密的活动。但现在看来，如果有泄露原子弹机密的活动，也是出于科学家的良心和智慧。科学家都是聪明人，悬崖策略思维对他们来说是很简单的道理，他们深知，让对方也有核武器，那么现在的拥有者就不敢轻易使用核武器。

从良心和初衷来说，科学家不会对发明和研制大规模杀伤性武器那么热衷。即使是原子弹的发明过程，也是充满了博弈的过程。

西拉德是美国核物理学家，他知道当时德国研制核武器已经接近成功。他把这个事实告诉了爱因斯坦，他需要爱因斯坦的声望和影响力。两人联名写信给当时的美国总统罗斯福，建议美国要赶在德国之前研制出原子弹。这封信直接促成美国启动"曼哈顿计划"，使美国政府开始全力投入原子弹的研究、制造和使用。

但是，当美国先后在日本广岛和长崎扔下原子弹的时候，爱因斯坦非常震惊和悲伤。我相信，他觉得美国必须开发核武器是因为德国很快就会拥有核武器，美国必须拥有核武器才能保持均衡，威慑敌人，这种威慑是最好的防御。但开发核武器不是为了使用，而是为了不用。所以，当美国对日本使用核武器的时候，爱因斯坦的心情一定是复杂的。

1955年，在爱因斯坦去世的前几天，为禁止核试验和核武器斗争，爱因斯坦联同史怀哲和伯特兰·罗素㊀签署了《罗素—爱因斯坦宣言》（Russell–Einstein Manifesto），该宣言对核武器带来的危险深表忧虑，并呼吁世界各国领导人通过和平方式解决国际冲突。宣言的签字者包括11位著名的科学家，其中10人均为诺贝尔奖得主。

悬崖策略创造了一个可能同归于尽的结果，这是一个具有不确定性的情形，让人们有可能为自己的行为付出毁灭自己的代价，从而做出不引发冲突的选择。

㊀ 伯特兰·阿瑟·威廉·罗素（Bertrand Arthur William Russell，1872—1970），英国哲学家、数学家、逻辑学家、历史学家、文学家，分析哲学的主要创始人，世界和平运动的倡导者和组织者。罗素于1950年获得诺贝尔文学奖，主要作品有《西方哲学史》《哲学问题》《心的分析》《物的分析》等。

大多数人都知道武器是不好的，更何况是可以毁灭人类的核武器。但如果只有一国拥有核武器，就不会产生均衡。那么，有什么机制可以制约这种不均衡呢？如果大国维护世界秩序，你会希望大国是有所制约和谨慎的，但这个制约是脆弱的。更有效的制约就是让其他人也拥有，特别是让它潜在的敌人也拥有。

而且，核武器最好只有大国拥有。从博弈论的角度看，大国限制小国拥有核武器的道理很简单，因为小国与大国同归于尽的成本太低，所以，任何一个小国拥有核武器都会让人不放心。

最后，悬崖策略也取决于决策者是否理智，一个不理智的人可能会在情绪化的时候做出同归于尽的行为（这是电视剧里经常出现的场景）。所以，这种武器最好掌握在决策流程比较严谨的国家。

我们的世界就这样维持着均衡，人类与自然的关系也是如此。如果人类对自然过度掠夺，就会受到大自然的惩罚。博弈论让我们了解到人类互动的均衡机制：无论一方有多么强势，如果试图消灭弱势一方，那么强势一方也很可能会受到惩罚。这种潜在的惩罚机制，而不是一厢情愿的善良愿望，才是共存的深层原因。

因此，"共存"是博弈论最根本的假设。共存反映的是一个没有"敌人"概念的共和政治思想，不存在需要从肉体和权力上被消灭的对手，这也是企业竞争关系中的底线。对博弈论的认识越深刻，一个人就越会拥有高维度的决策思想。

智猪博弈：用吃亏让步达到自己生存的目的

"智猪博弈"是著名的纳什均衡例子。它假设的情景是：猪圈里有一头大猪、一头小猪，猪圈的一头有食槽，另一头安装着控制猪食供应的按钮（投喂按钮），按钮和猪食槽在相反的位置，按一下按钮会有10个单位的猪食进槽，但是谁按下按钮就会首先付出2个单位的成本，并且丧失了先到槽边进食的机会。

若大猪小猪同时到槽边进食，大猪进食速度快，最终大猪与小猪的收益比是7∶3。若小猪去按按钮，则大猪先到槽边进食，大猪会吃掉9份，等小猪赶过来的时候只能吃到1份，减去按按钮过程的消耗，小猪等于亏了1份，所以，最终大小猪收益比是9∶-1。若大猪去按按钮，则小猪先到槽边进食，可以多吃1份，去按按钮的大猪只能吃到6份，减去按按钮损耗的2份，大小猪收益比是4∶4。在这个例子中，对小猪而言，不去按按钮比按按钮好，因为4肯定好过-1，这就是小猪的占优策略。而对大猪来说，去按按钮总比不按强，所以它只好亲力亲为。那么，在两头猪都有智慧的前提下，最终结果是：小猪选择等待，大猪去按按钮（见图6-2）。

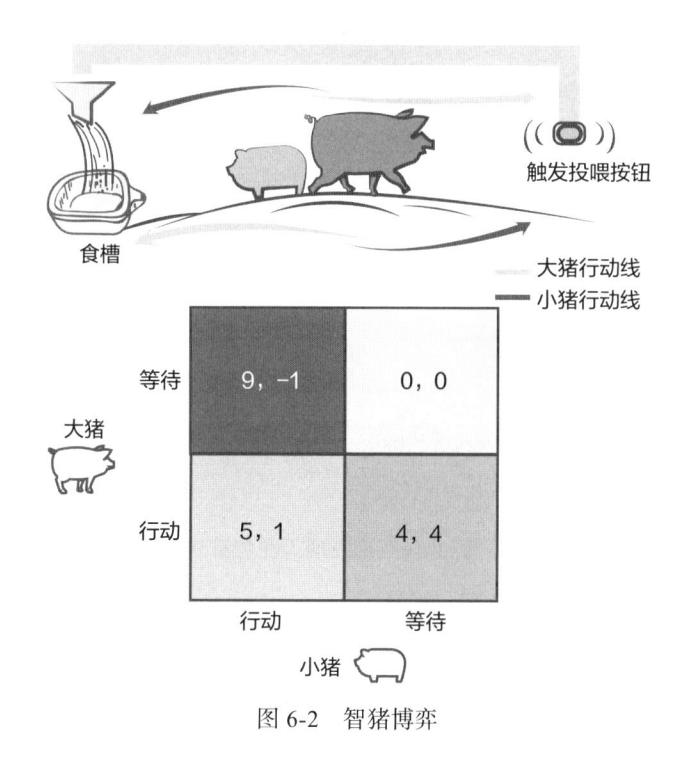

图6-2 智猪博弈

智猪博弈可以解释生活和商业中的很多现象，比如股市里的庄家与散户之间的关系——庄家是"大猪"，散户是"小猪"，散户跟着庄家赚便宜，庄家知道散户在赚自己的便宜、在搭便车，但他不会因为散户搭了自己的便车就不做了。

在小企业经营中，精明的企业家也往往会选择搭便车的办法。让大企业开发新产品、拓展新市场，自己省去研发成本、避免研发失败的风险，对小企业来说是一种明显的占优策略。

智猪博弈说明，高明的经营者要善于利用各种有利条件为自己服务。"搭便车"实际上是提供给经营者的另一种选择，它可以给企业节省很多不必要的费用，从而使企业的管理和发展走上一个新台阶。这种现象在经济生活中十分常见，却常常被经营者忽略。

企业家和经理人之间也存在着智猪博弈。委托代理理论很好地解释了企业家与经理人之间的关系，但智猪博弈也许可以更好地解释两者间静态及动态的关系（见图6-3）：

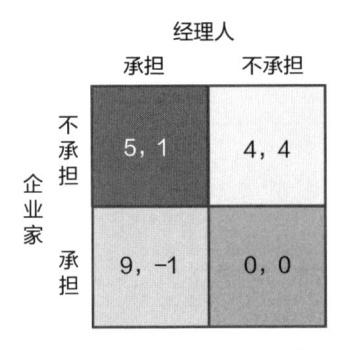

	经理人	
	承担	不承担
企业家 不承担	5, 1	4, 4
企业家 承担	9, −1	0, 0

"不承担不确定性"的选项是经理人的占优策略，所以他一定会选择占优策略；因为经理人一定会选择自己的占优策略，企业家就只能选择"承担不确定性"。

图6-3　企业家和经理人的智猪博弈

如果把企业经营的不确定性收益体现在收益矩阵[⊖]里，"大猪"愿意付

⊖ 收益矩阵是指每个策略和自然状态组合的利润，是风险型决策方法中的一种。具体程序为：先分别设定各个方案在不同自然状态下的收益，然后按客观概率的大小，加权平均计算出各方案的期望收益值，通过比较，从中选出一个最佳方案。

出，代表了企业家愿意承担不确定性以获取可能的更高受益，而职业经理人不愿承担这部分风险，所以获取的是低风险的稳定收益。从这个维度讲，职业经理人搭了企业家的便车。

如果经理人真的贡献很大，或自以为贡献很大，那么他一定不甘心做"小猪"。这样，纳什均衡就会被打破，经理人要么自己成为高管或买下公司，把"大猪"赶走，要么另起炉灶，自己创业开公司。

但现实中，人很容易落入高估自己的心理陷阱。经理人会高估自己的贡献，企业家也一样。这是很多企业高管之间或高管与董事会之间发生冲突的重要原因。

"大猪"行为可以解释团队合作中"能者多劳"和"吃亏是福"的价值观，也可以用来解释领导力的特质。从领导力角度来看，领导者是"大猪"，要有宽容精神。如果领导者太过计较，账算得太细、太小，就会出现问题。一个人愿意跟随一位领导者，本质上是因为跟着这位领导者就赚了、就有肉吃。

特朗普上台后把他在商界锱铢必较的行事风格带入了政治圈，这使得美国与各国及国际组织的关系变得商业化。其实，这是对美国的大国领袖作用和行为方式缺乏认识的表现。如果一个人不愿意吃这一点亏，那么他的"蛋糕"是不可能做大的。

用智猪博弈来看中美贸易战也是一个很有趣的视角。

2001年12月11日中国刚刚加入WTO的时候，中国当年的GDP为1.34万亿美元，全球当年的GDP为33.43万亿美元，中国GDP占世界GDP的4%。相比占世界GDP31.66%的美国，中国的实力较弱，在专利和关税等方面，大国（如美国）虽然吃点亏，但也还可以接受。在2001年12月11日这个时点上，这是一个静态的智猪博弈。石油输出国组织（Organization of the Petroleum Exporting Countries，OPEC）等很多经济联盟体也有类似问题。解决办法就是智猪博弈的结果，"大猪"能者多劳，对"小猪"搭便车的行为睁一只眼闭一只眼。

但是 2018 年以后，"小猪"变大了。2019 年，中国 GDP 接近 100 万亿元，按照国际货币基金组织（International Monetary Fund，IMF）估计，中国 GDP 占世界 GDP 的 16.58%，此时美国 GDP 占世界 GDP 的 24.75%，差距大大缩小。

当"小猪"的竞争力早已不可同日而语时，谁更有积极性来修改游戏规则呢？

肯定是原来的"大猪"。这几年，美国不断提出新的贸易要求，都可以从早年协议的博弈结构不再能适应现在的实力对比的角度去解读。

这是一个从动态博弈视角看问题的例子，也使把我们把视角从静态博弈转移到动态博弈，"小猪"长大了，"大猪"变老了，或者环境变化了，我们想分析这种变化演进过程就需要用到动态博弈的工具了。[一]

囚徒困境：用次优结果避免最坏

囚徒困境讲的是，两个囚徒作案后被警察抓住，分别关在不同的屋子里接受审讯。警察知道两人有罪，但缺乏足够证据。警察告诉每个人：如果两人都不交代，各判一年；如果两人都坦白，各判八年；如果两人中一个坦白而另一个抵赖，坦白的人会被释放，抵赖的人判十年。于是，每个囚徒都面临两种选择：坦白或抵赖。

然而，不管同伙选择什么，每个囚徒的最优选择都是坦白。其中思考的逻辑是这样的：如果同伙抵赖、自己坦白的话，自己会被放出去，同伙因抵赖判十年，对自己而言坦白比不坦白好；如果同伙坦白、自己也坦白的话，自己会被判八年，比起抵赖的判十年，坦白还是比抵赖好。两个理

[一] 下一章分析动态博弈。

性的囚徒的思维方式应该是一样的，结果，两个囚徒都选择坦白，各判八年（见图6-4）。当然，如果两人都抵赖，各判一年，这个结果是最好的，但几乎没人会冒着受到更重惩罚的风险做出这样的决策。

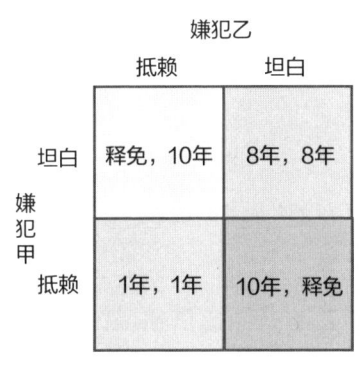

	嫌犯乙抵赖	嫌犯乙坦白
嫌犯甲坦白	释免，10年	8年，8年
嫌犯甲抵赖	1年，1年	10年，释免

图 6-4 囚徒困境

博弈理论据此得出一个结论：人类的个体理性有时会导致集体非理性——聪明人会因聪明而作茧自缚，或者损害集体利益。

但为什么个人的理性选择会带来集体非理性的双输结果？

从博弈结构上来看，这是一个静态的同时博弈，即同时出牌的游戏。因为两个囚徒是无法事先进行沟通的，那他们就都只能做最坏打算。当然，这是没有沟通的情形，如果两个囚徒之间事先进行了沟通会怎样？

理论上讲，沟通不改变问题的性质。因为即使双方之间事先进行了沟通，在正式做出选择的时候，因为同时出牌，你也无法保证对方一定按照约定出牌，最终还是会回到之前的推理，同时选择背叛。因为囚徒困境的博弈结构是，收益矩阵给出确定性结果，博弈只有一个轮次，意味着无论你选择什么，你没有被报复，也没有被感恩的机会，同时也不存在你报复对手或感谢对方的机会。

囚徒困境是博弈论最经典的模型，故事有趣，引人入胜。两个囚徒之间都不坦白,达到收益最高,被解读成了"合作"的结果;而两个囚徒互相背叛,受到应有的惩罚,则被解读成了"不合作"的下场。

但我不喜欢这个博弈,试想,如果两个囚徒都抵赖,即采用"合作"策略,达到所谓的集体理性,警察就拿他们没办法,这说明我们的司法系统对坏人抵赖(合作)无能为力。这样的"合作"就存在着价值观问题,进而产生一个悖论:一部分人的"合作"导致司法系统失效。最终,两个囚徒的收益最大化,加在一起总共获刑两年,但社会无法惩罚坏人,社会整体收益下降,所以,这个双赢均衡恰恰是一个最不可取的最优解。相反,两个囚徒之间无法合作,都受到了严厉惩罚,总共获刑16年,说明我们的司法系统对于坏人能够进行有效的震慑和惩罚,社会整体福利是上升的。

我在给司法系统的干部讲博弈论的时候,也会用囚徒困境这个案例,因为里面讲的故事和他们的业务直接相关。我在解释了坏人"合作"对社会不是好事情之后,会问他们,现实中坏人会不会选择"背叛"同伙。他们都说,按照推理应该会出卖同伙。我告诉他们,现实中不会。因为现实中,坏人会担心他出卖同伙获得自由后,会遭到黑帮报复。从博弈结构上讲,坏人担心出去以后的结果,意味着在他们的思考里还存在下一轮博弈,那么,这就不是一个单轮次博弈,说明在决策者心里博弈结构已经发生了改变。反而是我们的学者,死抱着不现实的单轮博弈。

更重要的是,即使是单轮次的博弈结构,我从与学员们一起做的囚徒困境实验中也观察到,并不是所有学员都会选择背叛(虽然背叛是理性选择),就算通过讲解学员已经明白了博弈论的思维方式,但是很多人还是会坚持自己原来的选择,这说明每个人对给定的博弈结构有不同的解读:有人只看到对方,而有人想到(潜在)第三方;有人看到了眼下(单轮博弈结束),而有人看到了未来。

不同的价值观也在影响着每个人对收益的看法。这非常好地说明了现实比理论更复杂有趣。在坏人面前的博弈结构是一个多轮博弈而不是单轮博弈，而理论设计的却只是单轮博弈，同样的博弈在每个人心中的解读是不同的。也就是说，每个有限理性的人，对于同样的博弈结构会有着不同的解读，而完全理性的人对同样的博弈结构则不会出现不同的解读，但后者只存在于理论中，前者存在于现实中。

加入一个博弈方——一个以警方为代表的社会利益方，又会构成不同的博弈。坏人之间的合作带来的双赢与社会整体利益的两难，坏人之间的无法合作带来的输与社会整体利益上升的两难，充分说明，博弈结构变化，博弈结果完全不同[⊖]。

没有惩罚机制的摸鱼博弈游戏

我们再来分析另一个类似囚徒困境的多轮博弈，即摸鱼博弈游戏。将这个游戏与上述两个游戏的博弈结构和结果进行对比，我们会有很多有意思的发现。

在摸鱼博弈游戏中，每一个人可以做出 A 决策或者 B 决策。做出 A 决策的人的回报取决于做出 A 决策的总人数，即如果只有 1 个人做出 A 决策，做出 A 决策的人的回报就是 100 元，如果有 2 个人做出 A 决策，则每个选 A 的人的回报都是 200 元，以此类推（见图 6-5）。另一方面，做出 B 决策的人的回报和 A 决策的回报相关，做出 B 决策的人的回报比 A 决策的回报总是多出 500 元。即如果有一轮有 6 个人做出 A 决策，做出 A 决策的每个人的回报是 600 元，而这一轮每一个做出 B 决策的人员的回报是 600+500=1100 元。

游戏目标是最大化每个人自己的回报。在游戏开始之前，参与游戏的人会被告知，游戏结束时只宣布最高分和最低分，不会披露得最高分和最

⊖ 不同的人对博弈结构的不同解读会在第 8 章详细讨论。

低分的人的姓名,所以选 B 的人可以放心地按照自己的真实意愿去选。

图 6-5 给出了假定有 10 人参加这个游戏的得分情况。

游戏人数 10 人					
选A人数	A	B	总A	总B	总得分
1	100	600	100	5400	5500
2	200	700	400	5600	6000
3	300	800	900	5600	6500
4	400	900	1600	5400	7000
5	500	1000	2500	5000	7500
6	600	1100	3600	4400	8000
7	700	1200	4900	3600	8500
8	800	1300	6400	2600	9000
9	900	1400	8100	1400	9500
10	1000	0	10 000	0	10 000

图 6-5 10 人参加的摸鱼博弈游戏得分情况

我们可以看到,每个人都选择合作,即选 A,会使团队的总分最高(1000×10=10 000),但选 B 总是会给自己一个让自己的分数比其他人更高的机会。但因为有人选 B,选 A 的人就少了,A 的分数就会降低。比如 9 个人都选 A,只有一个人选 B,最后团队的总分是 900×9+1400×1=8100+1400=9500,小于全体都选 A 时的团队总分(10 000),但这个选 B 的人比其他人都高 500 分,赚到了便宜。

但是这个游戏是一个十轮的游戏,十轮下来,这个游戏显示了几个重要特征:

第一,总有人选 B,即使知道选 A 会使团队的总分最高,但只要有机会,个人好胜心和占别人便宜的心理也会占上风,这种机会主义行为总是存在的。

第二,这个游戏的关键是无法知道谁在上一轮选了 B 或 A,也就是说不知道具体哪个人没有团队精神,不知道哪个占了别人便宜。这说明赚便宜不会受到惩罚，所以，一定会有人做损人利己的事情。

第三，在多轮游戏进行的过程中，会出现这样的趋势——在游戏进行了三轮或四轮后，会给大家一个讨论的机会，分享自己对于游戏的看法，大家会明白其实都选 A 是对团队总分最好的，选 A 是为团队利益做贡献的，选 B 是利己的行为。在讨论之后的那一轮中，选 A 的人会小幅度地增加一些，但这之后的几轮，选 A 的人又会减少，选 B 的人会增加。这说明，看到自己为集体做贡献，但还是有人在搭选 A 的人的便车，有的人就会选择用选 B 来进行报复。

这个游戏很好地说明了团队利益与个人利益的关系，以及组织结构演进的道理：只要规则有不完美的地方，有人能获得追求个人利益的机会，不合作行为就一定会发生。意识到自己的贡献被别人利用，会对团队成员的激励产生很大的负面影响，因此对不合作行为的有效惩罚才是合作的保证。

不过，通常来说，所有人都选 B 的情况是极其罕见的。这个道理非常容易理解，因为如果大家都选 B，就暴露了每个人都是自私自利的人。一般来说，在游戏后面，总是有人会承担挽救团队的责任的，但这种牺牲个人维护集体荣誉的行为不会维持很久。在这种组织里时间久了，一直做出牺牲的人一定会另起炉灶。这也是网络的自组织行为使然。

这个博弈实验让我们认识到，在任何正式的组织结构和社会关系里，如果无法明确监督、追踪以及对每个人的行为和行为的影响后果给予回报，就会产生代偿性网络结构，即产生非正式小圈子如"董事圈"，人数少，信任度高，小圈子的行为监督成本较低，关系更可靠、可信。

上面介绍的几个主要的、经典的两难博弈模型的共性是共存和均衡，所以博弈论不是输赢的学问，把博弈看成是关于输赢的思想是对博弈论最大的误解。

6.3 价格战导致均衡恶化

两难的意义在于告诉我们，给定博弈结构下的策略选择本身不能突破两难局面。我们用两个博弈案例来说明这个问题。

利润是创新和商业道德的源泉

博弈最终会达成均衡，这种均衡有时是好的均衡，比如和平合作，有时是坏的均衡，两难双输。价格战就是一种坏的均衡。

假设《时代》和《新闻周刊》目前的售价都是 3 美元 / 本，它们的成本是 1 美元 / 本，因此利润是 2 美元 / 本，读者数量都是 500 万人。由此可见，目前两家杂志势均力敌，各占 50% 的市场。杂志读者对价格敏感，如果任何一家杂志将价格降到 2 美元 / 本，不仅利润会发生变化，市场也会发生变化。

因为市场对价格敏感，如果《新闻周刊》选择降价，而《时代》不降价，那么《新闻周刊》就会得到全部的市场，还会增加 300 万人的读者，虽然每本杂志的利润下降了 1 美元，但总利润可以达到 800 万元。这样一来，《时代》就会失去全部读者，利润为 0；反之亦然。如果双方都选择降价，那么市场是扩大了，但利润下降了，双方继续平分市场。

从利润角度看，如果都不降价，双方利润都是 1000 万美元，总利润是 2000 万美元；如果都选择降价，总利润是 800 万美元，双方利润都是 400 万美元。我们可以看到，只要一家开始降价，就会逼着对手降价，结果导致行业整体利润下降。

应该说，利润是创新和服务质量甚至商业道德的源泉。行业价格可以下降，但如果利润下降，就会到达一个临界点，行业将不再吸引一流人才，产品质量与服务品质也会下降。

经济学家对于价格战的观点一直自相矛盾，语焉不详，总是认为价格战意味着价格便宜、给客户带来福利的增加。但是如果是以行业利润下降为代价，那么价格战释放的就是一个很坏的信号。

这几年，我注意到上海酒吧的服务水平下降得很厉害。大家知道，在好的酒吧里，服务员一定是懂酒的，会向顾客推荐酒品，有很强的沟通能力，身上也会散发出某种具有感染力的气质。而这几年情况有了变化，很多酒吧的服务员只会给顾客递上一张酒单，恨不得顾客就按照前面的编号来报数就行，顾客的任何问题，他们都无法回答，也回避回答。

我曾经与一位酒吧经营者聊到这个问题，他向我诉苦，说现在人力成本太高，酒吧必须把成本压下来才能维持经营。但是人力成本下降，人员素质也会下降，服务水平可想而知，酒吧的业绩自然也很难好起来。

压低成本、打价格战是经理人最常用的方式，但结果很可能与初衷南辕北辙。

一个行业可以因技术发展导致自身过时而消失，但不应该被价格战毁掉。比如新能源汽车挤占传统汽车的市场，电子商务给实体经济带来压力，移动终端给互联网带来技术冲击，这些都是来自外部的技术威胁，是整个行业需要共同面对的，是可以接受的。但是，用价格战削弱竞争对手的做法只会把行业越做越小，最终毁掉一个行业，使所有企业以及消费者的利益都受损。

商业世界里，干掉竞争对手、侵犯知识产权、打价格战，都是不可取的。

物业管理费用应该与房价挂钩

中国的城镇社区的物业管理是很重要的，关乎居民生活的方方面面。但我注意到，物业的管理水平一直在下降，或很难提升。如果你仔细观察过自己所住小区的物业，你会发现，包括保安在内的物业从业人员的年龄越来越大，这意味着这个行业不再吸引年轻人。

与此同时，国人对服务的需求一直维系在低水平上，对价格敏感，很少有人愿意为无形化的服务付费。

中国这一代中产阶级，更愿意买有形的豪宅、豪车、名牌鞋包。只要是有形的，价钱不是问题，有些人甚至会一掷千金。但对于无形化的服务，很多人却不愿意付钱。这一点反映在物业问题上就是：物业费的上涨是极其困难的。如此一来，物业水平的提高肯定无从谈起。

我一直呼吁，物业收费水平应该和小区的房价挂钩，让房价反映小区的物业管理和服务水平，形成服务与价格的正循环。

本章结语
博弈思维为你面对的矛盾构建结构

博弈论是分析系统要素互动关系的底层逻辑，这将复杂系统理论与博弈论关联在一起。本书在博弈论的导入上与主流博弈论的教学不同，偏重博弈论对两难结构的建构，强调博弈是共存游戏，两难是无法达到整体或个人最优但可以避开个人最差结果的局面的。本书强调博弈结构，而不是博弈策略的重要性，因为给定结构的最优策略并不能帮助我们突破两难。

博弈结构成立的标志就是构建了一个两难局面，下一章，我们将讨论如何通过改变博弈结构突破两难。

游戏卡：红蓝游戏

总说明

在这个游戏中，整个团队会被分成几个小组并安排到几个不同的地点。你们的导师会做好分配安排工作。

每个小组的目的是争取到一个正分（0分不算正分）。

游戏即将开始。在10轮游戏中，每一轮每个小组都有一次选择红色或蓝色的权力。你所在的组选择的颜色会直接影响到你的分数和其他小组的分数。

规则

在每一轮游戏开始之前，每个小组必须选好是红色还是蓝色。导师会在每一轮游戏中问你们的决定。一旦导师得到每一组的决定，他会对每一组的决定进行反馈，并更新你的分数。小组的分数在整个游戏中是累积的。

分数会根据图6-6的得分情况而定。

A组	B组	决定性
红色	红色	每个小组都得3分
红色	蓝色	A组失6分，B组赢6分
蓝色	红色	A组赢6分，B组失6分
蓝色	蓝色	两组都失3分

图6-6　得分情况

所有小组都不能和其他小组互相联系，除非是在导师的指导下。

每一轮中，每个组都有3分钟的时间做出一个决定，之后导师会问你们的决定。

在第三、第八和第九轮之后，每个小组的代表可能会集合。他们有 3 分钟的时间互相商讨，并把意见反馈给自己所在的小组。

第四和第九轮是比较特别的，在这两轮中，分数会加倍。而在第十轮中，分数会以平方的形式而定（3×3 或 6×6）。

投资

为了使这个游戏尽可能真实，每个参与者都被要求押上一定的赌金。导师会告诉你们具体放多少。

在所有小组都达到它们的目的之后，得分最高的小组在游戏之后将赢得所有的钱。

（游戏卡版权归荷兰采购学会）

下 篇

破局升维篇

第 7 章

从博弈结构上突破两难

> 凡战者,以正合,以奇胜。故善出奇者,无穷如天地,不竭如江河。
>
> ——《孙子兵法·势》

本章概要

上一章讲了矩阵思维能帮助我们建立面对问题时的决策模型,当我们把个人偏好和利益冲突放入矩阵,就产生了两难。两难是一种均衡的局面,但并不是最好的局面。同时,我们也讲到给定博弈结构的非合作博弈靠自身策略是无法突破两难的。这一章讲的是,在理论和现实中,如何通过在博弈结构上的变化突破两难,以及突破两难对于决策,特别是战略和创新的意义。

空城计里的多重博弈结构

网上流传着一个笑话:

老地主死前问儿子:"猪抱怨饲料差,牛抱怨活儿太重,鸡抱怨窝太脏,怎么办?"儿子说:"给猪喂好饲料,让牛的活儿轻一点,经常清理鸡窝。"老地主摇摇头说:"你啥都别做,就告诉他们,外面有狼。"老地主的建议不只有转移视线的效果,更有博弈结构上的洞见——狼的出现意味着有了新的博弈方,博弈结构变了,问题性质就变了。

空城计的故事,虽然无从考证历史上有没有发生,但这一包含了心理博弈的故事却引发了很多思考。其实,客观来说,以司马懿的智慧,不可能看不出这是一座空城。即使不确定,试探虚实的成本也并不高。相声《戏说三国》里就说,派一支小部队进城试一下,也可以马上探出虚实。

但是,有博弈思维的人就会知道,如果纵兵空城、生擒诸葛亮,曹魏失去了诸葛孔明这个对手,司马懿对曹魏家族也就失去了价值。再说司马懿本来已威高震主,为了不引起曹魏的怀疑和忌惮,他如履薄冰、一再小心。所以,我们从故事里听到的,是司马懿与诸葛亮斗智斗勇的博弈故事,但在司马懿的心里,还存在着一个更重要的博弈,即他与曹魏家族的博弈,这两个博弈是相互关联的。

智慧如诸葛亮一定会理解司马懿的处境,所以,诸葛亮使出空城计这样的局也是有把握的,他知道,即使司马懿知道这是一座空城,也不会真的攻城,而只会将计就计把大军撤走,这才是真正的高手博弈。

7.1 博弈结构比博弈策略重要

主流博弈论教学法,是在给定游戏规则和收益条件的博弈结构时,让决策者理性地根据各种收益结果倒推出对自己最有利的选择。这里就揭示了主流博弈论的两个主要前提:第一,我们对未来会是什么样有"确定性";第二,决策者会"理性"地做出选择。然而,决定和影响行为的游戏规则本身是如何产生的才是真正需要关注的,因为这才是制度,是人类在为了有效共存（无论是合作还是竞争）的互动中达成的游戏规则。

博弈结构是指构成博弈的博弈方、博弈轮次、收益条件、信息对称与否等要素，博弈结构意味着游戏规则。如果你向你外婆介绍篮球和足球的不同，你其实就是在讲博弈结构问题；如果你和好友在讨论巴萨和皇马的下一场比赛，你们基本上是在讨论博弈策略问题。

博弈结构如果发生变化，就意味着游戏规则发生了变化。当这些结构性要素发生变化时，游戏规则就不同了，游戏也就完全不同了。从博弈角度来看，战略和创新都是在博弈结构上发生的变化，包括大家所说的蓝海战略，其实改变的都是博弈结构。

一般而言，企业家思维是突破博弈结构的战略思维，管理者的思维是给定博弈结构的策略思维。所以，有实际商业意义的博弈思维，特别是有战略和创新意义的博弈思维，都应该是指改变博弈结构的决策，这才是战略思维、做局思维。

所以，博弈论有两种学法，一种是给定了博弈结构，去寻找达到均衡的策略，从而找到自己可行的选项，最好发现自己的占优策略；另一种是去研究博弈结构是如何产生、如何变化的，以及变化对于行为的意义。

在博弈结构上寻求变化是格局的突破

你沿给定的思路解决问题无解的时候，就需要突破原有格局。

把注意力放在博弈结构上，突破原有格局，是一种挑战问题本身的能力。如果问题本身是错误的、过时的或不具代表性的，那么试图解决这个问题是没有意义的，这时，我们需要做的是重新定义问题。

重新定义问题就是改变博弈结构

美国西海岸一个原本经营困难的港口得到了复兴，原因是有人创造性地重新定义了问题。故事是这样的：在美国的港口和汽车等行业，工会的势力都很强大，这个港口的工会也是如此。每隔三年，工会都会和港口的管理层进行一轮劳资谈判。为了避免裁员，工会限制港口采用更有效率的新技术进行船只装卸，这造成了港口业务萎缩，逐渐失去了吸引力和竞争力。

新一轮合同谈判开始时，管理层谈判委员会认为应该增加工人的工资和福利，诱使工会放松一些限制性较强的条款。委员会的一位新成员是来自行业外部的顾问，他问了一个大胆的问题："管理层花多大代价可以中止和工会的合作？"

思维很容易受到现存制度的限制，因此，参加谈判的管理层从来没有考虑过这种可能性。当然，管理层能够花多大代价，这个问题的答案取决于摆脱技术束缚后港口的运营情况。针对这位新成员的建议，委员会做了可行性研究，结果表明，中止合作带来的变化将是革命性的，成本节省数目庞大。

于是，谈判委员会与工会进行谈判，最终签订了一个慷慨的买断协议，取消了和工会的合作。花费固然不菲，但与预计将会节约的成本相比，这些钱不过是九牛一毛。

在以后的数年里，港口彻底改变了经营方式，尤其提高了集装箱货物的处理能力，收益提升非常可观。工人们也得到了好处，随着港口吞吐量的增加，港口上的工作机会更多也更好了。船主也是受益方，船只的周转时间由数日缩短到了几个小时，船只的生产能力得到了大幅提高而成本骤减。得到好处的还有消费者，从夏威夷来的易腐水果不仅保持了新鲜，而且更便宜、品种更丰富了。

一位新成员的问题带来的是博弈结构的改变：我们是来针对合同进行谈判的，但首先要问，我们为什么需要这个合同？不能改变、突破或打破原来的结构吗？

管理人员大部分时间都在处理错误的问题

20 世纪 80 年代初,英特尔还不是芯片巨头,而是内存巨头。到 20 世纪 80 年代中期,日本企业开始生产内存了,而且做得很好,英特尔在竞争中逐渐处于下风。

当时,英特尔的一把手叫摩尔,就是提出摩尔定律①的那个人,二把手叫格鲁夫。他俩天天想,怎么才能把内存做得更好?他们想了整整一年,但是一直没结果。

有一天,两个人又在讨论:我们要改变什么?格鲁夫突然问摩尔:"如果董事会把我们开除了,聘请新 CEO、新总裁,他们会怎么做?"摩尔说:"他们会停止生产内存。"格鲁夫说:"那我们为什么不把自己炒了,再把自己聘回来?"

格鲁夫找到正确的问题,发现必须要革自己基础业务的命。他们真的停止生产内存,英特尔的命运从此改变。

这个故事验证了德鲁克的观点,即管理人员大部分时间都在处理错误的问题。一个好问题,能把如何通过谈判策略和技巧得到更好交易的问题,变成如何把自己从两难困境中解放出来的问题。

决策是为了解决问题,但首先要找到正确的问题,才能做出正确的决策。

经常有人问我:"孩子要出国读书,是去美国好,还是去澳大利亚好?"但我总是问他们:"孩子一定要出国读书吗?"如果一位想送孩子出国留学的母亲开始思考未来的家庭关系、孩子出国对家庭幸福感的影响或孩子将来在哪里发展对孩子和家庭更好的问题,她就会更接近正确的问题。

---

① 摩尔定律是英特尔创始人之一戈登·摩尔的经验之谈,其核心内容为:集成电路上可以容纳的晶体管数目每经过大约 24 个月便会增加一倍。换言之,处理器的性能每隔两年翻一倍。摩尔定律非自然科学定律,它在一定程度上揭示了信息技术进步的速度。

一旦问题变化，我们分析问题的博弈结构就会发生质的变化；同样，博弈结构发生变化，博弈结构所定义的问题，也会发生质的变化。

财富金球：靠博弈结构改变突破两难

英国有档叫作《财富金球》（*Golden Balls*）的电视秀游戏，参加这个游戏的两位玩家需要彼此博弈，以获得节目组提供的奖金。游戏规则就是囚徒困境的规则：玩家面前有两个只有自己知道但不会被对手看到的金色球，一个里面写着"平分"，另一个写着"独占"。如果两位玩家都选"平分"，则彼此平分奖金；如果一人选"独占"，另一人选"平分"，选"独占"者就会获得全部奖金，选"平分"者则一无所获；但如果两人均选"独占"，则奖金留在节目组，两位玩家一文不名地离开节目。这个游戏与纯囚徒困境不同的是，玩家在做出最后选择之前有几分钟的时间相互沟通。

这个游戏，网络上有两场，值得一看：

第一组两位玩家分别为亚伯拉罕和尼克，当时奖金总额达13 600英镑。在主持人宣布了规则以后，尼克马上声言：他肯定只会选"独占"，请亚伯拉罕选"平分"。他同时承诺，他拿到所有奖金后，会在节目结束后与亚伯拉罕平分。

起初，亚伯拉罕无论如何都不肯答应，因为没有人能保证节目结束后尼克会分钱给他，主持人也提醒他注意这一点，所以，他试图说服尼克，两个人都选"平分"。但尼克坚持己见，他只选"独占"，哪怕亚伯拉罕打情感牌，说他父亲教给他的为人原则是守信，否则就不是男人。尼克坚持认为，哪怕双方都输，没有人拿到钱，他也只选"独占"，他甘愿承担大家都两手空空离开的结果。

沟通环节的最后时刻，亚伯拉罕屈服了，答应尼克自己会选"平分"，因为既然尼克如此强硬，那与其选"独占"让彼此都拿不到一分钱，还不

下 篇 ▲ 破局升维篇

如让对方先赢,至少自己有可能在节目结束后拿到钱。

出乎所有人意料的是,尼克亮出的并不是"独占",而是"平分"!最后两人各自分走一半奖金,皆大欢喜。

第二场游戏的奖金更高,为 100 150 英镑。两位玩家分别为男生史蒂夫和女生萨拉。男生在主持人介绍完规则后就告诉全场,他会选择"平分",并说这不是一个很难的决策。女生从男生的眼神里读到他的急切盼望,甚至诚意或幼稚,这正是她希望对方做出的选择,两人当场握手约定都选"平分"。

结果出人意料:男生选了"平分",女生却选了"独占",女生一人拿走了 10 万多英镑的奖金,男生空手而归。镜头里,男生满脸都是被欺骗、被愚弄后的难以置信。

回看这两局游戏,第一局中,尼克采用了一个非常有意思的策略,先声夺人,制造强势确定性,就是不论对方说什么,只选"独占",让对方没有选择——因为对大多数人来说,从天而降一笔奖金,不论数额多少,都是必须争取的,更何况这正是他们来这个节目的原因。那与其彻底没机会拿钱(都选"独占",钱留在节目组),不如至少有机会拿钱(相信对方允诺)。

而在第二一局游戏里,女生利用了男生对奖金的迫切期待,一人独占了奖金。但无论是节目现场男生绝望的动作和表情,还是观众的失望程度,都给女生造成了巨大的压力,她在博弈结束之后表现出对自己最终选择的不适感,后期采访中也表达了自己的愧疚和难堪。我们无从知晓她最后是如何面对自己强烈的愧疚感的。

正如节目主持人贾斯珀·卡罗特(Jasper Carrott)所介绍的那样,这档节目不仅考察玩家的谋略和谈判沟通技巧,更考验玩家的人性,特别是玩家的贪婪程度。

囚徒困境博弈的前提是存在损人利己的机会，而博弈方对对方的行为没有信心，所以需要合同、制度、环境、文化、道德等的约束才能达成合作。博弈论告诉我们，不带条件约束的信任就是一种冒险。

7.2　看到给定条件之外的才是格局

同时博弈还是序贯博弈

之前所介绍的囚徒困境、红蓝游戏[一]、财富金球和摸鱼博弈游戏在游戏规则和条件设置上都是同时博弈。同时博弈就是同时出招的游戏。一个常见的大家都会立刻明白的同时博弈就是人人都熟知的"石头剪刀布"，两个人或多个人同时出招。商业上也有很多同时博弈，比如招投标制度里的暗标，就是出价者同时写好自己的出价，互相之间没有串通或通气，最后同时打开信封，现场比价。

在分析同时博弈时，我们不得不提到一个关键词——"猜"。同时博弈的特征是不存在沟通机制，所以人们只能猜对方会做出什么样的选择。其实，在生活和工作中，人与人之间的揣摩猜疑，都在事实上构成了同时博弈。

囚徒困境的同时博弈揭示了一个重要道理：缺乏沟通的单轮博弈，容易导致双输的结果，所以是两难困境。而一旦博弈方之间有了沟通，如《财富金球》里那样，主持人在双方都明白游戏规则即收益矩阵以后，给了双方数分钟的沟通时间，那么博弈结构就被改变了，一个没有沟通的同时博弈就成了一个双方互相沟通的序贯博弈。

序贯博弈就是轮流出招的游戏，例如打牌、下棋。人类的沟通行为从

[一]　详见本书第 6 章游戏卡。

本质上来说就是序贯博弈——我表达的时候你听着，你听完了后回复我，一来一往，这就是序贯博弈。

理论和实践都证明，只要以合作为目的，序贯博弈就会产生好过双输的均衡。试想，如果有利益分配、可以增加总体福利，那么序贯博弈总是可以达成合作的，区别无非是合作的深度、利益的大小而已。在序贯博弈的规则下，不合作的两难博弈就变成了如何达成合作的谈判过程。㊀《财富金球》播出了这么多年，没有一个参与者在正式出牌前未能达成协议的案例，无论沟通过程是多么不愉快、争论是多么激烈。

单轮博弈还是重复博弈

当然，《财富金球》进入正式出牌阶段，是不是一定按照约定出牌完全是另一回事。虽然绝大多数的场次，玩家都是遵循着契约精神按照约定出牌的，但其中最特别的几次，比如本章之前介绍的没有按照约定出牌的两局游戏却成了博弈论研究的经典。

从博弈结构上讲，正式出牌的环节就是最后一轮。没有下一轮游戏意味着对手失去了报复你的机会，也意味着给了自己一个逃避被对手惩罚的机会。这就是单轮博弈的问题。

囚徒困境游戏里，即使同伙之间有沟通，也影响不了结果，这是单轮博弈的性质决定的。因为即使同伙之间有了沟通，也还是不知道对方是否真的会按照约定做出选择，所以又回到了互相揣摩的初始状况，沟通与没有沟通都没有改变游戏的性质。

但现实当中，同伙通常是不会出卖同伙的，因为他们会担心背叛行为会导致自己在以后受到团伙的报复。这说明，在游戏者的脑海里，他主动把单轮游戏改变成了有下一轮的多轮游戏，虽然学者在设计游戏的时候，

㊀ 战争和比赛也可以是序贯博弈，搏击是以输赢为目的的非合作博弈。

只设计了单轮游戏。所以，博弈结构还包括但不限于这些：博弈目标是合作还是竞争；是不是还有其他的博弈方被忽略；有没有博弈方共同的博弈方；是同时博弈还是相继博弈；是单轮博弈还是重复博弈；是有限轮次的博弈，还是无限轮次，或随机轮次的博弈等（见图7-1）。

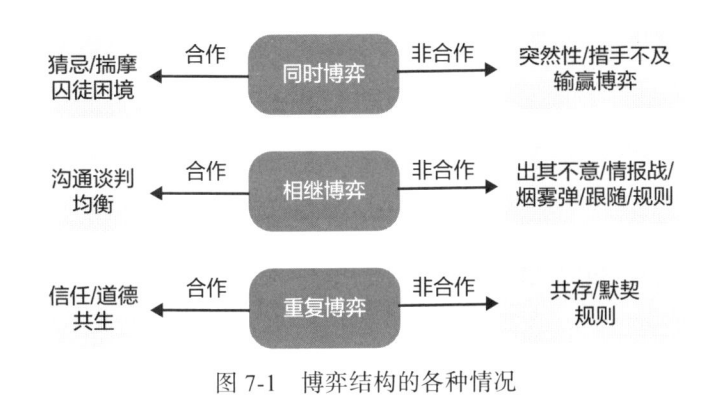

```
猜忌/揣摩     合作              非合作    突然性/措手不及
囚徒困境    ←——— 同时博弈 ———→   输赢博弈

沟通谈判     合作              非合作    出其不意/情报战/
均衡        ←——— 相继博弈 ———→   烟雾弹/跟随/规则

信任/道德    合作              非合作    共存/默契
共生        ←——— 重复博弈 ———→   规则
```

图7-1　博弈结构的各种情况

阿克塞尔罗德实验：重复200轮的囚徒困境游戏

政治学家罗伯特·阿克塞尔罗德（Robert Marshall Axelrod）[⊖]在全世界范围做了三次大规模的、重复了200轮的囚徒困境实验，发现了一个最优策略，就是大家熟悉的"一报还一报"策略。

这个策略简单到有些不可思议：假定你是A，第一步出"合作"，此后每一步都重复B的上一步的策略，无论是"合作"还是"背叛"。如同用镜子照着B的上一轮的策略，即B的上一轮策略，就是A这一轮的策略（见图7-2）。

⊖ 美国政治学家，密歇根大学政治学和公共政策教授，自1974年以来一直在密歇根大学任教。阿克塞尔罗德以其跨学科研究《合作的进化》而著名，在许多文章中被引用。他目前的研究方向包括复杂性理论（特别是基于Agent的建模）、国际安全、网络安全。他还是美国外交关系委员会的成员，也是ARTIS国际研究组织高级研究员。

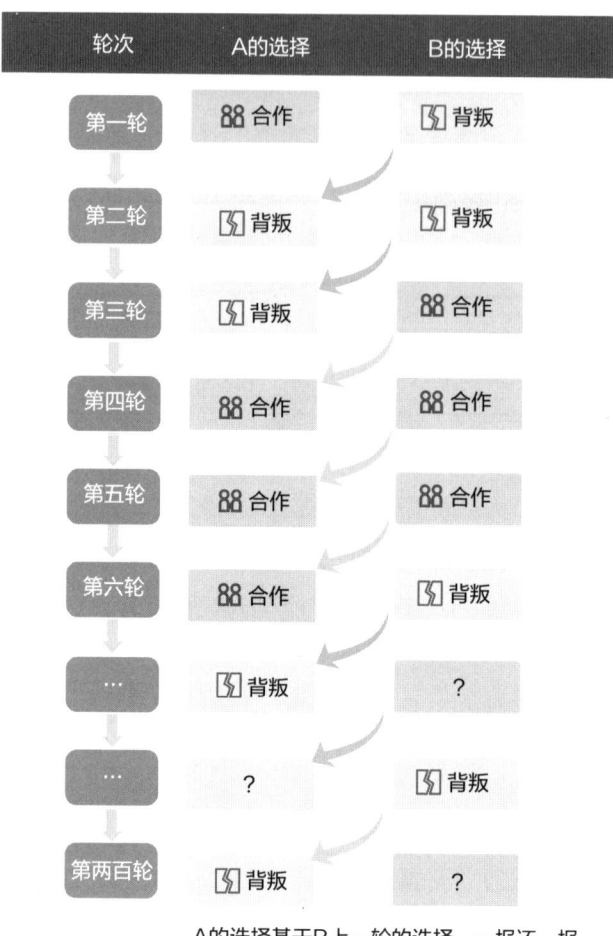

轮次	A的选择	B的选择
第一轮	合作	背叛
第二轮	背叛	背叛
第三轮	背叛	合作
第四轮	合作	合作
第五轮	合作	合作
第六轮	合作	背叛
…	背叛	?
…	?	背叛
第两百轮	背叛	?

A的选择基于B上一轮的选择，一报还一报

图 7-2　一报还一报策略

如此简单的策略之所以反复获胜，是因为体现了以其人之道还治其人之身的原则，并且反映了长期合作所需的特点：善良、惩罚、宽容、明确、不嫉妒。

> 善良：坚持永远不先背叛对方，第一步总是向对方释放善意，出"合作"。这一点非常重要，第一次释放善意是一个强大的合作信号。

之后，用合作的善意来回报和奖励对方的善意。

- 惩罚：当对方出现背叛行为时，及时识别并一定要采取"背叛"作为惩罚措施，不让背叛者逍遥法外。单轮囚徒困境中，信息是不对称的，彼此无法知晓对方的策略，也没有回报或报复的机会。但在多轮囚徒困境里，上一轮策略的结果给了彼此有价值的参考，用"一报还一报"的策略，给对方明确信号，信息不对称情况得到改善。
- 宽容：不会因为对手的一次背叛，就长时间怀恨在心，没完没了地进行报复，而是在对方改过自新、重新回到合作轨道时，能够既往不咎地恢复合作。
- 明确：策略逻辑清晰，易于识别，能让对方短时间内辨别出来。这说明在博弈中，给对方明确的信号，是走向合作的关键，也是指导合作性谈判的基本原则和精神。
- 不嫉妒：不抱着输赢的想法，不在任何双方关系中争强好胜。如果对方第一轮是背叛，坚持"一报还一报"策略，最后结果总是会比对方差一些。但你要接受这个结果，而不是一定要把让自己赢——在200轮次的博弈中，其他试图赢对方的策略所获得的最终结果都没能赢过"一报还一报"策略。

阿克塞尔罗德的重复囚徒困境实验的意义在于，如果囚徒困境从单轮变为多轮，人的行为就会不同，博弈均衡也会不同，最终会从双输变成双赢，这充分说明了博弈结构对于突破囚徒困境的意义。

红蓝游戏和阿克塞尔罗德的重复囚徒困境实验，都以达成合作为目的，其中一个很重要的原因是，它们有着明确的行为责任人，每个人都向对方明示自己的选择是合作还是不合作，这样，下一轮的报复或奖励也就有根有据，认赌服输，心服口服。这就是多轮博弈的特点——双方上一轮的策略是公开的，一个人的行为会造成什么后果也是公开明确的，不存在抵赖的问题，绩效衡量非常明确。这表示责任和贡献的界定没有疑义，才能够赏（合作）罚（惩罚）分明。

摸鱼博弈游戏的博弈结构存在着不同之处：除自己以外，没有人知道上一轮谁选择了合作——A，也不知道谁选择了不合作——B。即使你想报复，也没有明确的目标；你想奖励，也没有对象。知道自己可以逃避惩罚，损人利己的背叛行为就可以瞒天过海。

这说明两个问题：在责任明确、赏罚分明的环境里，人们容易达成合作，这对企业和社会都很有意义；相反，在一个责任不清、赏罚不明的环境里，更容易发生自私自利、损人利己的行为。

如果集体行为无法明确监督每个人的行为和后果，就会产生搭便车等机会主义行为。比如新加坡近乎严苛的法治环境，让你一下飞机就知道自己必须守法，同时让每个人对其他人的遵纪守法有更大的信心。而如果一个地方总是运动式执法，一会儿严打，一会儿宽松，实际上就是在鼓励各种投机取巧行为，不鼓励人们之间的互助合作。

由此可见，只有对不合作行为进行有效惩罚，才是合作的保证。其实，合作并不是因为大多数人有善意，而是因为这个社会对不合作行为有着有效的惩罚机制，威慑了企图作恶之人。

这听上去是一个悖论，但其实国家之间的关税就是对不合作行为的一个有效的惩罚机制。关税应该作为国家之间惩罚不合作行为的威慑手段，而不应该作为一个国家的发展手段——屏蔽外来竞争者以保护本国产业发展，形成实质上的贸易壁垒。

在惩罚机制中，首先博弈双方的关系是对等的，惩罚与背叛行为是不一样的：惩罚的是上一轮对手的背叛行为，惩罚机制的存在，不是鼓励不合作，恰恰是为了制约不合作行为、激励合作行为，而非你死我活。

在新冠疫情中，口罩经历了从几乎无人问津到成为稀缺物质再到烂大街的命运。许多人抱着"捞一票"的心态进入口罩、熔喷布、口罩机等行业，造成行业产能过剩，一时间供大于求。㊀

从经济学角度看，口罩紧缺，更多资金、更多人进入口罩行业是符合经济理性的，说明市场在起作用，价格调整在任何行业都是无可非议的。

但从重复博弈对行为的有效制约的角度来看，如果大多数人都抱着"捞一笔就跑"的初心和行为，对口罩行业是非常不利，因为这本质上是在逃避自己的行为可能带来的惩罚。如果社会缺乏对"捞一笔就跑"这种行为的制约能力，这种现象就不会消失。口罩行业的长期从业者，也一定不喜欢看到一拥而上、"捞一票就跑"所造成的价格波动和产能过剩现象，因为他们不得不承担产能过剩的后果。

如果每位参与者的行为都受到社会的监督和有效约束，行业和社会才会得到更好的结果。

图 7-3 总结了几个不同版本的囚徒困境在博弈结构上和效果上的不同之处，以对博弈结构的影响进行说明。阿克塞尔罗德实验设定了总分越高越好的目标，而不是说一定要比对手得分高。策略是博弈专家设定的，却是电脑在按照设定的策略在执行，相当于完全理性地重复囚徒困境实验。而红蓝游戏是一组人一起玩的游戏，每个行为都是现实中人的行为，给了我们观察理论与实验之间的区别的机会。

让我们再回到《财富金球》，尼克声称会选择"独占"但其实选了"平分"的策略引起了很多博弈论专家的评论，他们普遍认为这是最聪明的选择。他们还认为，亚伯拉罕已经被尼克逼得没有了选择。这一点我并不认同。我对于尼克的策略有两点评论：

㊀ 上观新闻. 口罩、熔喷布与一夜暴富之梦 [EB/OL].（2020-05-05）. https://finance.ifeng.com/c/7wELXGl2ME0.

博弈	轮次	博弈方	理性	决策	有无讨论	约束方	收益矩阵	目标	最优策略
囚徒困境	1	两方	完全理性/理论	对方决策不明确	无	无	有	收益最大/不输	背叛
阿克塞尔罗德实验	200	两方	完全理性/理论	知道上一轮对方选项	无	有	有	最高分	一报还一报/奖惩分明
红蓝游戏	10	两方或多方	有限理性/实验	知道上一轮对方选项	有	有	有	最高分	一报还一报/奖惩分明
AB游戏	10	多方	有限理性/实验	不明确/无法知道谁背叛	有	无	有	最高分	背叛

图 7-3　不同版本的囚徒困境策略从博弈结构突破两难

第一，他违反了契约精神。无论是说"独占"选"平分"，还是说"平分"选"独占"，其实都是违反了约定、违反了契约原则的，无论这种约定是否具有法律效力。在这个问题上，尼克与萨拉的行为在性质上是一样的，都会让自己的信誉度降低。试想，如果尼克再参加另一场比赛，无论他说什么，对手恐怕都不会再相信他。

第二，他的做法其实并不能保证亚伯拉罕一定会选"平分"。虽然很多博弈专家和学生都这么认为。但实际上，亚伯拉罕是可以选"独占"，也允许选"独占"的，而且尼克事后分钱的承诺，主持人也提醒过，并不具有法律上的约束意义。另外值得一提的一点是，亚伯拉罕是一个富人，抱着不蒸馒头争口气的心而选择"独占"的可能性是很大的。

我欣赏尼克的策略的真正原因在于，聪明的尼克看到了这个游戏的一个特点：在四种可能里，除了双方都选择"独占"、都没拿到奖金的情形，另外三种可能里，起码有一个人是选了"平分"的，两个人都选"平分"的情况更是能得到皆大欢喜的结果。这说明，在这个游戏里，只要有一人选择"平分"，这笔奖金就会离开节目组，落在两个人之间了——潜台词是，除了两个人的财富金球博弈，还存在一个玩家与庄家的博弈（见图 7-4）。面对庄家，博弈对手有着共同的利益。

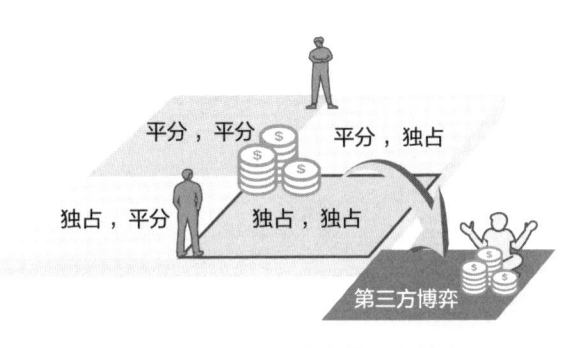

图 7-4 财富金球之存在第三方博弈

首先要保证这个钱落在玩家之间，剩下来的才是玩家之间怎么分配奖金的事情。两个人都选"独占"会导致最坏的结果，所以这是一定要避免的，而要想避免这个结果，只要有一个人选择"平分"即可。既然无法确保对方会怎么选择，能确定的就是自己去选"平分"，这个时候只能相信自己。所以，他口头上选"独占"，但行动上却一定会选"平分"，因为他要保证奖金先离开庄家。其他沟通技巧其实都是在最大化亚伯拉罕选"平分"的可能。

这也是后面我们会说的，面对不确定性决策，要去寻找不确定性中的确定性。在财富金球游戏中，这个确定性只掌握在自己手里，就是选"平分"，这样钱就离开庄家在亚伯拉罕和尼克之间分配了。

由此可见，行业竞争者之间固然有竞争，但它们之间还有共同利益，就是消费者需求量和市场规模。换句话说，行业竞争者之间不仅有各自企业的利益，还有行业的利益。企业，特别是龙头企业，首先要考虑的是行业利益，行业的蛋糕不能做小，剩下要考虑的才是蛋糕怎么分的问题。所以，我一直认为，牺牲行业和企业利润的价格战策略只会导致坏的均衡，即将市场做小。企业和行业的利润变少以后，人才就会流出，创新就缺乏动力，导致更多行业内的企业陷入危机，最终行业难免会凋零。

7.3 提升思考维度，突破商业决策困境

从不同角度看待问题，寻找突破

奈飞（Netflix）是一家市值超2000亿美元的商业巨头，拥有超1.9亿全球付费订阅用户，业务版图涉及近200个国家和地区。近几年，奈飞以第二曲线在国内的商业圈闻名。

每家组织机构中都有一些出类拔萃的员工，但更多的是一些中规中矩的"泛泛之辈"。企业管理者需要依赖前者管理好后者。而在奈飞，高人才密度是推动其成功的引擎。奈飞创始人、CEO里德·哈斯廷斯（Reed Hastings）将"精英政策"推行到了全公司。

"精英政策"是在圣莫尼卡的一间地下室完成的研究。研究者想要在9名实习程序员当中找出能力高于平均水平2～3倍的人。在这些人中，最差的是合格的程序员，但最好的程序员比最差的程序员在能力方面要强得多——编程速度快20倍，调试速度快25倍，程序执行速度快10倍。

微软的比尔·盖茨曾有言："一名优秀车工的工资是一名普通车工的好几倍；而一名优秀程序员写出来的代码比一名普通程序员写出来的要贵上一万倍。"在软件行业，这种说法虽有争议，但也算是一条尽人皆知的原则。优秀的软件工程师头脑灵活，能随机应变，当问题的解决遇到瓶颈时，

他总有办法摆脱瓶颈，或者尝试从不同角度来看待问题、看到其他人看不到的概念模式。这正是所有创造性工作所需要的能力。

因此，里德·哈斯廷斯把工作分成了操作型和创造型两类，操作型员工所能创造的价值都是可以衡量的，也是有限的，只需要给他们平均工资就可以；而对创造性的工作，最优秀的员工的工作效率可以轻轻松松地高出普通员工10倍以上。

于是，在奈飞出现了在其他公司看不到的一幕：公司鼓励员工出去面试，甚至希望在猎头打电话挖人时，员工能在说"不用了，谢谢"之前先问一句"多少钱"。哈斯廷斯告诉所有经理，不应该等到员工拿着竞争对手的报价来找他们的时候，再被动地给他们涨工资。如果员工的价值在上涨，而奈飞又不想失去这样一名员工，那么就应该主动把他的工资涨上去。如果因为某些原因无法支付全部工资，就通过裁员来增加人才密度，从而降低成本，而不是削减任何员工的工资。

哈斯廷斯坚持认为：从长远来看，在高绩效的环境里，支付市场最高工资其实最能节约成本。

开源节流是一般公司的策略，而在奈飞，哈斯廷斯直接跳出这个博弈框架，雇用最贵的创造者，让他们为公司创造最高的效率，创造性地解决公司困境难题，为公司开拓全新局面。

从博弈结构的角度来说，奈飞看到了在市场中，除了企业之间、企业与客户之间的博弈，还存在着人才与市场的博弈，并由此做出了付出最高的薪酬，招募最优人才的决策。

《壹周刊》的故事与奈飞的故事有异曲同工之妙。

20世纪70年代，中国香港地区的财经类杂志非常不景气，销量下降，成本上升，导致印得多，亏得多。卖得越不好，杂志社就越想压低成本，而压低成本，质量就会进一步下滑。质量不高，卖得更差，横竖都是亏损。

经济学家张五常看到这种情况，找到《壹周刊》的老板谈自己的见解。他认为，读者数量减少是因为刊登的文章质量不高，而文章质量不高是因为当时香港地区的撰稿者大多是兼职写稿，而不是职业作者。张五常相信亚当·斯密的专业和分工理论，相信专业化的递增效应，认为不专业写不出好文章，只有全情投入、没有后顾之忧的作者，才能写出好文章。于是，他建议《壹周刊》的老板大幅提高稿费，将稿费提高到一个字一港元的水平，从而让作者可以靠写稿养活自己、养家供房，这样，香港地区就会出现一批职业作者，杂志的质量一定会提高。

张五常之所以提出这样的建议，是因为他看到了专业写作人才与杂志的高质量之间的另外一种博弈关系。

这个建议最终被采纳了，《壹周刊》后来也成为香港地区最成功的杂志。这个基于经济学分工专业化思想的企业战略建议，从改变杂志和撰稿者的博弈结构出发，给行业带来了结构性的变化。

这也是一个逆向思维的例子。大幅度增加稿费不是边际上的微调而是一个质的变化，带来的是大量不专业的、兼职的作者转型成为职业作者。

很多时候，遇到成本压力和销售低迷这个两难问题的企业和行业，最自然、最容易的选择是继续降低成本，乃至开始价格战[⊖]，以保持自己的竞争力，或让自己生存下去。这是典型的策略型思考，而不是战略型思考。

制造业曾经是价格战的主战场，就连现在很多企业采购部门的个人业绩指标还是以价格为主，手段就是压价。很多销售人员习惯了靠低价赢得客户、战胜对手。回到《壹周刊》的案例，如果《壹周刊》没有选择张五常的方案，而是持续降低稿费、节约开支，那么杂志质量只会每况愈下，最后的结果肯定是没有人购买杂志，导致收入暴跌，杂志社关门。

⊖ 本书第6章"价格战导致均衡恶化"一节。

打价格战的企业家都有个误区，总以为靠价格战赶走对手以后，自己就可以好好做研发，这是不可能的。事实上，一般在赶走现有对手后，企业马上就要面对新的竞争者、新的价格战，永远不会有喘息的机会，更不可能去做创新。即便真正得到了垄断地位，企业也不太可能积极投入研发，反而会开始享受垄断地位带来的舒适，失去创新进取的动力。

《壹周刊》却反其道而行之，不再拘泥于原有的框架，大幅度提升人力成本来提高撰稿者的专业性和积极性，给人以职业成长上的激励，而不是业绩上的激励，突破了固有的博弈结构，改变了游戏规则，结果反败为胜。

靠升维解决两难局面

管理就是为了帮助人们在两难场景中，走出"双输"的囚徒困境，达到双赢合作，也就是从非合作点走向合作点。

如图7-5所示，右下角的双输是因为所有博弈方都采用了理性的思维，做了最坏打算。当每个人都做最坏打算时，整体结果是均衡了，但最终肯定是一个双输局面。比双输更坏的局面是，产生了单方输赢的结果，即左下角和右上角的情形，这是违反博弈论共存共生的初衷的。[⊖]左上角是最好的结果，即双赢，让所有人都赢得利益。

根据合作与非合作博弈的理论分类，非合作博弈是指不需要强制力就能达成的均衡，合作博弈是指需要强制力比如合同约定、制度监管以及道德制约才能达成的均衡。但博弈结构的思维方式告诉我们，即便不使用强制手段，也可以达到双赢的效果。

所以，在管理上，制度和非强制手段都可以达到均衡效果，而非强制手段在成本和灵活性上更有优势。

⊖ 本书第10章有进一步阐述。

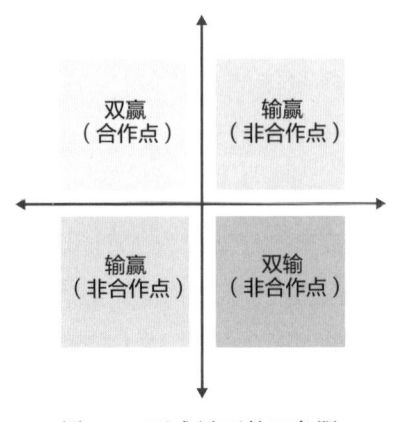

图 7-5 两难局面的四象限

NBA 工资帽制度的利弊分析

NBA 从 20 世纪 80 年代开始施行工资帽制度，限制每一支球队的工资总额。如果哪支球队超出工资帽，就要向联盟交纳 NBA 奢侈税。

但是，要想达到这一目标，一定要采用工资帽的制度吗？

顶尖俱乐部的老板明白，如果一支球队过于强大，会让比赛彻底失去悬念，本队球迷和对手球迷的观球兴趣一定会大减，电视转播收入会减少，奖金也会减少。所以，存在一支打遍天下无敌手的队伍是不可持续的现象，不仅伤害对手，也伤害 NBA 整体，更伤害自己。

所以，不用工资帽也可以制止这种现象，而且工资帽制度反而增加了监管等制度费用。不如采用市场的办法，让俱乐部自己去衡量这个利弊关系。

合作博弈说的是用强制约束达到"均衡"，里面包括双赢的均衡。非合作博弈不存在强制约束，但重复博弈"自发"的报复惩罚、有效的道德约束、价值观、不确定性都能起到把非合作变成合作的效果，这对于我们如何利用环境而不是死板的制度来促进社会的和谐进步，发挥公序良俗的作用，是有启发意义的。

7.4 战略还是策略

战略就是跳出原有结构，创造一个新的博弈结构，或是进入一个新的博弈；策略就是在给定结构中拥有一个占优策略。换言之，策略维持了一个博弈结构的稳定性，而战略则会打破一个博弈结构。

战略的意义是在一定时间和空间内，保持自己有独家（乃至垄断性）的竞争优势，这是做局的目的。战略和创新都是为了抓住不确定性提供给我们的机会，做出新局。

增加元素，突破博弈结构

升维并不是一个艰难的课题，每引入一个新的元素，就会产生创新。创新高手引入的资源可能只是一个很日常的乃至微小的元素，但其造成的博弈结构的变化却是根本性的。经济学家张五常、奈飞的哈斯廷斯也只是换了一个角度来思考原来的问题，乔布斯"重新发明了手机"也不过是在打电话之外把"用户使用体验"引入手机……这些不一样的创业者用不一样的思考角度，引入全新的元素，最终从他们的角度解决了问题。其实，只要勤于思考，每个人就都可以做出自己的创新。

更多时候，创新来自思想的碰撞，一个人思考和一群人讨论是不同的，你的选择在你的好朋友眼里就是另一个场景，不同人的讨论会产生思想的碰撞，激发新思维，这样，创新就成为可能。

打乱一个局面，本质也是做局思维

有一种例外，在大概率失败的场景下，继续保持原有的博弈结构等于接受失败的结果。这时候,哪怕没有升维的思路,找不到合适的升维角度,我也建议你修改策略,随意抓一个维度,打破两难僵局、制造混乱,试试自己的运气和机会。没有人保证升维一定会成功,但面对不改变必然失败的场景,放手一搏显然是正确的选择。

在足球比赛中我们经常能看到,当比赛时间所剩不多时,落后的一方会突然孤注一掷改变策略,通过换人搏一下、赌一把。因为按照原来的打法,胜利希望渺茫,不如换一个打法,把局面搞乱,或许还会有奇迹出现。再说,不改变已然是输了,没什么可以损失了。

1997年9月,面临破产的苹果公司,重新请回了公司的创始人之一、曾经被他们踢出局的史蒂夫·乔布斯。大家对乔布斯的创新能力充满信心,但对他不符合商业社会的挑剔个性和不善管理了然于胸,否则,苹果当年也不可能把自己的创始人赶出公司。但是,濒临破产的苹果没有选择,之前的一个财政年度苹果已经亏损了10.4亿美元,离破产不到90天。与其进入破产清算,不如让乔布斯回归,最差不过回到原来的起点,破产清算。

最终,苹果不仅活下来,还重新成为21世纪最伟大的公司之一。

本章结语
用升维为两难破局

对博弈结构的重视提供了突破思维局限的机会,战略和创新都是在博弈结构上寻求改变。

一次课后,一位女学员送我去路边候车去高铁站。她对我说:"王老师,我现在遇到了一个难题。"她告诉我,她和她的老公都不是本地人,老公在一家国企工作,很受重用。她和老公的关系不错,家庭非常稳定和睦。但现在遇到一个问题,老公单位有意将他派到外地工作,这是一个升迁机会。

但从家庭角度来说，老公去外地意味着一家人分开，这会给家庭带来很大的不确定性。但从老公的职业生涯来说，如果不接受这个机会的话，意味着过去这么多年的努力打拼都白费了。

她说话的时候，眼里含泪。我感谢她对我的信任，建议她多考虑无形目标。她之前的确也考虑了无形目标，但明显更多地陷于有形指标，这时候跳出原有的结构，着重从无形目标重新设计博弈结构，进行升维决策，反而可能有新的思路。问题维度的转换就是在博弈结构上的跳跃。

在去高铁站的路上，我收到了她的感谢短信，她说自己现在已经想清楚要怎么做了。

第 8 章

当有限理性面对不确定性

我要第一时间听到反对的声音。

——温斯顿·丘吉尔

本章概要

第 7 章说的是博弈论构建的两难以及通过博弈结构突破两难。这一章讲的是有限理性面对不确定时的决策,是将博弈结构放入有限理性和不确定性的环境下进一步审视,对博弈论做了面对现实的拓展,因为这才是符合现实的,这样既是构建真实世界的博弈视角,也是为有限理性和不确定性条件下的博弈论提供了一个思考框架。

电车难题如何解

1967 年,英国哲学家菲利帕·福特(Philippa Foot)提出了"电车难题"的思想实验(见图 8-1):

一辆突然失控的有轨电车正朝五个人驶去,如果救他们,就必须拉起电车拉杆，让电车驶向另一条轨道，但这会撞死这条轨道上的另一个人。如果是你，该如何决策？是对五个即将遇难的人视而不见，还是为了救五个人，而伤害另一个无辜者呢？

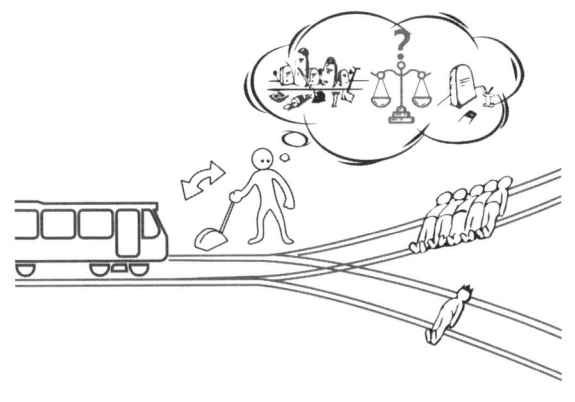

图 8-1 电车难题

从功利主义者的观点来看，更好的选择应该是拉拉杆，牺牲一个人，拯救五个人。但是功利主义的批判者却认为，一旦拉了拉杆，你就成为一个不道德行为的同谋——不是"拯救五个人只死一个人"，而是"拯救五个人杀死一个人"。不论你的目的是什么，你杀死了一个人，你就要为另一条轨道上的人的死负责任。然而，还有一拨人，他们认为，你身处这种状况下就要有所作为，你的不作为也等同不道德。

作为还是不作为，拉杆还是不拉杆，都不完美，这就是一个两难的局面。

8.1 改变博弈论理性和确定性的假定

博弈论严谨的博弈结构是以完全理性为出发点的，在这个基础上分析理性人的选择，具有策略决策的意义——给定博弈结构的收益矩阵，再基于完全理性的利益最大化逻辑，从这个收益矩阵倒推出自己的占优策略。同时，收益矩阵的存在，即博弈会有哪些可能的结果以及这些结果的已知，本质上意味着确定性的存在。

虽然博弈结构是以确定性假定为基础、以理性分析为出发点的思维工具，但也给了我们用有限理性和不确定性分析博弈行为的框架（见图8-2）。这意味着我们可以继续用收益矩阵作为分析博弈行为的思维框架，只不过，不会再存在确定性的收益。因为收益是不确定的，那么，针对具体人的实验就给了我们观察有限理性人的行为的机会。

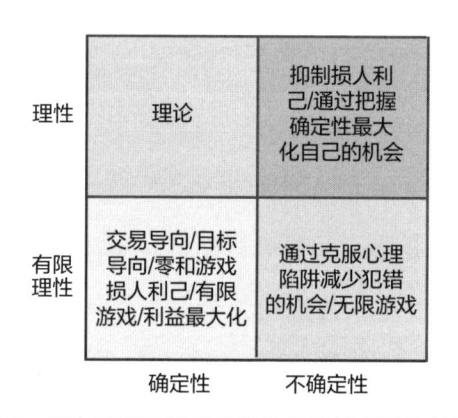

	确定性	不确定性
理性	理论	抑制损人利己/通过把握确定性最大化自己的机会
有限理性	交易导向/目标导向/零和游戏损人利己/有限游戏/利益最大化	通过克服心理陷阱减少犯错的机会/无限游戏

图8-2 用有限理性和不确定性分析博弈行为的框架

不确定性与博弈论的倒推归纳法

博弈论的策略思维是从结果倒推、归纳出来的。这是博弈论的一个重要特点，也是最容易与现实发生矛盾冲突的点。

前面说了，确定性偏好符合我们的思维习惯，因此，我们喜欢用倒推归纳法，即从各种可能的结果倒推出"最优"决策。为此，我们必须假定各种可能的结果都是已知或可以预料的，而且还预测了各种可能结果的概率。

如果结果是确定的，我们就可以从这个结果出发，反向推导出每一个人的选择。计划经济、经济预测都是确定性思维的体现，以大数据为基础推导的变化模型也是确定性的，然而，再丰富的数据也只是历史，未来一定是不确定的。均衡思想实际上也是一种确定性思维，因为存在着一个大家都满意的结果，也就是说大家都相信会出现一个确定性结果。

倒推归纳法是人类决策的基本思想方法，是人类思维习惯的反映。但这样的假定未必与现实相符。面对一个算无可算的不确定性世界，用预测去代替现实的不确定性，会使我们的决策行为受到误导。

有限理性如何影响我们对博弈结构的认知和理解

对于同样的博弈结构，不同的有限理性的人会看到不同的东西。决策者的目标不同，解读也不一样，每个人都是按照各自的价值观解读游戏目标并做出不同的选择的。

在红蓝游戏的实验中，我们通过观察发现，游戏没有设定自己的得分必须高于对手才算获胜的目标，这给了参与者很多自由发挥的机会，于是，每个参与者对"获胜"的不同理解和不同价值观就呈现了出来。实验中，即使对规则和后果理解正确，也总有人会选择输赢导向，即"我可以让对手也是正分，但我的得分必须高于对手"，或"我一定要赢，并一定要把对手弄成负分"。也总有人选择合作导向，即尽量为自己争取高分，但不一定要和对手比高低。

如果游戏以明确的输赢为目标，即最后总分必须高于对手，那么实验结果会完全不同：无论是阿克塞尔罗德的200轮理性重复博弈，还是红蓝游戏，都会得到与单轮囚徒困境博弈一样的双输结果。○因为如果以输赢

○ 详细的推导可以参照谢富纪（上海交通大学安泰经济与管理学院教授、博士生导师）的讲义。

为目标，参与者就会采用有限轮次倒推归纳法，从最后一轮的结果来倒推。而"最后一轮"就是一个单轮游戏，而倒数第二轮又变成了最后一轮，以此类推，最后一定是选择背叛，总分更无从谈起。

每个人对同一个博弈目标的解读都是不同的，这让我们有机会观察博弈实验在现实中的特点。博弈实验中呈现出来的不确定性和有限理性特点才是现实中的人类互动，其背后是个人认知和价值观的差异。

博弈目标的自由度给了每个人按各自价值观发挥的空间，也给了我们观察价值观在决策时会发挥什么作用和影响的机会。总有人会在价值观上做出高维度的选择，也总有人只看利益。在有限理性的现实世界里，有的人即使面对单轮游戏，也会做出利他的解读；而有的人即使面对重复博弈，知道存在着被报复的可能，也只想着输赢，即使可能损人不利己。在他的认知中，"损人"意味着"赢"，即使自己的收益并不增加。

总有人在公认的游戏目标之上选择，也总有人在公认的游戏目标之下做出自己的解读和相应的选择。

同样结构下，有限理性做出的选择不同

有限理性给博弈带来的第二个不同就是：对于同样的结构，解读不同。2020年开始的新冠疫情展现给我们太多的两难。

当中国付出了巨大代价使国内疫情得到良好控制时，疫情在海外开始蔓延，在海外的中国留学生回国与否的问题引起很大的争议。对留学生本人和他们的家庭来说，这是一个两难——留在当地担心受到病毒感染，且感染后没有亲人照料也不能回国，回国则不知何时才能继续返校学习，耽误学业也耽误毕业之后的安排。

疫情也让国内民众乃至政府陷入了一个两难，所有人都要面对生命与自由、生命与经济的多维度考量——经济发展和疫情控制是不是一个取舍关系，新冠患者和非新冠患者谁需要优先照顾，学校是否开学等（见图 8-3）。

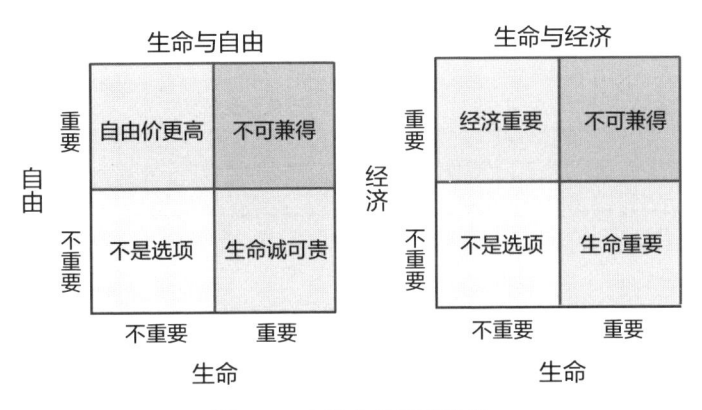

图 8-3　疫情中的两难选择

哪些是平衡关系，哪些是取舍关系，都是决策者面临的两难局面。

疫情告诉我们，控制疫情传播不是也不应该是社会的唯一维度，经济、社会、心理等维度也需要考虑。病毒会导致很多人死亡，失业和破产会带来很多困难。我们需要做出很多基于价值观的选择。

2020 年 4 月，美国沃顿商学院提出一个新冠疫情版的"电车难题"（见图 8-4）。面对疫情，人们可以做出如下选择：

一是开放，但保持社交距离——这到 2021 年 6 月底会导致 35 万人死亡，50 万人失业；

二是封闭——这会导致 11.7 万人死亡，1860 万人失业；

三是完全放任自由并取消社交距离限制——这会导致 95 万人死亡，但会增加 410 万人就业。

你更倾向于哪一个选择：选择生命还是生存？选择自由还是安全？死亡率和流感相当的新冠疫情需要被区别对待吗？这是一个典型的没有对错的电车难题。

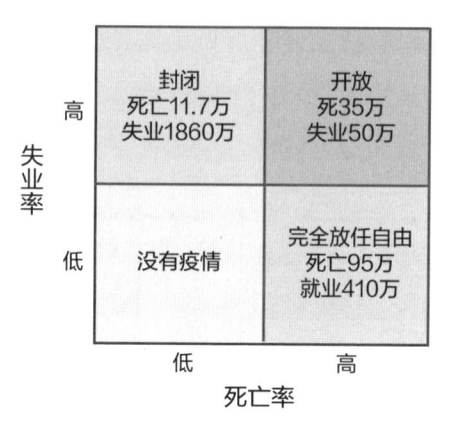

图 8-4 新冠疫情版"电车难题"

在这场危及全人类生存的疫情中，除了科学和医学，我们还有其他什么决策判断维度呢？

有些人会觉得生命高于一切，将"生命"作为纵轴思考；有人把"自由"引入这个判断，这些人认为自由高于生命，那么"自由"是纵轴，"生命"是横轴。这是对于生命内涵的理解问题。

2020 年 5 月，英国前最高法院大法官萨姆欣勋爵（Lord Sumption）在批评英国的封锁政策时表示："我们需要问一问：我们准备接受多少死亡，以保护我们珍视的其他事物？无论生命多有价值，它都不是唯一有价值的东西。因此，在我们获得的生活与我们因封锁而失去的其他生活之间，不可避免地要进行一些比较。说生命是无价的，其他什么都不重要，只是空洞的修辞。人们这样说，只是因为它在情感上是舒适的，可以避免陷入尴尬的困境，但实际上他们自己都不相信这话。我在 1939 年参战，是因为我认为值得为自由而牺牲生命；尽管污染会导致死亡，但我们还是会选择乘飞机旅行。"⊖

⊖ 西绪福斯 2012. 英国前最高法院法官 Lord Sumption 抨击英国的封锁政策 [EB/OL].（2020-05-05）. https://xueqiu.com/1913035491/148603197?from=singlemessage.

这是面对疫情的两难选择，并没有一个所谓的"对"的选择，本书并不回答这个人类共同面对的两难问题，但希望人们能够从这里看到有限理性世界中两难的困境，理解其他人的不同选择，理解面对两难不存在唯一的选择。

红蓝游戏：十轮的囚徒困境

同样的游戏，有限理性实验的结果和以完全理性为前提进行推理的结果是完全不同的。对有限理性的研究和观察，最好的办法就是通过实验。这是有限理性研究的核心方法。

红蓝游戏[一]是将囚徒困境重复进行十轮的博弈游戏，并以十轮的总分为最后成绩。红蓝游戏里，博弈方选择"红"代表"合作"，选择"蓝"代表不合作。红蓝游戏告诉参与者，游戏的目标是为自己争取正分。红蓝游戏中自己的分数并不完全取决于自己的选择，双方的选择都会影响到最后的分数。

如果按照博弈论的完全理性假设以及倒推归纳法的习惯和逻辑，参与者应该从最后一轮开始思考，那么第十轮就是一个单轮的囚徒困境博弈，理性选择的结果就是双方都选"蓝"，各得 −3 分。再去看第九轮，还是如此……这样下来，十轮游戏等同于单一轮次的游戏[二]。因此，如果给定轮次，收益也是确定的，那么这个十轮的游戏就等同于单轮的囚徒困境游戏，结果是双输的。但是，从实验中，我们会发现以下几个特征：

第一，有限理性人可以看得远，但不会很远。实验中，通常都是到了第 6 轮左右，参与者们才意识到，应该从结果倒推自己的策略，一般人的

[一] 红蓝游戏是十轮的囚徒困境游戏。游戏结果大多达成合作，与单轮囚徒困境不同。本书第 6 章工具卡有具体游戏规则。

[二] 根据谢富纪的讲义，严格的理性倒推的结果还是双输。

算计大概在三四步。倒推归纳常常是一个更本能、更自然的推理方法。更复杂的操作不是大多数人的习惯做法,这说明,我们大多数人不会看得太远,或者说会不自觉地忽视长期收益。

第二,面对短期利益时,人就会趋向于算计。高尔夫运动就有这样一个现象——越接近球洞,球手失误的可能性就越高。一个巨大落球区的发球,可能打出完美的方向、距离和落点,但一个两码的推杆却可能推不进去。也就是说,当人们有机会可以算的时候,算计的心态和本能就会涌现出来;当算无可算的时候,反而不计较得失了。

第三,长期眼光比短期眼光有利于合作。大多数情况下,双方都可以达成合作。这说明多轮博弈对达成合作有利。因为在多轮博弈,每个人都会考虑这一轮的结果对下一轮的影响,也都会记着自己和对手在之前的表现,同时会考虑最后的结果。

第四,设置一个中性的游戏目标为参与者进行解读留下了空间,使得人们可以按照自己的偏好来解读,为自己争取一个正分的含义。有趣的是,当人们有机会自由设定游戏目标时,有人自然而然地选择了输赢导向,一定要自己的总分比对方的高;而有的人却可以接受比对方总分低,只要自己是正分就可以了。红蓝游戏的各种模式及其结果如图 8-5 所示。

模式	结果(自己)	结果(对方)
双赢合作	正分	可以比自己分数高
输赢	自己比对方分高	可以有正分
输赢	正分	负分
生存	一个正分就行	无所谓

图 8-5 红蓝游戏的各种模式及其结果

其实给自己正分,揭示了危机管理的特点——以活下来为目标,而不是以输赢或收益最大化为目标。这对疫情中企业的危机管理非常有意义。自己先活下来,然后争取更高的总分,但不强求自己的分数必须高过对方,这是一个最低要求,可以解读成图 8-5 中的几种可能。

有的人一开始就表示要合作,有的人一开始就选择先做恶人,本质上都是有限理性人对博弈结构做出了自己的解读:囚徒困境中的同伙看到了下一轮,这在理论里是没有的;《财富金球》的博弈方考虑到了现场观众的反应、节目后自己的声誉与形象等。现实中,每个人都依据自己解读后的新的、不同的博弈结构做决策,如果可以把每个人最后决策的博弈结构画出来的话,每个人的图都是不同的,都不同于游戏给定的结构。

总体来说,这个实验完全没有按照理性博弈那样展开。在红蓝游戏中,完全理性博弈是没有机会得正分的。

危机领导力:对不期而至的外来不确定性的应对和决策能力

红蓝游戏里,你可以主动影响对方,得到对方的配合,或用其他手段去影响对方的选择,让自己得到一个非零的正分。但对方却可能有自己的想法,不会完全被你所影响和控制。这时候,你就需要设想对你最不利的情形,并在这个前提下保证自己的生存。给自己一个非零的正分,这是红蓝游戏的目标,也是危机决策的一个思路。

壳牌公司应对石油危机的预案处理就提供了一个商业情境中的不确定性危机处理的策略⊖,即首先需要预判比常态中的坏结果还要更坏的可能。这符合危机管理的原则,即不要因为人的行为使情况变得更坏,并对最坏情况做出预案,提前做好最坏打算。

⊖ 高杉尚孝.麦肯锡问题分析与解决技巧 [M].郑舜珑,译.北京:北京时代华文书局,2014.

壳牌公司原本设计了两个行动方案，一是投资改善既有工厂设备，二是投资建新厂。在可能的石油危机的情境下，壳牌公司得出了投资改善既有工厂设备是比投资建新厂更好的相对结果。⊖

主动设想石油危机的情境代表了壳牌公司审慎务实的不确定性偏好，以及长期积累的对石油行业的洞察力。最后，在衡量量化指标的要求之后，壳牌公司又根据审慎务实的不确定性偏好做出了符合经营传统的选择。壳牌公司的聪明之处就在于，围绕着自己最核心的能力、最真实的意愿，做出了符合客观规律的选择。

对比创新与危机决策，我们会发现，这两个场景正好对应了两个不确定性管理的情境：创新是主动求变并会带来不确定性结果的决策，危机决策是面对不期而至的不确定性的生存决策。前者是为了争取比常态的最好可能更好的结果，后者则是为了避免因人的行为造成比常态的最坏局面更坏的结果。两者都是跳出原有博弈结构的战略规划，但变化方向不同。常规年份，企业家会在好的场景下追求更好，但对不期而至的危机如新冠疫情，企业家决策的目标则是企业的生存。

37% 法则：公主怎样才能选到最佳驸马

十轮的囚徒困境游戏为突破囚徒困境提供了方向，同时也提示了时间对博弈的意义。亚里士多德的麦穗问题⊜、经典秘书问题、公主选婿等问题，与其说是追求最优结果，不如说是如何最大化选到最优结果的概率，即最

⊖ 高杉尚孝. 麦肯锡问题分析与解决技巧 [M]. 北京：北京时代华文书局，2014.
⊜ 亚里士多德指着路旁的一块麦田对年轻人说："你看见了这片麦田了吗？"年轻人说："看见了。""你从麦田的这一头走到对面，一直走过去不能回头，更不能往回走，在这其中把你认为最大的麦穗摘下来给我。记住，只准摘一次。"年轻人心想这个问题很简单，于是他就走进了麦田，很仔细地寻找他认为最大的麦穗。在路途中他不断见到很大的麦穗，但他一次次放过，因为他想这后面一定还有更大的。在不断的惊喜和惋惜中，他走到了麦田的尽头，然而他一株麦穗也没有摘到，于是只好两手空空回到了亚里士多德那儿。

优停止理论（optimal stopping theory）㊀。这个问题以及解决该问题的思考过程揭示了很多与决策相关的重要话题。下面我们来进行具体解析。

公主选婿是麦穗问题的浪漫版：波斯公主要选驸马，现在有100个人来求亲，公主只能选一个，而且她只能往前走，不能回头，一旦选定，选婿立即结束，因为公主成婚，不再开放选婿机会。

公主肯定期待在这100个人当中找到最优秀的那位。但是现在的规则很符合现实——生活中有很多决策你没有机会重新做，我们的职业选择、婚姻家庭等，无不具有这个特点，因为生活和时间一样，是一维单向的，不可能重来一遍。而且，上帝是公平的，哪怕是公主选驸马也一样。

这个场景下，时间成为最大的不确定因素，挑选的过程比结果更重要，因为公主只有一次挑选的机会。这时候，选择最优结果，变成了最大化选到最优结果的概率。按照这个策略，公主选中100个中最优的那位驸马的机会是37%，计算机的模拟实验证实了这一点。网络上有具体推导过程，有兴趣的读者可以去看一下具体的推导过程。

这个案例告诉我们很多决策要点：

（1）与其去求最优解，不如最大化选中最优解的机会。如果你考虑的是如何找到最优的男士，你需要明白，现实中有时间限制，你无法保证自己的选择就是最优解，正确的做法应该是最大化自己找到最优男士的机会。

（2）影响你最后选择的是无形目标，也就是说，影响我们重大决策的应该是那些无形目标，它们可以帮助我们在两难时做出取舍的决策。

（3）前面的37位不选，其实就是告诉我们需要从失败中积累经验。你不可能一开始就知道自己需要什么。尤其随着时间的推演，复杂系统的规模变量也发生了变化，问题的角度更多元，你不一定能在第一时间找到正

㊀ 周元燊，Robbins，Siegmund. 最优停止理论 [M]. 何声武，汪振鹏，译. 上海：上海科学技术出版社，1983.

确的问题。找对问题，弄清楚自己的需求是需要时间和过程的。每个人过去的经验，特别是过去的失败经验会让他明白自己需要的是什么。

（4）最优化的样品数，代表着你最优化的努力程度，但是否能选到最优，本身就是一个"尽人事，听天命"的事情。

"公主选驸马"说的是时间维度上的两难博弈——是选择面前的这个人，还是等后面可能更好的人，但也可能再也遇不见比面前这个更好的了。这是真实的两难。

总的来说，两难实质上是一个时间函数，时间维度上的两难就是不确定性。37%法则告诉我们，如果结果算无可算，你就抓住你的标准，标准可以给你确定性。

8.2 诚实是最聪明的策略

"维克瑞拍卖"

由于美国经济学家威廉·维克瑞（William Vickrey）在信息经济学、激励理论、博弈论等方面都做出了重大贡献，1996年10月8日，瑞典皇家科学院将诺贝尔经济学奖授予维克瑞与英国剑桥大学的詹姆斯·莫里斯。

维克瑞获奖是因为"维克瑞拍卖"（Vickrey auction）：潜在的买主向拍卖主持人递交密封的出价，出价最高的买主会赢得标的，但买主只需用等于次高价成交。在这个博弈中，最佳的策略是：以拍品"真正"对你有多少价值作为参考标准来投标，也就是披露真实的价值。

诺奖委员会授予维克瑞奖项的理由是"在不对称信息下对激励理论做出了奠基性贡献"。我认为"维克瑞拍卖"还揭示了在不确定性条件下应该如何决策，解释了什么制度或条件会鼓励人说实话。

为什么这么说？让我们先举例分析"维克瑞拍卖"的具体场景：

假设你觉得拍品的真实价值是100万元。首先，你不会出高于100万元的价，因为那样做对你来说就是损失。但如果你的报价低于100万，比如98万，而碰巧有人出价99万，你将失去机会。既然高于真实价格和低于真实价格都不好，那么按照真实意愿出价就是占优策略。占优策略是一个与其他竞争对手可能采取的策略无关的最优选择。

为什么要以次高价出售呢？

这对买方和卖方都是一样的——买方最后以次高价买到，卖方最后以次低价卖成。对出最高价的购买者而言，次高价不仅是一个福利，更是一个不确定性。这个不确定性让投标人算无可算，最后只能按照自己的真实意愿出牌，让他不敢偏离成本或内心以为的真实价值出价。

所以，次高价是好制度：在不对称信息下鼓励所有的博弈方说真话。

"维克瑞拍卖"揭示了在外生不确定性下，即不对称信息下，诚实是占优策略（见图8-6）。

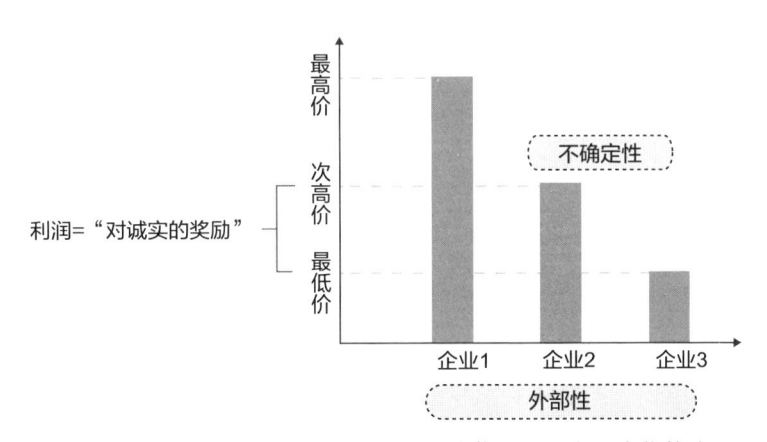

图8-6 "维克瑞拍卖"揭示了在不对称信息下诚实是占优策略

除此之外，"维克瑞拍卖"还揭示了很多道理：

第一，出真实的价格，可能会让你失去一些机会，但永远不会让你一败涂地、血本无归。不按真实价格出牌，则可能让你在某些时刻占到便宜，但也可能让你一败涂地、血本无归。所以，在充满不确定性的世界里，按照真实意愿生活能最大化你的机会。不要考虑别人会出什么价，你的真实底价除了和你的能力相关之外，和别人毫无关系。

第二，报出真实价格，等待命运安排，代表着尽了最大努力来最大化自己的机会。最大化机会是一个无法具体量化的概念，但报出真实价值就相当于通过有形的、可以衡量的努力来最大化机会。

第三，面对不确定性，约束你的行为的原则是不做损人利己的事情。因为损人不一定利己，甚至可能损己，所以诚信才最可靠。

不确定性制约损人不利己行为

"维克瑞拍卖"蕴含的道理超越了拍卖本身，它揭示了什么样的制度安排会鼓励诚实的行为，对政府和企业树立好的风气和文化很有意义。可惜的是，维克瑞在知悉自己获奖后的第三天就去世了。

"维克瑞拍卖"告诉我们，不确定性会产生一个外部性的回馈机制，即"你可能承担你强加在别人身上的成本的后果"。也就是说，损人行为可能会招致不利己的结果。外生不确定性用不利己的结果制约了机会主义者的损人行为。

不确定性事实上是所有人都要共同面对的，会激发彼此的同理心和公德心。不确定性需要人们共同面对，落在你头上的坏事也可能落在我的头上，所以它能够以可能的不利己的结果来制约人们损人的欲望和行为，达到古人所云"己所不欲勿施于人"的效果。所以，好的制度设计和文化建设，会约束每一个人，无形中维护了公序良俗。

有意思的是，损人利己这种内生不确定性其实是理性的，然而，损人利己者同时面对外生不确定性，外生不确定性可能导致的不利己后果最终会制约其内生的损人行为。所以，自然本身有"相生相克"的法则，即道家所谓的"大道无形"。在制度设计或危急时刻，利用好不确定性，激励成员的合作意愿，可以降低制度对人的约束成本，比法律和合同约束更为有效且无形。

诚实是最高的价值观

人的价值观一旦形成，是长期不变的，具有确定性。价值观给了每个人一个具有确定性的视角去审视充满不确定性的世界。

本杰明·富兰克林对查理·芒格的影响很大。芒格说："本杰明·富兰克林是对的，他并没有说诚实是最好的美德，他说诚实是最好的策略。我不确定我的诚实是否可以被称为道德高尚，因为我知道，在无限次博弈中，诚实是最好的策略。"

我认为，诚实是最高的价值观，是最高的道德，更是道德难题的决策智慧。

我们已经反复证明，包括通过"维克瑞拍卖"也验证了这一点——面对不确定性，按照真实意愿决策是正确的。

8.3　战略和创新既能突破两难，也会带来新的不确定性

在分析了不确定性让我们算无可算，以及时间维度的两难后，我们还需要认识到，人的行为本身会带来新的不确定性，对我们有着直接意义的就是我们非常熟悉的战略和创新。

我认为，强调"人的行为会带来新的不确定性"这一点是必须的，因为我们必须认识到，真正的决策都是面对不确定性的决策，你无法保证决

策的正确和成功，你应该做好充分的心理准备，意识到你的决策可能带来更好的局面，也可能带来比现在更糟的结果。这一点对所有的战略和创新都有意义。

不确定性决策不是为了消灭不确定性，而是为了顺应不确定性，并且，你的决策还会带来新的不确定性。悬崖策略中的弱势一方之所以选择站在悬崖边，并不是为了消灭不确定性，而是为了创造新的不确定性。

创新：在两难局面中主动求变

约瑟夫·熊彼特（Joseph Schumpeter）提出了"破坏性创新"（disruptive innovation）的概念，告诉企业家可以通过新战略和新业务打破市场的确定性，创造"不确定性"优势，收获创新价值。

当陷入两难时，企业可以主动追求"比目前的最好局面还要更好的局面"，即构建战略和创新，其构成的选择矩阵如图8-7所示。

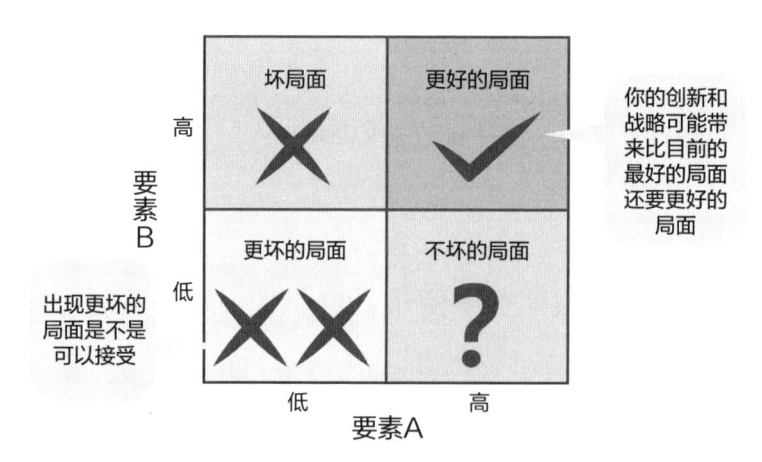

图8-7 不确定性中主动求变的战略和创新选择矩阵

从博弈结构来说，构建战略和创新，都是从一个结构跳向另一个结构。构建战略的目的就是重新建立一个结构，所谓"战略眼光"就是靠决策去构建一个新的稳定，使自己在其中可以拥有占优策略。

商界有一个流行的说法："一流企业做标准，二流企业做品牌，三流企业做产品。"所谓"做标准"，说的就是构建和促成一个自己有占优策略的博弈结构，这样，企业就能有更高的控制力和更大的影响力。当然，这个结构同时也要让其他玩家有利益，这样，别人才愿意陪你玩下去。

对传统汽车行业而言，特斯拉电动车创建了一个基于技术创新的新格局。传统汽车行业的玩家未来可能在这个局里，也可能不在。

能够建立一个新的稳定局面的战略才是有效的战略。如果你做出来的局顺应大势，就是一个好局。如果做出来有利于别人的局，顺应了大势，你也会得到巨大的利益。但如果你的局，没有顺应大势，没有给自己带来利益，你就会失败，很多创业失败就是这样来的。

创新在带来新的不确定性的同时，也对旧有的两难局面进行了突破。企业要勇于用创新打破原来的结构，无论自己在原来的结构里是否占优。苹果产品在市场上领先，仍一直推出新的产品，通过打败自己的产品来不断创造新的局面。干掉竞争对手的产品，是竞争；而干掉自己的产品，是创新。

但无论是构建战略还是创新，都会带来新的不确定性，企业有可能成功，也有可能会失败，甚至带来比之前更坏的局面，如图8-7左下的第三象限，带来两难。比如，为了战略和创新做出变革，最后导致成本上升、团队分裂，却不能带来好的局面，变革失败。所以，决策者做出决策前需要提前想好最差的局面，以及这种局面自己是否能承受。

不卖寿险卖健康的老牌保险公司

2018年，有着百年历史、管理万亿资产的人寿保险公司约翰·汉考克人寿保险公司（John Hancock Life Insurance Company，以下简称约翰·汉考克人寿），宣布停止销售传统寿险，开始销售一种基于可穿戴设备、跟踪健身和健康数据的交互式新型保险，引发市场极大的关注[一]。约翰·汉考克人寿是一家位于波士顿的保险公司，成立于 1862 年 4 月 21 日，以著名爱国者约翰·汉考克（John Hancock）而命名。

这注定是一场不可逆转的革新。新兴的移动互联网科技正在渗透保险的整个运营流程，包括产品设计、定价、销售、理赔等，带来很多创新的机会。

虽然保险公司在管理不确定性上提供的价值被很多人低估和误解，但保险业确实存在着很多信息不对称和道德风险等两难困境，保险业的这个特点催生了多位诺贝尔经济学奖获得者，也引领了管理和经济学科的思想前沿。

保险客户都有一个普遍的心理——如果最终投保的风险事件没有发生，那么他们就会觉得花出去的保费都被浪费了。甚至还有客户有"花出去的钱一定要有所值"的心理，一旦花了钱购买保险，就希望风险事件发生，乃至故意让风险事件发生。而被保险的风险事件一旦发生，保险公司一定是损失一方。保险公司明知如此，还是要尽力推广自己的产品。这就构成了一个非常典型的道德风险博弈的囚徒困境：风险越大的人越有可能购买保险，甚至期待风险发生，虽然这是保险公司不愿意看到的，但又不得不做。

信息不对称、利益冲突、道德陷阱和期待心理、冒失行为等各种博弈贯穿在保险业之中，保险公司与客户之间、客户与保险销售之间、保险销售与保险公司之间都存在着博弈，销售和理赔过程中也存在着各样心理和道德陷阱。可以说，保险业是由一个又一个非常复杂的心理、道德和利益

[一] 今日保.颠覆传统承保｜美国万亿资产寿险巨头，John Hancock 自我革命全解析 [EB/OL].（2018-09-27）.http://guba.eastmoney.com/news,baoxian,784555314.html.

博弈构成的。

寿险经营存在着文化、心理等各方面的博弈，以及人对短期收益和长期收益的敏感度不同等问题。大多数保险公司的做法是捆绑固定收益与其他保险产品，完全依赖销售与客户的关系。这种模式的销售成本高，而且永远处于全过程、全方位的两难困境。

约翰·汉考克人寿的战略和创新决策分析如图 8-8 所示，它会造成多种结果。但是该公司最后选择了创新，绕开了传统寿险的两难困境，它不再卖传统寿险，而是"卖健康"——利用可穿戴设备所提供的技术来重新锁定目标市场和人群。可穿戴设备这种从无到有的新技术，大大降低了对被保险人自身健康生活的承诺和行为的监督费用，理顺了被保险人与保险公司之间的利益关系，解决了买了保险反而忽视健康等一系列潜在道德风险，让被保险人的健康成为双方共同的利益。在利益目标一致的前提下，保险公司再推出其他保险产品，就更有可能获得成功了。

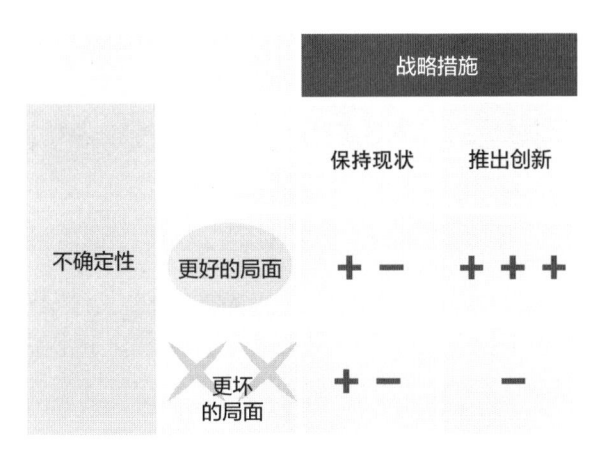

图 8-8　约翰·汉考克人寿战略和创新决策分析

约翰·汉考克人寿的创新源于对保险价值和矛盾的深刻理解，这种理解力来源于他们长期积累的核心能力，以及基于这种核心能力的洞察力和嗅觉。可穿戴设备所提供的技术带来了打破原来的博弈结构的机会。约翰·汉考克人寿基于自身的核心能力,把握住这个机会,打破了之前形成的行业生态结构,重新做局。这正是企业战略和创新的真谛。可以预见,技术进步将带来的不仅有产品创新,还有其后的行业重新洗牌。

当然,约翰·汉考克人寿的故事是一个成功案例——打造了一个新结构,出现了更好的局面,没有出现更坏的局面。但现实中应该有无数的战略和创新行动最后都以失败告终,这正是不确定性决策需要面对的结果。

本章结语
有限理性面对不确定性时的两难才是真正的决策

有限理性的决策者面对不确定性时的两难才是真正的决策。有限理性让我们每一个人用不同的价值观去解读我们面对的博弈,当面对算无可算的不确定性时,反而会带来更多的突破两难局面的可能性。

第 9 章

在不确定的世界中寻找确定性

我一直在思考一个问题：未来十年哪些东西是不会变的？

——杰夫·贝佐斯（Jeff Bezos）

本章概要

本章的中心思想是，不确定性决策的原则是去寻找不确定性中的确定性。我们从接受决策需要面对不确定性开始，到认识到不确定性决策的原则是寻找不确定性中的确定性，这不仅是在不确定的世界中寻找决策依据，也是决策维度的提升。

顺治帝为什么选择了玄烨

顺治十八年（1661年）正月初六，清顺治帝急召礼部侍郎兼翰林院掌院学士王熙和原内阁学士麻勒吉觐见，口述遗诏，交代继承人问题。彼时，顺治帝年仅23岁，然而因为感染天花，性命垂危。据记载，在他的继承人梯队里，长子牛钮不满一岁就夭折了，按照中国古代立嫡立长的规矩，他理应让次子福全继位。

传教士汤若望建议,应立出过天花的第三子玄烨为皇太子。天花是死亡率极高的传染病,在当时的医疗条件下,一旦感染基本就相当于判了死刑。侥幸幸存者,则终身不会再感染。顺治的其他几位皇子都还没有出过天花,一旦感染就会有病死的风险。如皇太子不幸感染天花,那么刚刚成立不久的清朝就又要换皇帝了。政局动荡可不是什么好事。因为"不会得天花"这个确定性,清廷高层迅速就太子人选达成了共识。

次日,也就是顺治十八年正月初七,顺治帝死于紫禁城养心殿。玄烨登基为康熙帝,开启了长达100多年的"康乾盛世"。

其实在那个医疗卫生条件并不发达的年代,即使玄烨当上皇帝,也不能保证不生别的疾病,但那是任何一个新皇帝都可能遇到的问题,是大家共同面对的不确定性。而他对天花这个致死率极高的疾病免疫,不仅是不确定性中唯一存在的确定性,也是关键的确定性,最终成了顺治帝决策的关键元素。

9.1 "不变"比"变"更重要

贝佐斯之问:去哪里寻找确定性

亚马逊创始人杰夫·贝佐斯说:"这些年很多人问我,未来十年的世界是什么样的?但我一直在思考一个问题:未来十年哪些东西是不会变的?"他认为,后一个问题更为重要,因为企业战略就应该建立在那些不变的东西之上。

巴菲特的价值投资就是一个追求确定性的决策系统,他的投资模式非常稳定,不被短期股价波动所左右。普通人以为巴菲特是"股神",但实际上他在单纯股票投资上的收益，很多时候比不上指数基金。但他的决策思维是根本没有必要去关注短期的价格波动，更没必要和别人拼短期业绩。

赌场高手会告诉你，不要在乎一城一池的得失，而要建立一个大概率赢钱的决策系统。顶尖牌手和普通牌手的一个重要的差别就是：顶尖高手具有能够始终保持稳定决策的能力，不会因为周围环境变化、或输或赢的结果而影响决策。他们通过不断的训练，养成了深思熟虑解决问题的习惯。相反，普通牌手的心情很容易随着周围环境变化，导致决策水平不稳定，甚至在极端情况下，他们会依靠条件反射来做决定。

那么，什么可以给你确定性呢？

贝佐斯、乔布斯都寻找过什么东西是不变的，"不变"最后无不指向无形目标如偏好、使命和价值观等。第1章介绍无形化时我就说过，无形目标是决策的驱动力，所以，无形化的事物往往可以提供给我们确定性。行为经济学告诉我们，每个人都有一个对事情的认知框架，这个框架会对决策和行为起到参照点的作用，框架就提供了决策需要的"确定性"。

极限运动中离不开当下的确定性

《徒手攀岩》的主角原型亚历克斯·霍诺尔德（Alex Honnold）曾分享道：在徒手攀岩的过程中，往前往后都很危险，但最危险的是脚软心乱，这时候，你既不能过多地回头看，不能后怕，不能纠结过去是否走错了一步；也不能向前看，这会让你想到还有这么长的路要挑战；只能专注当下，把握眼下的确定性，一步一步来。

不瞻前不顾后，抓住当下的确定性，这不仅是极限运动挑战者的必修课，也是我们每个人的必修课。

秘书问题

秘书问题是最优停止理论的一个经典问题，其实验内容是讨论这样一个问题：某人要招聘一名秘书，有 N 个人依次来面试。每面试一个人，作为面试官，某人便要当即决定聘不聘他，如果不聘他，他便不会回来，聘他则意味着放弃他之后的所有人。问题是要寻找面试官的最佳聘用策略。

在这个实验中，研究者发现，刚开始实验者都会举出那些具体的、有形的、可量化的标准，但随着讨论的深入，实验者认识到，真正让决策者做出最终选择的却是无形目标，比如应聘者的人品、气场，决策者的价值观、感觉、化学反应、眼缘等。

秘书问题的解决方案也是 37% 法则，这个法则说明了关于决策的两个重要因素：一是人的决策标准不会一开始就形成，而是在经历过一个反复试错的过程后形成的。换句话说，人只有经历过，才知道自己真正要什么。二是那些无形目标，甚至是说不清楚的感觉如好感，才是决策的最终驱动因素，而不是那些具体的、可量化的指标。

只有经历失败的反复验证，最后形成的标准和需求才能提供决策的确定性。

亚里士多德的麦穗问题、秘书问题、公主选婿等问题都是在时间序列里寻找呼应内心需求的参考标准，但不经历反复试错的过程就不会找到这个标准。在这些问题里，根据经验形成的标准就具有确定性。

9.2 通过最大化努力来最大化自己的机会

用能力和底线尽最大努力

在"维克瑞拍卖"的博弈结构中，规则是出价最高者中标，但中标者是以次高价成交的。对于中标者来说,成交价肯定低于自己的出价,其利润就得到了保证。但最后到底是以什么价格中标,即最高出价是什么,是具有不确定性的。对于每一个竞标者,在所有参考要素中,只有自己的成本和开支是具有确定性的。在这个场景下,守住成本线,即以成本出价,既能最大化自己的机会(是自己能出的、不亏本的最低价),同时又能保证自己有利可图(以次高价成交),是最佳策略。

不确定性决策和确定性决策最大的区别是:在确定性决策下,收益矩阵已知,决策者按照利益最大化做决策;在不确定性决策下,博弈结构都可能完全未知,这时候,决策者最理性的做法是最大化自己的机会,公主选婿、乔布斯重返苹果是同一思维框架下的两个不同做法。

最大化机会是以一个确定性的底线为基础的,底线不可破。

如果底线都可以突破,那就不是博弈,而是赌博了。试想,你参与一个拍品的拍卖,你认为它值 100 万元,却故意报了 90 万元,想少花 10 万元。但这样做会让你失去本来可以得到的机会,比如,另一个人出价 98 万元,最终他就会成为中标者。或者你故意报高一点的价格——报 110 万元,这样,你中标的可能性当然更大了。但是如果次高价是 108 万元,你虽然中标了,却要比你的预算多花 8 万块钱。以可能的失败、赔本博赢面,不是赌博是什么?

同时,不确定性会在博弈结构里产生一个确定性博弈所不具备的"外部性"。⊖ 外部性表示的是,你会承担你强加在其他博弈方(包括招标方或投标方)身上的成本,即你这样做只会损人不利己。所以,真实成本给了你一个决策参考的指标,而外部性利用不利己的威胁制约了损人的机会主义行为。

⊖ 迪克西特, 奈尔伯夫. 策略思维: 商界、政界及日常生活中的策略竞争 [M]. 王尔山, 译. 北京: 中国人民大学出版社, 2013.

在"维克瑞拍卖"的竞标框架里,没有人能把握结果,只能做到把握底线。在守住底线的基础上,竞标者应该给出自己知道的真实成本价,最大化自己的机会,因为底线是唯一靠人的主动行为就能保证的。所以,最好的策略就是把握底线,出到真实成本价。

而成本是最好的底线。因为成本是很好的有形化的呈现,体现的是核心能力,且更容易被大众接受和理解。

"维克瑞拍卖"告诉我们,按照成本(真实意愿)出价不仅是不确定性条件下的最优策略,也意味着你用自己的能力和底线尽了最大的努力。面对不确定性却工于心计,反而可能落得损人不利己的结果。按照真实意愿出价之所以成为最优策略,就是因为它通过最大化自己的努力最大化自己的机会。

在确定性的基础上最大化自己的机会

英国南极探险家欧内斯特·沙克尔顿(Ernest Shackleton)的南极探险故事是在复杂的绝境中寻求确定性,为自己争取最大机会的很好案例[⊖],他也因此成为历史上最伟大的 100 名英国人之一。

1914 年 12 月,沙克尔顿和他的 27 名船员在极昼阳光照耀下开始穿越南极大陆。这在当时是一个从未有人完成的创举。1917 年春,在经历了两年多的南极大探险后,他们战胜了浮冰和风暴,战胜了平均零下 15 度的低温,全部活着回到英国(尽管他们并没有完成最初的目标)。

在探险刚开始没多久,浮冰就将沙克尔顿的"持久号"轮船团团围住,使它寸步难行。沙克尔顿和船员不得不弃船搬到浮冰上,在冰上建立营地。十个月后,也就是 1915 年 11 月,冰层将船壳挤破,"持久号"终于沉入海

⊖ 了了的天空.真正的失败者是那些怯于尝试的人——英国南极探险家沙克尔顿爵士(一)[EB/OL].(2019-11-23).https://m.sohu.com/a/355617689_475956.

底。此时，沙克尔顿只有一个愿望：把全体船员一个不少地带回去。

1916年4月9日，浮冰彻底碎裂，救生船被迅速推到海上。在海上经历了七昼夜的漂浮之后，沙克尔顿和船员们登上了荒无人烟的大象岛，在那里安营扎寨。他们没有坐以待毙，在经历了艰难的决策过程后，一支由沙克尔顿带队的6人敢死队乘上最大的救生艇，穿越被称为"好望角碾压机"的地球上最为凶险的800英里水域，来到了离他们最近的捕鲸站——南乔治亚岛。

可是，他们上错了岸。捕鲸站不在他们登陆的南岸，而是在北岸，从南岸到北岸，要么沿海湾航行，要么在陆地上行军。考虑到食物和船员们的精力将要耗尽，沙克尔顿做出了一个冒险的决策：拼死急行军三天三夜，穿越冰川奔向捕鲸站。终于，在食物和体力耗尽之前，他们到达了捕鲸站。

到达捕鲸站的三天后，他们登上了一艘捕鲸船，去解救围困在大象岛上的同伴。1916年8月30号，经过了四次尝试，沙克尔顿终于找到了一条从浮冰上穿过的路，抵达了大象岛，并把留在那里的22个同伴成功救出，完成人类历史上绝境求生的伟大壮举。

与此形成鲜明对比的是，1913年8月3日，一支由加拿大探险家菲尔加摩尔·史蒂芬逊（Vilhjalmur Stefansson）率领的探险队乘坐"卡勒克号"起航，向位于加拿大最北部海岸和北极之间的冰天雪地的北极地带进发。和"持久号"相似，他们也被困于坚固的浮冰中。不同的是，"卡勒克号"的探险队员很快就变成一群自私、散漫的乌合之众，探险队的四分五裂使探险行动以悲剧收场——11名探险队员殒命于荒芜的北极地带。

在南极的自然绝境中，沙克尔顿始终在不确定中选择人有可能把握住的、哪怕是最低限度的确定性，为团队争取多一分生机：船被浮冰困住时，他选择弃船登冰，在巨大如陆地的浮冰上建立营地；沉船之际，他果断改变战略，将目标从"穿越南极"改为"让所有人安全回去"；浮冰变小时，他选好目标登艇出发；上岛之后，他又带领敢死队前往最近的有人区自救；登错了口岸，在食物和体力有限的情况下，他毫不迟疑地选择更艰苦却更有把握的陆地急行军，向着时间和目标具有确定性的捕鲸站前进，最终在生死一线之际来到捕鲸站，最终救出余下船员。

对"穿越南极"这个战略目标而言，这是一次失败，但对冒险本身而言，这是一次伟大的成功。

9.3 让高维度引领决策

决策矩阵

我们需要建立一套系统的决策分析框架，既可以反映维克瑞、卡尼曼等伟大思想家的内在逻辑，也将相关理念整合成一个系统性的决策思维工具，使之运用于寻找不确定性中的确定性，为我们的决策提供具体指导。

这个决策思维工具以矩阵形式表现，由两个维度组成：

纵轴在主观上反映我们做选择的逻辑，横轴是对事物的客观分析。前者代表主观的、无形化的维度，决策者在其中不是中立的；后者是一个客观的分析系统，不受决策者的主观偏好的影响。

这个决策工具从有形化和无形化两个维度模拟了我们的决策过程，让我们在不同的选项中做出选择，决策就是各个维度之间的博弈。

两个维度代表着影响我们最终做出决策选择的标准和偏好，比如长期性与短期性、无形化与有形化、非量化与可量化、稳定性与易变性、价值取向与利益取向等。因此，决策矩阵也可以理解成高维度的确定性思考与低维度的不确定性思考之间的博弈（见图9-1）。

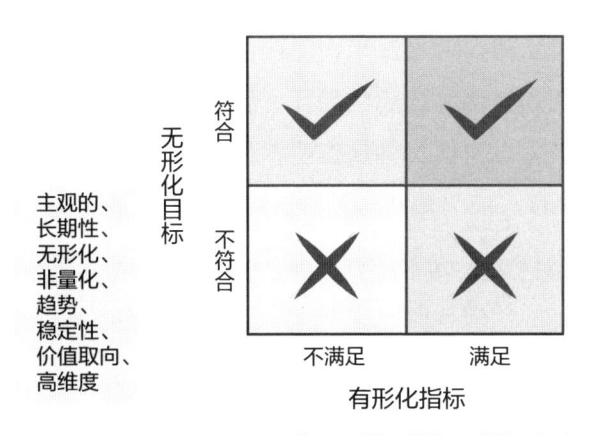

第9章 ▲ 在不确定的世界中寻找确定性

图 9-1 决策矩阵

图 9-1 的决策矩阵反映了无形化目标和与之相对照的有形化指标的决策工具。横坐标代表的是具体的、易量化和易变化的具象指标，纵坐标则代表那些长期形成的、不易改变的价值、知识和能力，反映的是愿景、价值观和趋势等无形化的抽象目标，以及不确定性对主观判断的影响。

选择长远利益其实就是在纵坐标上做出基于价值观的选择，也就是在面对不确定性时，优先满足无形化维度，长期永远优先于短期，价值观永远优先于利益。

我的一个学生是一家世界 500 强企业的供应链管理经理，工作非常出色，但新来的主管由于工作上的分歧，经常找她麻烦，甚至拿是否续签合同威胁她。一气之下，她准备辞职，并在网上更新了自己的简历。猎头很快就注意到了她，为她提供了一个非常好的工作机会。

这时，她处于一个两难局面：如果目前的公司辞退她，这并不是一个坏结果，因为公司有赔偿条款，她会得到一笔不错的补偿，从经济利益的角度看，这是最好的结果；如果她接受了新公司的录用通知书，主动辞职，就失去了补偿金。从博弈的角度来说，两个机会都在自己手上，在被辞退后再接受新的录用通知书是理想的局面。但从决策矩阵上看，与目前公司和平或友好分手，为自己留一条后路，不要在职业生涯里留下被辞退的记录，是更合理的选择，因为这些关系、记录等都是无形化的价值或资产。

无形化就是通过这个决策矩阵帮助人们在不同的选项之间做出选择。影响政治领袖、军事领袖和商业领袖决策的最重要的因素都不是那些具体的计算和数据，而是以价值观为代表的无形化因素。

稻盛和夫的决策原则

日本管理大师稻盛和夫强调精神方面的评估标准，特别重视"以人为本"。稻盛和夫的决策观可以分解成图 9-2 的二维矩阵。

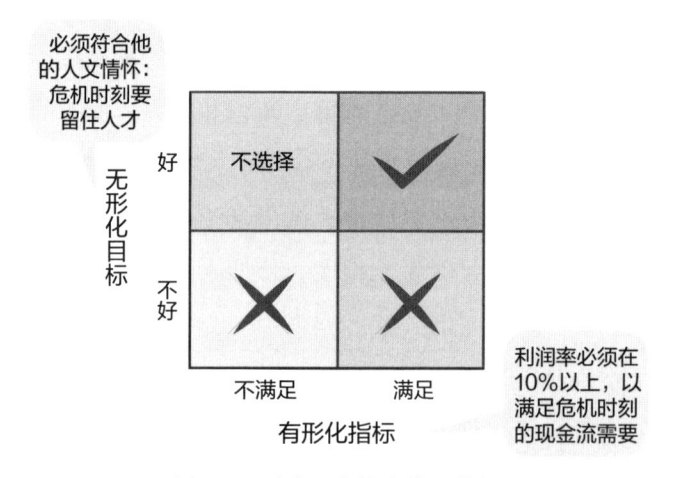

图 9-2　稻盛和夫的决策观分析

做投资决策，稻盛和夫首先强调利润率必须在 10% 以上，在这一点上他和西方的管理思想一致，强调经营指标。但是他的出发点不同，他强调要保证 10% 以上的利润率，是因为这样可以确保企业拥有健康、稳定、充足的现金流，使企业在经济形势不好的时候也能有大量现金留住员工、保证员工生存。如果利润不高、现金流不好，那么这家企业在危机时刻就无法保护自己的员工。所以，稻盛和夫的经营理念是：在满足经营指标（有形化指标）的基础上，以价值观（无形化目标）为取舍标准。他认为，员工在工作中充分发挥积极性的前提是有足够的安全感，只有在使员工拥有安全感的前提下，以人为本才能刺激员工积极工作、努力创新。

很多中国企业家也想学稻盛和夫，但只是着眼于稻盛和夫的经营思想能激发员工的积极性和主人翁精神，殊不知，如果企业不能在危机时刻保护员工的利益，稻盛和夫的经营思想的前提就不存在了，结果也很难保证。

在无形化维度上寻找确定性

无形化自带长期确定性，代表着更高的维度，在无形化维度上的满意才是决策的真正驱动力。在高维度决策里，我们应该寻找具有相对确定性的参照和依赖，寻找可以把握的目标，即稳定、可控、可用和符合规律的目标。

稳定的、对不确定性决策起参照作用的确定性可以分为以下三点：

▶ 符合核心能力：围绕核心无形化资产的竞争力如制度、产权、模式和规则等；
▶ 符合现实规律：变化世界中不变的法则；
▶ 符合真实意愿：诚实是最优的策略。

这三点都具有确定性。作为决策参照，并不需要三点同时具备。符合其中任意一点的无形化目标，就能在决策时给我们确定性的指引（见图9-3）。

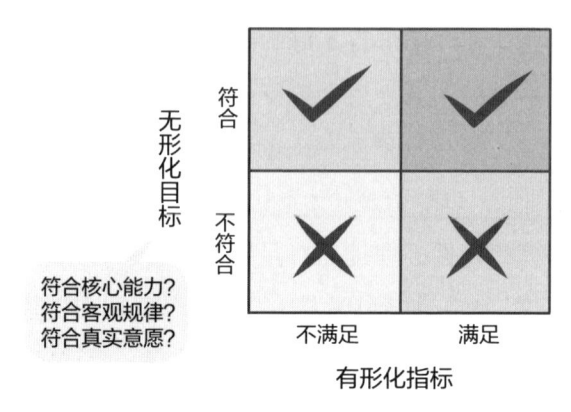

图 9-3　在无形化维度上寻找不确定性中的确定性

谈判就是在不确定性中争取确定性

在商业世界里，谈判是常有的事情。通过商务谈判，双方达成协议，签订合同。之所以签订合同，是为了在未来的不确定性里，争取一个具有确定性的安排。这就是从不确定性中寻找或争取确定性。谈判方法如 LIM 谈判目标法（见图 9-4）⊖、BATNA⊖和机会成本法就是寻找或争取确定性的方法，它们可以为决策者提供合理的要件和底线，在充满不确定性的谈判过程中让决策者有一个确定性的参考。

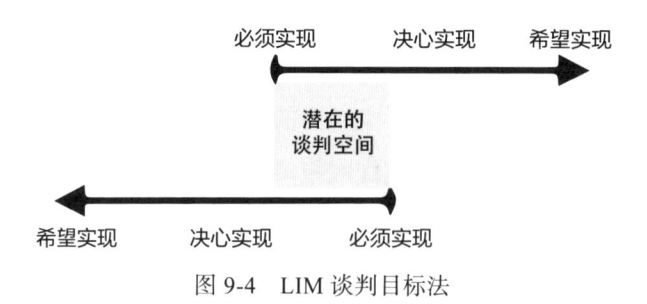

图 9-4　LIM 谈判目标法

⊖ LIM 谈判目标法，两方"必须实现"与"决心实现"间的差异就是潜在的谈判空间。
⊖ 最佳替代方案（best alternative to a negotiated agreement，BATNA）指的是假如目前的谈判不成，可以达成目标的其他可能性。

开支管理理念

在企业日常运营中，开支管理是非常重要的。开支管理是指对企业所有的支出预算进行整体规划和管理。为什么要对开支进行管理？因为企业的收益取决于客户，是不确定的，而开支是企业自身能管理的部分，是确定的。

收益不确定是指：

一是不确定收益发生的时间。2C 产品就属于这种模式。2C 产品的销售收入，取决于消费者心理、时间、地域、场景等多种因素，你永远无法知道你生产出来的产品什么时候被谁买走，也无法确定你需要为此承担多少库存和销售人员投入。哪怕是以供应链管理著称的 ZARA，每到折扣季也有海量产品等着清仓。

二是不确定每笔收益的利润规模，这是典型的 2B 产品的场景。通常，2B 产品的销售需要谈判或者竞标，这意味着，每一笔收益的利润率可能会有差异，再加上谈判开支不同，产品的利润规模就会产生较大差异。

但是，企业开支却是属于企业内部的，通过精细的管理可以基本明确。哪怕是可变的销售开支，也是可以通过设定最高阈值来"止血"的，是相对可控的部分。

开支管理之所以重要，还是因为对企业家、职业经理人而言，每节约一分钱的开支，在财务上就等同于增加了一分钱的利润，是确定的；而每卖出 100 元的产品，在财务上，可能带来 50 元的利润，也可能只带来一分钱的利润，这是不确定的。

9.4　在商业模式中寻找确定性

成本是企业创立、运营过程中先天的确定性，但企业还应该也必须打造后天的确定性——流程、系统、制度、准则、模式等。合同、规则、流程、制度都是企业为把握确定性所付出的努力，这些无形化竞争力才是企业真正的、别人无法模仿的核心竞争力。

星巴克从人性价值观推演新商业模式

星巴克的商业模式很值得探讨。人们很难说清楚，星巴克到底是卖什么的：卖咖啡、卖咖啡豆、卖杯子、卖空间，还是卖情怀？星巴克店铺也有多种多样的风格，有浪漫风格的，有艺术性极强的，有以历史穿越为主题的，也有与自然景观融为一体的，甚至还有将咖啡豆生产线直接搬到全球最贵地段的，为了这个创意，星巴克甚至申请了政府的特别许可证，耗费大量额外的沟通和建造成本。但尽管风格多种多样，星巴克的各个店铺在视觉和体验上却呈现出了很强的统一性，星巴克的财报数字也长期保持稳定增长。

财报分析表明，星巴克的收入不仅包括咖啡、咖啡豆消费，其周边产品销售收入所占的比例也不低——在星巴克享受咖啡、购买小贵却不奢侈的产品，是星巴克的一个重要盈利模式。

然而，星巴克之所以形成这样的盈利模式，并不是因为"星巴克"这三个字，而是星巴克对人、对咖啡文化的尊重，并由此为消费者营造的良好的体验。

星巴克有很多忠实客户，因为喜爱星巴克的品牌和空间，他们时常来消费，而良好的消费体验又加强了他们对产品、品牌的喜爱。星巴克的周边产品备受欢迎，也是因为消费者对品牌的喜爱已经超越了对咖啡本身，而有内涵又有设计感的周边有针对性地"收割"了消费者对品牌的喜爱。

我特别欣赏星巴克工作人员的形象打造——是"咖啡师"，而不是"服务员"，内部称呼彼此为"合伙人"，而不是张三李四。这种做法会让消费者感受到一种专业感，在无形之中就享受并完成了一次愉快的咖啡体验之旅。

星巴克的创始人霍华德·舒尔茨（Howard Schultz）说："一路走来，我们所做的许多决定都并不完全出于经济利益的考虑，甚至经常反其道而行之，但恰恰就是这些决策最后让我们获得了巨大的商业回报。"

宜家坚持自营模式

2020年3月10日，宜家家居（IKEA）正式入驻天猫商城，这是宜家在全球开出的首个基于第三方平台的线上官方旗舰店。这也意味着，"千呼万唤始出来"的宜家电商策略正式落地。⊖

如今，天猫商城已有20多万个品牌入驻。而宜家竟然到了2020年才在天猫上开店，在这个万物互联、日新月异的时代，这真是让人难以理解的迟缓。要知道，1998年宜家在中国的首家商场就在上海选址，可以说宜家在中国已然耕耘多年。

自1943年创立以来，宜家就采取自己拿地、自己建房、自己经营的重资产经营模式，商品自采自销，依靠销售差价来获取收益。自营是宜家的核心商业模式，一直以来，宜家都坚持不合资、不授权连锁。

在欧美国家，自营是一种主流商业模式，因为这种模式把消费者的需求摆在更为重要的位置上。品牌依靠规模化销售，带动了整体零售供应链效率的提升和成本的节约。对宜家而言，这种完全自营模式保护了其具有鲜明特色的消费者体验、服务质量和产品品质。

因为自营低买高卖的简单逻辑，宜家还通过垂直一体化掌控了产品设计、造型、选材、OEM厂商的选择和管理、物流设计、卖场管理的整个流

⊖ 田巧云. 宜家的对手[EB/OL].（2020-03-11）.http://news.winshang.com/html/067/0244.html.

程，并不断致力于每个环节成本的节约和效率的提升，以此给消费者提供超过其预期的低价产品。

就商业模式而言，完全自营模式并不是一个讨巧的模式，放到现在，用投行的眼光看，这甚至是一种笨拙、无法迅速量化，更无法实现投行"指数级"成长目标的模式。垂直一体化管理意味着更强的运营管理能力、更多的投入和更长的成长时间，虽然从长期而言，这培养了企业的无形化核心竞争力，但也在一定程度上强化了负面效应。

进入中国市场多年，和任何领先品牌一样，宜家也面临过各种合作诱惑。在运营和财务层面，拿地、合资等合作方式会给企业带来合理的收益和回报，尤其近25年以来中国的地价不断攀升，采取这样的运营方式极有可能获得比产品销售更高的利润率，在有形化指标上有很大优势。

但是，宜家拒绝了这些诱惑，始终坚持自营模式，这充分体现了宜家对商业模式、价值观的坚持。坚持就是一种确定性，这种确定性在某种程度上隔绝了运营者对其他模式的关注和追求，使其专注做好主营业务，积累品牌服务能力。而坚持商业模式，使得合同、规章、流程、制度的制定可以往巩固商业模式确定性的方向行进，系统稳定性又催生了组织有机性。这些都是宜家作为企业能够生存并始终保持竞争力的原因。

当然，这并不意味着对其他商业模式的否定，其他商业模式在运营上成功的例子也比比皆是。

值得关注的决策系统稳定性

德克萨斯扑克（简称德扑）因为在考验玩家计算和决策能力的同时又仰仗运气，成为近年的热门桌游，乃至坊间笑称"不会玩德扑的 VC/PE 不是好的投资人"，因为打德扑的时候，你每时每刻、每个举动都在追求更高的获胜概率。

德扑玩得好的高手，其决策系统都非常稳定，不会时而鲁莽冒进，时而谨小慎微。因为只要一直在牌桌上，从一个长的时间段考虑，每个人得到好牌和坏牌的概率都是一样的，或者，更精确地说，在德扑的牌局上，没有办法预测和控制谁将得到更好的牌。所以，长期而言，要想赢牌，运气基本可以忽略了，主要靠技术，技术即计算能力和稳定的策略体系。一个人只有拥有稳定的决策体系和风格，赢牌才有概率可言。

或许有人会产生怀疑：稳定的决策系统是否会像电影里演的一样，很容易被对手了解和算计？实际上，牌面本身是不确定的，决策体系又容易受心理因素的影响，如果玩家连自己的决策系统和风格都无法管理，那么赢牌的可能性就更低了。而除非有特殊事件，一个人的计算能力是不太可能一直波动的。

2017 年，美国卡内基梅隆大学研发出了一个叫作 Libratus 的扑克 AI。2017 年 1 月，Libratus 与四名人类顶尖德扑选手之间进行了"人机大战"，最终这个 AI 取得了胜利。继 AlphaGo 击败围棋世界第一选手柯洁之后，德扑这项人类智力游戏也被 AI 打败。

Libratus 会在每一轮下注中使用博弈论最优策略（game theory optimal，GTO）来打牌，并保持稳定策略。所谓 GTO 策略，就是在博弈中采取一个无论对方怎么变化招数，都不让他占到比现在更多的便宜的玩法。

扑克 AI 在坚持策略的确定性方面体现出比人更稳定的优势。

企业的核心能力具有确定性

打过高尔夫的人都知道，击出去的球到底能飞多高、多远和多准，是一个不确定性的事件。挥杆的人所能把握的就是自己的挥杆，你把你的挥杆动作尽可能做到最好，无论结果如何，你也已经尽了最大的努力。高尔夫球球手对球杆的控制力就是其核心竞争力。

对企业来说，其核心竞争力是什么？企业制度、商业模式、企业战略等都是企业家精神所代表的无形化核心资产的组织和表现形式，它们最终打造出来的就是不可替代和不会被轻易模仿的核心能力。所以，这几个形式都具有值得坚持的确定性。

战略是用来坚持的

我们知道，企业的战略目标来源于企业的愿景和使命，是通过运营指标来实现的。在瞬息万变、风云诡谲的市场上，运营指标随时可能发生变化，但这恰恰就是需要用明确的战略目标来指导决策的场景。

战略目标包含很多复杂且无法量化的目标，如价值观、使命、愿景、风格、文化等，但是可以量化的只有实现目标的手段而已。企业不会也不能因为经营指标的变化而改变和调整战略。那些无法量化的与战略目标挂钩的责任应该保留在企业的责任中枢，如 CEO、创始人或最终投资者身上，并且要让责任感持续起作用，这才是真正地对目标负责。在面对不确定性、危机或两难的关头，战略应该是企业高层决策的确定性和底线。

需要注意的是，将企业战略转变成一些可以用数字衡量的指标是必要的、可行的，也是相对容易的。但企业的目标肯定不只是创造销量和利润，企业的使命和愿景是无法完全被量化的。

从这个逻辑上来说，坚持战略就是坚持最核心的无形化资产——企业家精神。不确定性战略和创新矩阵里特别指出，最后可能出现比之前最坏的结果更坏的结果。但这正是不确定性决策的关键，如果意识不到这一点，企业就很容易进入盲目乐观、过度自信、零风险假定的误区。

把握变化中的不变规律

经验和理论揭示了现实世界里很多长期不变的法则，即使是在一个充满不确定性的复杂系统里，也还是存在着很多业已证明的有效的法则、规律、效应等能呈现出可靠的规律性的东西。

所以，我们要把握变化中的不变规律。"租界效应"就体现了这一点。

中国近代经济史学者朱学勤发现了关于地产价格的"租界效应"理论。

当年上海开埠，外国人开始在上海租界开办洋行，主要从事国际贸易，但当时他们并没有注意到上海的地产市场。后来，太平天国起义，国内局势日益动荡，江浙一带的地主、乡绅、官员、商人们为了避祸，纷纷来到上海租界，寻求保护。这些人到了上海之后，一个迫切的需求就是找地方住，洋人这才开始意识到上海地产的潜力。上海的石库门就这样诞生了。

石库门是最早设计并租借给中国人的房屋。自此，上海的现代地产产业开始发展，上海地产初次呈现"租界效应"的现象。租界效应是说，当中国整体经济形势很好的时候，上海的地产当然也不会坏；但当中国的经济表现不佳时，上海的地产却会逆势发展。这一点是很多外国的地产投资基金或宏观经济分析机构和人员所不能理解的。

朱学勤认为，当今中国存在"租界效应"的地方不只上海，还有北京、广州和深圳。正因为如此，2020年疫情期间，深圳蛇口首个2000万级豪宅盘开盘，土豪们戴着口罩抢购，2000～5000万元/套的104套豪宅当天售罄。三天后，广州又拍出了史上最贵的住宅用地，楼面价首次破6万元/平方米。

很多人都关心这次疫情之后中国的投资机会问题。2020年春天，美国股市多次熔断，而世界各国的新冠疫情也越来越严重。人们开始关注，未来应如何投资？也许，租界效应可以为我们提供有意义的参考。

本章结语
让价值观指引不确定性决策

中国有一句古话："尽人事,听天命。"这句话说的是:把自己能做好的部分做到最好,剩下的就留给不确定性。

在充满不确定性的世界里,按照真实意愿出牌就是最大化自己的人生机会,我们不需要考虑别人会出什么牌,我们的真实底线不仅与别人毫无关系,还恰恰是自己最终所能依赖的那份确定性,是迷途的指引。

在充满不确定性的世界里不存在蓝海、红海之分,我们无法选择海洋,我们只能选择做自己的舵手和坚持自己要去的终点。

第 10 章

用输赢结束的游戏，不是好的游戏

不谋万世者，不足谋一时；不谋全局者，不足谋一域。

——《寤言二·迁都建藩议》

本章概要

本章的中心思想是，与游戏的输赢相比，更重要的是把游戏玩下去。我们要考虑清楚的一件事是，我们要的是有限游戏，还是无限游戏。只想着输赢，以输赢判定胜负是一种决策策略，但更高维度的决策是把游戏玩下去。前者是一种有限游戏思维，后者是一种无限游戏思维。

没能把游戏玩下去的大宋王朝

历史的发展没有必然性，在每一个当局者面前，都是满满的不确定性。端平元年（公元 1234 年），金朝政权在蒙古和南宋的联合夹击之下终告灭亡，宋金之间长达 100 余年的对峙由此结束。

但这一结果对南宋而言并非福音，因为灭金之后，比女真更为强悍的蒙古人成为他们的直接对手。蒙古人在灭金之后继续南进,将灭宋作为他们的下一个目标。1279 年,联蒙灭金后 45 年,南宋被蒙古灭国。

在宋朝历史上,借助军事同盟消灭敌国,最终盟国演变为更强大的敌人的事情,已不是第一次发生了。北宋末年宋徽宗与女真结盟共同灭辽,结果导致自己也被女真灭亡就是一个先例。

南宋统治集团没有意识到,灭金之后的大概率可能性是蒙古人的铁蹄南下,实在是过于短视。如果南宋统治集团能从更长远的角度着眼,克制住机会主义的冲动和行为,让蒙金宋三方持续博弈,是有机会和蒙金共存更长时间的。

10.1 是有限游戏,还是无限游戏

有一个小故事,说的是有位行乞的孩子,视力不佳,有人给了他两个硬币,一个是五毛的,一个是一块的,他摸索了半天,选了五毛的硬币。故事传开,经常有人来给他两个硬币做测试,他每次挑的都是五毛的硬币。

后来,有人问他,为什么总是选五毛的而不是一块钱的。孩子反问道:"如果我挑了一块钱的硬币,你们还会争先恐后地送钱给我吗?"

只想着输赢,以输赢判定胜负的确是一种决策策略,但更高维度的决策是把游戏玩下去。前者是一种有限游戏思维,而后者是一种无限游戏思维。

《猫和老鼠》的无限游戏思维

2020 年 4 月 16 日,《猫和老鼠》导演的吉恩·戴奇(Gene Deitch)去世了,享年 95 岁。《猫和老鼠》是一部备受人们喜爱的动画片,一方面,人们在观看的时候总会因为杰瑞鼠打败汤姆猫的剧情而捧腹大笑;另一方面,成人观众忍不住觉得片中有一种现实社会的即视感:猫抓老鼠天经地

义,可汤姆和杰瑞之间又有着一种微妙的平衡:杰瑞怕汤姆,汤姆怕女主人,而女主人因为家里有杰瑞的存在而需要汤姆。从某种意义上来讲,猫和老鼠或许是最好的盟友。每次汤姆抓到杰瑞,都会因为各种小失误"放生"杰瑞。因为汤姆对杰瑞的"手下留情",杰瑞也会在真正的危险关头,不假思索地救汤姆。正因为如此,这场猫和老鼠的游戏才能无限地玩下去。而电视机前的我们,也因为这场无限游戏而一直将它们保留在我们的脑海里。

有一次,汤姆爱上了一只小白猫,但小白猫是个"势利眼",拒绝了他。失恋的汤姆一蹶不振,终日借酒浇愁,还自寻短见。这时,汤姆最忠诚的老对手、老朋友杰瑞,陪伴在最落魄的汤姆身边,一猫一鼠暂时放下了"恩怨情仇",一起坐在铁轨上看着夕阳西下,消化着求而不得的苦涩。有时候,当你对生活感到疲惫的时候,最懂你的也许是那个相伴在侧的老朋友,也有可能是那个比你更了解自己的对手。

《猫和老鼠》也会让人想起百事可乐和可口可乐的一代代的管理者,他们的竞争故事与其有异曲同工之妙,都是处处作对、互相嫌弃、互相伤害,却又惺惺相惜、缺一不可。正好他们的成长年代是《猫和老鼠》的播放年代[⊖],很难说他们没有受到《猫和老鼠》持续博弈的影响。

事实上,那种从小在潜移默化中培养出来的意识,才是真正坚定和可靠的。在美国,现在的中老年人很多都是看《猫和老鼠》长大的,而在中国,看着《猫和老鼠》长大的一群人也已经逐渐成为社会的主流。

无限游戏的关键是让游戏继续下去

哲学家詹姆斯·卡斯认为,世界上有两种游戏,一种是有限游戏,另

⊖ 《猫和老鼠》是米高梅电影公司于1939年制作的一部动画片,弗雷德·昆比制作,首部剧集《甜蜜的家》于1940年2月10日在美国首播。

一种是无限游戏。有限游戏，其目的在于赢得胜利，如体育竞技；无限游戏，旨在让游戏无限进行下去，如婚姻。

有限游戏在给定的结构内玩，无限游戏玩的就是结构

有限游戏有明确的开始和结束，拥有特定的赢家和输家，规则是为了保证游戏能够结束；而无限游戏既没有明确的开始和结束，也没有赢家，它的目的在于将更多人带入到游戏中来，从而延续游戏。

虽然卡斯是一位哲学家，应该不研究博弈论，但他的思想完全可以通过博弈论来解释。有限游戏是确定轮次博弈，无限游戏是不确定轮次博弈。卡斯关于游戏规则的论述比博弈论理论交代得还要清楚，比如说参赛资格、互动关系等。

如果你相信你的世界之外没有世界，或者你对你之外的世界采取忽视态度，你实际上是依赖有限游戏模型来决策的，也就是说，你处于一个有限游戏中。这个游戏可以是变量有限，可以是时间有限，也可以是轮次有限。但如果你的思维模型之外还有外生变量，如时间、轮次，你的想法就会不同。

所以，有限游戏的轮次、结果都是确定或自以为确定的。当确定性被不确定性替代，有限游戏就转化成无限游戏。

模型可能听着像一个学术用语，我们常说科学家建立模型、经济学家建立模型，但其实每个人心中都有自己的决策模型，也可以理解成思维模式。

卡斯说："无限游戏的参与者的每一步都是朝向视界的进发，有限游戏的参与者的每一步都是在边界之内。因此，无限游戏的每一个瞬间都提供了一个新的视域（horizon）和一系列新的可能性。像所有天才的文化现象一样，文艺复兴并不是旨在发展一种或另一种视域，它孜孜以求的是找到视域,并生发出更多的视域。"[1]这说的就是博弈结构的问题。边界之内就是寻找确定性博弈里的占优策略,而视界、视域的扩大,就是博弈结构的变化,决策者不局限在自己现有的视界之内,这就意味着具备了无限游戏的思维。

如果阿克塞尔罗德实验中的游戏[2]是可以无限进行下去的,什么策略会是最优策略?如果不限制游戏轮次,而采用随机叫停的方式结束游戏,又会是什么情形?

10.2 警惕只在乎输赢的商业有限游戏

卡斯说:"无限游戏参与者明白邪恶之不可避免,因此,他们并不试图消除他人的邪恶,因为这种做法正是邪恶本身的冲动。他们只是试图矛盾地认识到自己内心的邪恶,这种邪恶以试图消除别处邪恶的形式存在。邪恶并非内含于无限游戏中的有限游戏,而是有限游戏所有赛局的限制……邪恶是无限游戏的终结,它使无限游戏在听不见的静默中结束。"[3]

卡斯认为,有限游戏的规则产生了邪恶,这是游戏性质决定的,关键是用什么原则去制约这种负面产物。

有限游戏是画地为牢式的游戏,旨在以一位参与者的胜利终结比赛。人类社会往往很容易停滞在有限游戏中,或者被"囚禁"在有限游戏中而不自知。像战争、国际强权、环境污染、对他者的不宽容、对疾病和死亡的极大恐惧等,都是有限游戏的负面产物。

---

[1] 卡斯. 有限与无限的游戏:一个哲学家眼中的竞技世界 [M]. 马小悟,余倩,译. 北京:电子工业出版社,2019.
[2] 本书 7.2 节"阿克塞尔罗德实验:重复 200 轮的囚徒困境游戏"中有介绍。
[3] 卡斯. 有限与无限的游戏:一个哲学家眼中的竞技世界 [M]. 马小悟,余倩,译. 北京:电子工业出版社,2019.

商业世界里的企业上市、干掉竞争对手、侵犯知识产权、价格战，也都是有限游戏的表现，都是负面产物。除了真正的、具有娱乐观赏性的体育比赛是给人智力和感官欢乐的有限游戏，真实世界中的有限游戏没有一个不是负面的。

卡斯期待"游戏观"的转换，即从有限游戏转向无限游戏。

商业景点很难积累出"商业道德"

商业景点很难积累出良好的商业道德，因为商业景点是有限游戏。

当地人最初发展旅游业的初衷一定是为了将其发展为无限游戏——大家都想着把旅游业做下去，这样才能"子孙不愁"。但大多数游客一生只来一次，他们与当地人的互动就成了有限游戏。在和这些游客的有限游戏中，当地人会逐渐忘记初衷。

丽江的故事就是这样。最早，丽江以原生态风貌吸引了无数游客，但商业景点的性质就是有限游戏，而且是单轮博弈，最后结果就是纳什均衡——变得非常商业化。最终，丽江失去了最初吸引游客前来游玩的韵味与魅力。从博弈论的角度来看，这种变化一定会发生，但不能只归咎于当地人，毕竟，有限游戏是"劣币驱逐良币"。

资本是有限游戏

金融、资本、投资都是有限游戏。这里并不是否认金融、资本、投资行业的价值，这些行业的特点就是在有限的时间里追求最大的回报，这也正是资本家和企业家的区别。这不仅仅是称呼的不同，也是思维和行为的不同（见图10-1）。如果一个企业被资本家主导的话，肯定更关注什么时候可以卖掉这个企业（上市或转手）；而企业家是想把企业无限做下去的人，所以企业家的游戏是无限游戏。

	线性回报	非线性回报
有限游戏	经理人	资本家
无限游戏	专业人士/个体户	企业家

图 10-1　资本家和企业家等人在面对不确定性未来时的区别

我从事过风险投资，我看到的那些年轻创业者，还在初创阶段就只关心企业什么时候上市、什么时候能被卖掉。他们更希望摇身一变成为资本投资人，却不想把事业干到底。我因此意识到风险投资行业充满了人为风险，因为有太多有限游戏玩家。

如果创业者从一开始就想这是一个有限游戏，这是一件可怕的事情，投资就会变成一个"击鼓传花"的游戏。任正非不出让股权，坚持华为不上市，就是为了让华为不受这些干扰。

任正非反复说经济不能资本导向，因为资本是有限游戏，而真正的企业家玩的是无限游戏。2019年，谈及华为未来想发展成什么样的企业时，任正非表示："除了不让资本进来，其他什么都可以讨论。"多年来，他在很多场合一直强调自己不引入资本以及华为不上市的想法。

在华为的管理上，他一直坚守这个信念，以企业发展为目标，而不是以在资本市场退出为成就，关注并努力打造管理、流程等核心竞争力。为此，任正非曾带领团队前往美国企业学习 IBM 这样的百年企业的管理模式和经营策略。

金融骗局是有限游戏

金融、投资、资本是有限游戏，金融骗局更是有限游戏。不同的是，前者会告诉你明确的退出计划，即明确告诉你这是有限游戏，这是一种有底线的有限游戏；而后者永远不会告诉你真实的退出时间，不仅如此，诈骗者在设计游戏的时候就设计了游戏策略，即在任何时间结束游戏，他自己都不会输。

对金融投资而言，告诉你真实、明确的退出计划的还算得上是合作博弈，不向投资人披露真实退出计划的都是骗局。金融骗局常把自己包装成合作博弈，但实际上诈骗者玩的是输赢博弈，而你以为你在合作博弈之中。

最重要的是，无论在什么时候、以什么方式退出，诈骗者被惩罚的可能性很小，这样的环境就会滋生金融诈骗。

在股市上，有一类金融骗局常玩的套路是先上市融资，然后大比例分红，把融来的钱分掉，使大部分落入大股东的口袋，这是赚到的第一笔钱；接下来通过做假账，宣布业绩喜人，股价上涨，大股东疯狂套现，这是赚的第二笔钱；等到减持差不多了，业绩问题藏不住了，就曝出巨亏，再转让控制权，卖掉上市的壳，这是赚的第三笔钱。投资人以为这是合作博弈，但诈骗者显然有自己的"算盘"。市场上，有个别所谓的"财技高手"热衷此道，或以为自己"替天行道"，实则已落入"诈骗"的范畴。

企业通过良好的经营发展到上市，本来是开始无限游戏的一个节点，让企业在市场监督的环境里创造更好的业绩，这才是正道，这才有了巴菲特这样的价值投资者发挥的空间。

但如果主要控股股东和管理层是在玩有限游戏，而且是设计好的、具有确定性的有限游戏，对相信他在玩无限游戏的你来说，就是被做了一个局，被挖了一个坑。

职业经理人玩的是有限游戏

我们也可以用有限游戏和无限游戏来解释企业家和职业经理人的区别。

企业家玩的是无限游戏，真正的企业家都会希望自己的企业基业长青，所以才有"百年老店"的说法。职业经理人玩的则是有限游戏，职业经理人和企业签订的是一个具有时限和基本有保障的固定收益的合同，这就决定了职业经理人和资本家一样，玩的都是有限游戏。

在中国，外企也将价格战打得非常惨烈。我问过这些外企的经营者，他们所在企业和几家同为对手的外企在海外的竞争如何？结果发现，在海外，这些企业不是这样竞争的。

那为什么在中国的竞争就如此惨烈呢？

分析下来，这和很多外企 CEO 在中国的任期相关。一般来说，很多外企 CEO 在中国的任期都是 2～3 年，这就不可避免地导致有限游戏。这些人想的都是，在这个任期中为下个任期打好基础，或以这个任期为下个任期的跳板，企业的健康有序成长及整个行业的健康发展和未来不在他们考虑的范围内。

曾经有一家世界 500 强企业在考察新 CEO 人选时，将一位非常有经验的 50 多岁的副总视为非常理想的人选，各种渠道的消息也表明，他很有可能成为下一届 CEO。但结果却让人大跌眼镜——他落选了。据说，落选的理由是他的年龄偏大。董事会担心，如果他过几年就退休了，他的视野、视域会不足。

这个故事令人唏嘘，但董事会的担忧也不是没有道理的：有限时间的有限游戏，如何能够引领战略和创新，应对不确定性挑战？

放弃价格战，创新才有希望

无论是可口可乐和百事可乐，还是苹果和微软，你听说过它们有合作或默契，你也听说过它们之间有竞争，但无论它们间的竞争多么风云诡谲，都是围绕着创新展开的，其中的营销策略也引人深思。它们之间的竞争很少会以价格战的方式展开——早期曾经有过百事可乐挑起价格战的短暂时刻，但价格战并没有达到削弱对手的目的，这一事实让两家企业认识到，价格战不是一个好的策略。可口可乐的价格没有下降过，价格战从来不是它的策略选项。

价格战是一种低维竞争，是思维懒惰的表现，从百事可乐和可口可乐的竞争故事里我们可以看到，不玩价格战，不把价格战作为一个竞争选项，企业就会被逼着去创新。

将游戏玩下去，并不否认竞争，竞争是创新的动力。人都是懒惰的，只有在没有出路的时候，才会有动力去想各种创意，去创新。所以，所有的设计师和作者最需要的从来都只是一个截稿日。

竞争对手的存在让竞争变得更加精彩，它们彼此之间是互相成就的。美苏冷战刺激了太多技术的发展，从运载火箭到互联网，都得益于此。无限游戏的竞争不仅可以把行业做大，而且也会为对方考虑，不会做乘人之危的事情。

对决策结果有对称的责任

经济学托马斯·索维尔（Thomas Sowell）说："当错误的代价由别人承担时，犯错是容易的，坚持错误也是容易的。"是否对决策结果真正拥有对称的责任，这是不确定性决策的责任前提。

如果一个人对自己的决策结果不需要承担责任，那么这种决策就是不可靠、不可信的。塔勒布在《非对称风险》（*Skin in The Game*）这本书里表述的就是，责任感来自利益，拥有产权才会对结果真正负责。无论是战场上的指挥官，是职业经理人、企业高管，还是拥有企业剩余权的企业家，面对不确定性决策，对决策结果的责任心才能让他们付出最大努力以最大化自己的机会。

明确界定产权

面对疫情，反应最快的是企业家和市场。可见，面对不确定性，我们需要企业家和市场，因为这是提供确定性最可靠的机制。

企业家精神是基于制度的无形资产和精神财富，来源于对知识性资产成果收益的保护，也与个人的不确定性偏好或冒险精神相关。

我对德鲁克不从所有权角度区分企业家和经理人的思考方式一直不以为然，也将韦尔奇不把自己当外人的管理方式视为特例——韦尔奇明明是一个职业经理人，却把自己当作企业家。他们的管理思想是以新教价值观为基础的。对德鲁克和韦尔奇来说，道德是企业家和经理人必须具备的人格素质。

他们的观点和经验都以此为前提，所以，当你想实践德鲁克思想和韦尔奇的经营理念时，首先要了解自己所在的市场是否有这样的文化底蕴。产权保护和自由的企业制度，是企业家精神的真正的制度源泉。

职业经理人在面对企业的很多重大决策时，他们更容易做出有限游戏的决策，但他们自己的职业生涯决策却是无限游戏，所以，职业经理人更容易做出对自己的职业生涯有益的决策，而不一定是对企业有益的决策。

以上列出了很多有限游戏的例子，在此，我主要是为了指出有限游戏思维的负面影响。更重要的是，我们要接受我们的世界是按照不确定性动态博弈的规律展开的。在这样的世界里，我们需要有无限游戏的思维。按照时间维度展开的世界，使我们的每一个决策都存在着现在与未来的两难，即时间维度的两难。时间维度上的不确定性给了我们敬畏心，让我们去倾听不同的声音，并最大化自己的努力以最大化自己的机会，而不是陷于"赢"和获得"最好的"这样的泥淖。

10.3 无限游戏鼓励共生共存

行业领袖要考虑整个行业的利益

巴拉巴西说:"网络时代的思维不是考虑一个节点的生存,而是考虑整个网络上的生存;不能仅考虑一个节点的利益,而要考虑整个链条、整个网络的利益,甚至一起共享网络世界里竞争对手之间的共存,因为你的竞争对手遭遇的威胁,也一样威胁着你,威胁着一部分人的事情,可能也威胁着整个行业、整个网络。"

巴拉巴西的观点让我们明白,网络时代的领导力、战略决策能力需要以对复杂局面的洞察力为支撑,决策者要懂得不同利益相关者之间存在着取舍和平衡,要努力克服自己的决策心理陷阱。决策者不仅要考虑自己的利益,而且要关注相关节点一起构成的整体网络的利益,比如企业要考虑与竞争对手之间的共存,考虑行业利益以及更长远的利益。

具有网络意识意味着具有高维度的视角。在高维度的世界里,一个人如何做选择,是由其价值观决定的。从很多商场经典对手之间的竞争中,我们可以看到当代商业领袖和领军企业对竞争和共存的理解,早已不再停留在简单的丛林法则和有限游戏世界。它们已经深刻地认识到,即使是竞争对手,也不是完全的竞争关系,要共同面对不确定性。

可口可乐和百事可乐的例子就说明了这个道理。

从 20 世纪 80 年代可口可乐进入中国市场到现在,可乐的价格基本没变,不仅抗通胀,而且百事可乐和可口可乐这两家企业一直没有打过价格战⊖。

⊖ 王先生. 可口可乐与百事可乐爱恨情仇的那些年 [EB/OL]. (2018-09-21). https://zhuanlan.zhihu.com/p/45073491.

对于可乐的价格问题，很多人从市场、成本、渠道、规模、文化各种角度进行分析，而我更关注的是碳酸饮料行业最大的两家巨头之间百年"相爱相杀"的故事。

可口可乐先于百事可乐出现，并迅速占领市场，成为行业霸主。百事可乐自成立以来一直将可口可乐视为最强大的敌人。1929 年大危机、二战期间，为了生存，百事可乐不惜将价格降至可口可乐的一半。这种跟随者战略和价格战策略让它自己节节败退、引火烧身，两度近乎破产。在困境中，百事可乐还曾寄希望于被可口可乐收购，但遭到了可口可乐的拒绝。

这证明了可口可乐的影响力和顾客忠诚度，也说明了降价不是正确的策略。百事可乐之后的营销创新和战略拓展才真正帮助它站在与可口可乐同一的高度上。

百事可乐与可口可乐之间有很多故事，2006 年 5 月曾发生了这样一个故事：2006 年 5 月 19 日，百事可乐公司收到了一封信件，寄信者声称自己在可口可乐公司高层任职，可以提供非常详细的关于可口可乐配方的珍贵文件。但百事可乐公司的管理者认为，若接受该文件，就违背了商业道德，是卑劣的盗窃行为，它会破坏百事可乐在全球的企业形象，也打破了公平竞争规则。于是他们拒绝接受该机密文件，还将该信件转交给可口可乐公司，并立即向联邦调查局报案。随后，这一泄密案件被美国联邦调查局侦破，涉案的职员是可口可乐公司一位高管的行政秘书。

嫌犯落网后，出于感恩，可口可乐公司将此事以大篇幅记载在公司备忘录中，对老对手百事可乐公司表现出的公平竞争精神表示崇高敬意，董事会也发布新闻向百事可乐公司表达自己的感激之情。

这种"惺惺相惜"的竞争让我们敬佩，也正是因为有这样的竞争，才能促进行业的良性发展。试想，假如当时百事可乐公司采取相反的做法，得到可口可乐的配方并公布，结果可能会如何？很可能会走到两败俱伤的境地。

竞争对手之间,商业道德底线比利益更重要。有限游戏追逐输赢,而无限游戏的核心是鼓励共生共存,把游戏持续玩下去。

无限游戏制约了损人行为

如果说坚持底线是商业道德驱使的、有意识的主动行为,那么无限游戏的互动博弈则是让时间来制约人的损人行为。因为无限游戏等于互相给了对方一个承诺——我不会做坏事,因为我不想被你报复;你也不可以做坏事,因为我会报复你。

如果你相信现实是一个无限游戏,无限游戏会鼓励你不做输赢导向的损人行为。但人总会做出一些有限游戏思维导向、以输赢为目的的行为,一方面是因为存在一种误解,以为自己可以逃避惩罚,比如那些抱着"捞一票就走"的心态进入口罩相关领域的投机者;另一方面是因为总有人持机会主义,以为只要对手被消灭就意味着自己获得了胜利。

2012年9月,日本触媒化工公司(Nippon Shokubai)储存丙烯酸的储罐爆炸,引起大火导致工厂全部停产,直到一年以后才开始陆续恢复生产。

日本触媒公司的丙烯酸和高吸水性树脂⊖年产能分别占全球的8.6%和20%,在国际丙烯酸市场占有不可忽视的地位。因此,它的停产对全球市场产生了巨大冲击。

受此影响,中国国内对应产品出现了每周涨价数次的火爆场面,丙烯酸价格在短短3周内涨幅达到44%。而同期欧洲价格却没有任何变化,北美甚至出现微幅下降。

随后几年,全球丙烯酸行业经历了产能快速扩张时期,3年累计新增

⊖ 丙烯酸(AA)是最简单的不饱和羧酸;高吸水性树脂(SAP)是一种典型的功能高分子材料,具有吸水性能和保水能力。丙烯酸与高吸水性树脂是上下游关系,在产业链中密不可分。

250万吨产能，其中88%的新增产能在亚洲⊖，导致2014年下半年至2016年的丙烯酸行业大面积亏损（中国厂商亏损更加严重），加速了行业的周期性变化。而欧美制造商保持住了自己的市场份额。

不确定的外部性的可能结果是，用不利己的结果制约损人行为，因为机会主义行为会带来不利己的后果。不惜亏本的价格战会把行业越做越小，最后损失所有企业以及消费者的利益。

事实上，除了在有着明确的输赢导向的体育竞技和战争中，有限游戏并不会带来更多益处。甚至在现代国际关系里，输赢导向思维也早已不适用了。因为当你最终无法彻底消灭另一方的时候，你必须接受国际关系是共存互惠的无限游戏的事实。

不受无限游戏思维约束的规模战和价格战都对行业有害

打规模战和价格战都不是真正意义上的战略。

规模扩大应该带来利润增加，但是如果利润没有随着规模扩大而增加，则这样的规模扩大不仅没有意义，也不具备价值和商业道德上的意义，甚至会受到规模诅咒。

打价格战也不是战略。"维克瑞拍卖"的原则就是，在保证自己不亏本的前提下，价格的决定权应该交还给市场。百事可乐和可口可乐相爱相杀的故事告诉我们，价格战不是做局，绕开价格战才是做局。价格是均衡的结果，取决于长期的供需均衡关系。供需价格作为一个信号代表的是背后整个网络生态的信号。无论是用价格战消灭对手的做法还是"打了就跑"的做法，都可以被理解为为了逃避报复和惩罚，无论对对手还是对消费者，这都是不公平的做法。

⊖ 陆澜清.2017年全球丙烯酸产能现状及需求前景[EB/OL].（2017-06-30）.https://www.qianzhan.com/analyst/detail/220/170630-50c4c0c8.html.

有限游戏思维驱动的价格战不会给博弈关系中任何一方带来益处，只会破坏真正的系统平衡，希望长期经营的企业是不会这样做的。这种人为的不确定性可能带来损人不利己的后果，而且自己也没办法保证一定能在新的混乱和不确定性中获益。

10.4 不确定性的动态博弈是世界的本质

为了把静态的智猪博弈[一]变成动态的重复博弈，我们引入了动态的时间维度。世界上的事物不是发生在同一瞬间的，而是按照时间序列展开的。

现实中，人类与外生不确定性不断博弈，我们无法知道下一轮的各种可能性，不知道下一轮面对我们的是惊喜还是失望，也没有人知道游戏何时结束以及最后的结果，这就是不确定性的动态博弈。提出不确定性动态重复博弈的意义就在于，要警惕自己的主观愿望和一厢情愿的心理陷阱。

疫情就是人类与病毒的重复博弈

2020年初开始席卷全球的新冠疫情为世人展现了一场现实中的、大规模的不确定性重复博弈。有博弈思维的人可以观察到关于疫情的博弈一波接一波地展开和发展。美国传染病科学家福奇曾表示，不是人类在决定疫情会怎么发展，而是病毒自己在决定怎么发展。

疫情初期，人类总以为自己找到了疫情和病毒的规律，结果每过几天就发现，疫情有了新的变化。到2021年夏天，经历了一年半的发展，病毒仍不断有新的变异发生。最后我们不得不承认，疫情的演变充满了不确定性，人类至今不能完全抓住规律。

疫情变化和人类的应对让我们有机会研究人类基于有限信息的决策是

[一] 具体见第5章。

如何影响结果的。每一轮决策只能部分影响下一个阶段的发展，而下一阶段的决策又受到上一阶段的决策结果的影响。

比如，疫情导致全球大部分地区生产中断。日本、欧洲和北美等长期为中国汽车制造商提供关键零部件的国家和地区，在疫情刚开始的两个月还在问"中国需求下降将如何影响全球汽车业"。后来国外的疫情暴发，全球超过 20 个国家、上百家汽车整车工厂停工停产。

在这个阶段，谁也无法预料到下个阶段会发生什么样的反转。总是出人意料的反转反映了不确定性动态博弈的本质。

这次各国抗疫是在中国疫情快要结束时开始的，按理说有着后发优势。但在抗疫开始时，还是有不少国家明显低估了病毒的严重性和后果，造成反应迟钝。情急之下，各国又推出各具特色的抗疫措施。

当世界的注意力放在印度、非洲的时候，日本开始进入抗疫第二阶段。日本得以有机会观察学习前几个阶段各国的应对策略及结果，因此对病毒的性质和疫情发展规律有了更新、更丰富的认识。

这样看来，面对不确定性危机，两个策略是比较可靠的。首先，面对不确定性的时候，有机会延后自己的决策是有优势的。换句话说，这样做有机会让自己得到更多的信息，而不至于一开始就孤注一掷。其次，不同观点的辩论也是有利于策略选择的。随着疫情的发展，我们听到越来越多的观点，感受到越来越多的思想碰撞，有医学和经济的，有生命和自由的，有安全和发展的，也有个人的和集体的。这时，决策者就有更多的决策选择，责任后果也更为明确。不同立场的观点和信息的碰撞，虽然无法保证决策的正确，但可以尽可能地帮助决策者避免犯一些不该犯的决策错误。

只做让游戏玩下去的选择

面对不确定性，你要思考的问题是把游戏玩下去，还是通过输赢让游戏终止。这两种思维事实上代表了不同的价值观。

2013年9月2日是诺基亚手机的"最后一天"。经过数轮艰难的谈判，诺基亚最终宣布将手机业务以73亿美元的价格卖给微软，仅为当初最高市值的1/16。诺基亚连续15年雄踞世界第一、年销4.3亿部手机的帝国之路由此终结。之前，手机业务占到诺基亚营收的90%。

从出售那天起，在大众心中诺基亚已经"宣告死亡"。没人知道，直到现在，智能机用户界面的多项核心技术依旧来自诺基亚，苹果、三星等厂商每年还要为此支付一笔不菲的专利费。

然而，就在诺基亚为了出售手机业务和微软反复谈判的同时，它们还做出了另一个艰难的决定——收购诺基亚西门子通信公司（简称诺西），向通信服务商转型。

2006年，诺基亚和西门子合资成立了诺西，这家公司6年累计亏损了数十亿美元，诺基亚和西门子一直为其输血，仅2011年，诺基亚和西门子就分别出资5亿欧元对其进行援助。

就在诺基亚准备出售手机业务的节骨眼上，诺西的一笔债务即将到期，马上要面临债务违约。身心俱疲的西门子选择了放弃。2013年4月，西门子公开宣布出售其持有的诺西通信的50%股权，诺基亚不得不把处理诺西通信的问题提上议程。

诺基亚有两个选择：一是像西门子一样把股权卖掉；二是把西门子的股权买下来，全面接手诺西。当时的全球第三大通信服务商阿尔卡特-朗讯也在寻求收购，如果把它买下来，让两家通信公司合并，诺基亚就可以超越爱立信成为全球第二大通信服务商，向华为发起挑战。

时任诺基亚CEO的李思拓最终选择了全面接手诺西，并确立了通信业务的大方向，决定以诺西通信为主体构建一个新的诺基亚。一边和微软进行艰难的谈判，一边凭借高超的谈判技巧，诺基亚以17亿欧元拿下了诺西通信。根据诺基亚内部评估，诺西价值至少在60亿欧元。因为这次成功抄底，被投资者抛弃的诺基亚，股价一度飙升了10%。

2015年，诺基亚如愿以166亿美元的低价收购了阿尔卡特-朗讯。为了支付这笔钱，诺基亚将仅存的三大业务之一HERE地图卖给了德国汽车巨头集团，把身家性命全压在通信业务上。HERE地图当时占据着全球车载仪表导航系统90%的市场份额，但它和诺基亚的业务关联度不大。

拿下阿尔卡特-朗讯后，诺基亚不仅建构起完整的通信业务版图，而且市场份额从8%增至30%，一跃成为全球第二大通信服务商。诺基亚还借此次收购，拿下了"地球上最伟大的实验室"——美国贝尔实验室。算上2010年收购摩托罗拉无线业务部门，此时的诺基亚相当于是摩托罗拉、阿尔卡特-朗讯、贝尔实验室、西门子和诺基亚的超级联合体——任何一个名字，都曾是通信行业里举足轻重的角色，阵容相当强大。

2017年，诺基亚突然以1850亿元年营收重新杀回世界500强。2012～2016年，诺基亚的市值悄无声息地暴涨了20多倍，增速超过了许多野心勃勃的初创企业。而且，在5G新战场上，诺基亚的统治力仅次于华为。

如今看来，诺基亚当初选择卖掉手机业务，断臂求生，是个极其明智的选择，不仅甩掉了包袱，摆脱了破产危机，更彻底切断了自己的退路，倒逼自己置之死地而后生、进行二次创业，如此才有了新诺基亚的成绩。

事实上，在这家成立于1865年的芬兰公司的100多年历史中，有过太多类似的时刻：第一次世界大战里公司濒临破产，被芬兰橡胶厂收购；1988年，利润急剧下降，时任董事长卡里·凯拉莫（Kari Kairamo）因为压力而自杀……转型也是家常便饭：从造纸到化工、橡胶，从电缆、制药到天然气、石油、军事……接触消费电子不过是1960年以后的事。

但只要把游戏继续玩下去，就还有翻盘的机会。

本章结语
不确定的世界的选择原则是把游戏玩下去

世界是按照充满不确定性的动态博弈展开的无限轮次的博弈，这种博弈结构决定了无限游戏才是合理的玩法。即使如此，最后是人的价值观决定了是玩无限游戏还是玩有限游戏。

美国商务部前部长、黑石集团联合创始人彼得·彼得森（Peter Peterson）说："回望过去，我遇到的机会最后都成了二选一的题目——眼前利益还是长远利益，而我的选择都是长远利益。"㊀

㊀ 新浪财经综合.黑石集团创始人：当你面临两难选择时，永远选择长远利益 [EB/OL].（2020-11-04）.https://finance.sina.com.cn/money/smjj/smdt/2020-11-04/doc-iiznctkc9530435.shtml.

工具卡：不确定性决策框架

不确定性决策通过最大化努力来最大化机会。在实际决策中，下面三个方面是具有可操作性的最大化努力，也是确保决策最大化的合理程度的三个方面：

一是行为准备：避免认知局限心理陷阱，即不要犯可以避免的错误。

二是系统准备：在不确定性中寻找确定性。

三是价值准备：玩无限游戏，即不要做让游戏玩不下去的事情。

这三个方面综合了有限理性、博弈论、产权经济学和无限游戏的思想对决策的认知（见图10-2）：

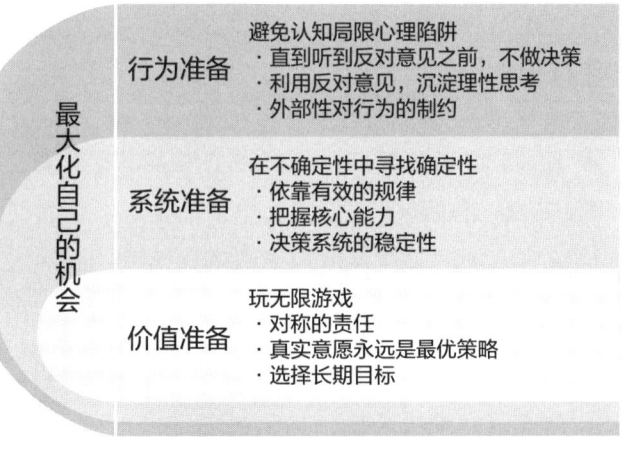

最大化自己的机会

行为准备
避免认知局限心理陷阱
· 直到听到反对意见之前，不做决策
· 利用反对意见，沉淀理性思考
· 外部性对行为的制约

系统准备
在不确定性中寻找确定性
· 依靠有效的规律
· 把握核心能力
· 决策系统的稳定性

价值准备
玩无限游戏
· 对称的责任
· 真实意愿永远是最优策略
· 选择长期目标

不确定性决策博弈集合了三个维度的思考：
行为、系统以及价值

图 10-2　不确定性决策的框架：以最大化自己的机会为目标

后 记

关于不确定性的思考

在全人类共同面对新冠疫情这样的空前不确定性的时期,我完成了这本关于不确定性的书。虽然疫情之前已经开始动笔,完稿的时候疫情还没有结束,但疫情让我对不确定性的话题有了更多的思考。

把有趣变成有用

首先,多年的学习和教学,让我接触了很多很有价值、很有意义的理论和思想。我热情地向那些热爱学习和思考的学生分享我认为有趣和有用的那些前沿思想。但我很快就意识到了理论和现实之间的一道鸿沟——有趣的思想并不能够简单等同于有用的工具,有趣不代表有用。思考分析下来,我感觉最主要的问题是理论分析时的理性和确定性假定。理论上,我们假定了人的理性以及结果的确定性,从而可以方便地进行理论的分析,学生顺着老师的逻辑听课也觉得没有问题,但这些有趣的理论离开了课堂却无法运用到现实中。

那么,如何把有趣变成有用呢?我认为有必要直接从理性和确定性入手,因为现实中的人是有限理性的,未来是不确定的。如果有趣的思想在这两个条件下还可以成立,它就会成为有用的东西。这本书就是我用有限理性和不确定性两个视角来审视那些有趣的思想而写作出来的,我认为,经得起有限理性和不确定性验证的有趣的思想就会成为有用的工具。

其次，我尽可能简洁地表述那些容易被复杂化的概念，比如博弈论、复杂系统理论、行为经济学和让这些理论适用的边界，分析人们容易产生的误解，如对信息不对称、完全理性以及不确定性等的误解。坦白来说，对有趣的思想，我只是一个搬运工。当然，在不确定性如何影响行为、认知如何影响决策和不确定性决策方面，我有一些原创性思考和切身的领悟，我认为我应该把这些思考和领悟分享给大家。

我的读者主要是经济管理相关人士，我希望用我的方式，从管理学的角度，去阐释一些晦涩难懂的经济学概念，因为这些概念有趣且有用。我避免用概念解释概念，尽可能用我们生活和业务中容易懂的例子让读者了解这些概念。英国哲学家卡维思·里德（Carveth Read）说过，大致正确比精确错误要强。写作过程中，有两条原则一直提醒着我：第一，这是写给管理者看的，不是写给学者看的，要容易读懂，不要"掉书袋"；第二，要交代清楚每个知识点的意义以及成立的条件。

围绕着这样的思考和原则，我开始酝酿写这本书。2018年底我开始动笔，到2019年底形成初稿，原计划在2020年3月底完成。没想到正好赶上了新冠疫情，这场任何预测工具都没有预测到的大灾难真正让人类明白了什么是不确定性。在疫情的背景下，我对这些话题进行了再思考。特别是2020年下半年，在初稿形成的基础上，虽然我有半年多的时间没有动笔，但我一直没有停止对这个话题的思考。到2021年春，我才对初稿再次动笔修改——让思想沉淀一下，适度的等待是值得的。这也符合我在书里提出的决策原则——花时间听取来自外部和内心的不同意见是有价值的。

思想是网络结构的，但书的表现形式是线性的

我吸取了我的第一本书《赢在谈判》的写作教训，在出版社编辑的建议下，我从三级结构目录开始动笔，一开始是比较顺利的，一年写了14万字。但这时，我遇到了一个瓶颈——因为很多概念是相关的，造成了很多知识点重复出现和案例的重复使用，这个情况令我非常沮丧。

这让我有很长一段时间没有再动笔，写作暂时搁置下来。疫情中的很多思考让我开始重新思考书的结构和内容，我觉得需要重新整理思路。2021年3月，我试着用思维导图重新梳理书的结构、对内容进行取舍，发现效果非常好。

这个过程让我体会到，思想其实也是呈网络结构的，决策所面对的问题也是网络化的。让人痛苦的是，虽然思想是呈网络结构的，但书的表现形式一般是线性的，是按照时间序列展开的。如何在线性的书中呈现动态的、抽象的和网状关联的现实和思想，是一个很大的挑战。

对于这个问题，思维导图是帮不上忙的，必须在作者的头脑中完成，最后也必须在读者的头脑中完成。也许已经有了，或有一天会有这样一个思维软件，帮助人们梳理网络结构的思想和过程。但这个过程确实再次证明了，世界是网络的，思维是网络的，现实也是网络的，无论是大到宇宙，小到微生物，都是如此。

一个不断升维的思维脉络

从确定性到不确定性，从理性到有限理性，最终我们的决策又回到了与自己的博弈，这是一个螺旋上升的过程。说到底，充满不确定性的人生，最终是我们与自己的博弈。

从定义问题到博弈思维,再到将博弈思维导入复杂系统的环境背景,这是一个从客观到主观,从简单到复杂的过程。本书的每一章都以相关知识点与不确定性的关系结尾,让读者看到不确定性对行为的影响,应该是我对决策思想的贡献的部分。

不确定性思维涉及多个领域。首先是实际业务的需要,因为现实世界是互相关联的,我们不能像学术研究那样只在一个领域深入研究;其次,也是为了学习的需要,作为老师,我需要将不同的知识点之间的边界交代清楚,知道了一个知识点的边界才算是真正掌握这个知识点;最后,每个案例和知识点的引用,都结合了我的视角和解读,以及我认为更合适用来解释这个问题的学科。每个知识点解决的都只是问题的一部分,它们的共性是,最终都受制于不确定性,特别是外生不确定性。

我的思考过程经过了三个有趣的维度上升,或三个否定之否定的过程:

第一,从均衡到不确定性。均衡思想告诉我们互动的世界如何运作,独立的决策者,不独立的结果,解释了很多规律和法则。但均衡思想没有解释不确定性,所以需要再引入不确定性。

第二,从有限理性到理性。认识到人是有限理性的,从认知到行为,人都存在思维局限,但有限理性人之间的互动又会产生接近理性人决策的结果,所以有限理性并不否定理性的价值。

第三,在不确定性中寻找确定性。面对不确定性,人必须基于不确定性中的确定性来做决策,这时,博弈论和复杂系统理论揭示的规则和法则就非常有效,形成了本书最具特色的不确定性博弈的概念。

在书稿基本完成的时候,我突然想起我大学毕业论文答辩的经历。我的毕业论文是关于船舶定位的,我记得,在论文答辩过程中,教授问了很多问题,其他的专业问题我都忘记了,但只有最后一个问题我还记得。中国著名的海事权威杨守仁教授问我:"当你完成了分析和定位以后,作为船长，你现在应该做什么？"我当时没有回答上来。他微笑着看着我说，你应该走出驾驶台，看一看海面实际的情况，无论你分析和计算得多么仔细和正确，海面上总是会有你预料不到的事情正在发生。

命运似乎注定了我要思考具有不确定性的问题，这大概也是一个不确定性中的确定性吧。但对我们每一个人来说，不都是如此吗？

在疫情中写作，我的心情也伴随着疫情的发展而变化起伏，自己也面临了个人面对不确定性的选择。疫情会如何影响我的人生？这是一个不确定性话题，那就做一些自己可以把握的事情，把自己的这本书写好，这也算是实践了自己的理念。不确定性决策的目标是最大化自己的机会，原则是最大化自己的努力，因为后者是我可以把握的不确定性中的确定性。我不只是一个不确定性思想的鼓吹者，也是不确定性思想的践行者。

我不知道自己是不是做到了极致，但我可以确定的是，我已经尽了自己最大的努力，我怀着敬畏和感恩的心把这本书的命运交给充满着不确定性的市场。

致　　谢

　　写作伴随着阅读，每次阅读都有向智者请教和与智者对话的感觉，这是我寻找知音和老师的过程，也使我可以以更深邃的思想深度、从更多的角度去验证自己的各种想法。同时，写作和阅读，也是我在疫情中消磨时光的办法。

　　本书提出了有限理性人面对不确定性的决策框架。我希望在书中已经对我的思考以及思考成立的前提做出了尽可能全面的交代。然而，思考是永远没有止境的，相信读者的批评会引发我的更多思考，从而进一步完善不确定性决策框架。

　　怀揣着敬畏思想，就必须知道每一种思维方式的局限。如果一个人认为自己的模型就是全部了，那是一种可怕的自负。自以为自己的模型有无穷的解释力，只会用自己的模型看世界，就会忽视模型外的世界。要认识到模型之外还有变量，即外生变量。如果把外生变量变成内生变量，就建立了更高级的模型，比如爱因斯坦的相对论，把时间和空间变成模型的一部分，而不是外生变量。从博弈论到复杂系统，从复杂系统再回到博弈论，我们可以更充分地认识到思维方式的局限。而把所有的思考都放在不确定性这个背景之下，我们就会发现，原来不确定性永远是一个外生变量。

　　查理·芒格有一个说法：不是长期形成的思想都是不可靠的。我个人不相信那种顿悟，也不相信瞬间醍醐灌顶。一个人可以马上接受一个新观点，也有可能马上就放弃这种新观点。我希望这本书能够慢慢地对读者产生一些有益的影响，希望很多年后还有很多人愿意读这本书，并从中获益，

致　谢

这也是我对智者先贤给我思想浸润的回报。

这部书的完成得到了很多人的帮助，包括思想的启发以及各种直接和间接的帮助。

我首先感谢和怀念我的思想导师杨小凯先生。虽然小凯已经去世17年了，但我觉得我和他的对话似乎从来没有停止过。他在世的时候，我总是会在任何时候提出各种问题，而他总是会耐心地点评我的想法并解释他的理由。小凯去世以后，每当我遇到问题的时候，我总是会问自己，如果换成小凯，他会怎么看这个问题？我相信这样的对话与思考会伴随着我的一生。

我感谢在这本书的构思和写作过程中，给予我支持的妻子李萃和我的两个儿子杰夫和延宁，他们一直鼓励和关心我的写作。孩子对我的著作的那份期待，让我不断地提醒自己：写的东西一定要对得起后人。虽然很多内容他们目前还不能完全理解，但我写作的一个初衷就是写一本让孩子也能读懂的书。

感谢上海交通大学安泰经济与管理学院谢富纪教授的博弈论课程，特别是他的博弈结构的内容，启发了我，让我在博弈结构上做出了突破，帮助我找到了博弈论与超边际决策分析的关联。感谢曼彻斯特大学商学院戴天明教授对我在行为经济学和行为博弈论方向的启发。感谢王玮博士与我在复杂系统理论方面和网络思维方面的讨论，以及在案例方面提供的帮助。

感谢薛勇和钱峰先生给予我思想启发，为我提供案例方面的帮助。

感谢叶丽雅女士在本书结构和内容取舍方面给出的专业建议，以及亲自动手调整和修改。

感谢姜昌敏女士、梁宇力女士以及吕行女士，她们在我的写作过程中给了我很多建议和帮助。

特别感谢所有与我在课堂上进行互动的学员，他们的很多问题和反馈激发了我的思考，使很多知识点得到了进一步完善。

感谢这些年为我提供讲课和研究平台的美国威斯康星协和大学、欧洲大学商学院、上海交通大学安泰经济和管理学院 EE 中心、中欧国际工商管理学院 EE 中心等商业研究和教学机构。

希望这是一本能够在很多年后还立得住的著作，但我更相信，对这本书的任何批评和反馈，都会使我们对不确定性决策的思考更加完善。感谢所有给了我思想灵感和思想碰撞的朋友，也感谢未来对本书观点提出批评的朋友。

谢谢！

王珞

2021 年 10 月于上海

参 考 资 料

[1] 丹尼特. 直觉泵和其他思考工具[M]. 冯文婧, 傅金岳, 徐韬, 等译. 杭州: 浙江教育出版社, 2018.

[2] 内米斯. 异见的力量: 心理学家的7堂决策思考课[M]. 王怡棻, 译. 台北: 天下文化, 2019.

[3] 阿克洛夫, 克兰顿. 身份经济学[M]. 颜超凡, 汪潇潇, 译. 北京: 中信出版社, 2013.

[4] 迪克西特, 奈尔伯夫. 策略思维: 商界、政界及日常生活中的策略竞争[M]. 王尔山, 译. 北京: 中国人民大学出版社, 2013.

[5] 哈蒙德, 基尼, 雷法. 决策的艺术[M]. 王正林, 译. 北京: 机械工业出版社, 2016.

[6] 高杉尚孝. 麦肯锡问题分析与解决技巧[M]. 郑舜珑, 译. 北京: 北京时代华文书局, 2017.

[7] 奇普·希思, 丹·希思. 决断力[M]. 宝静雅, 译. 北京: 中信出版社, 2014.

[8] 威廉姆森, 温特. 企业的性质[M]. 姚海鑫, 邢源源, 译. 北京: 商务印书馆, 2010.

[9] 阿克塞尔罗德. 合作的进化[M]. 吴坚忠, 译. 上海: 上海人民出版社, 2007.

[10] 哈蒙德, 肯尼, 莱福. 决策的艺术[M]. 孙涤, 等译. 上海: 上海人民出版社, 2003.

[11] 本尼斯, 纳努斯. 领导者[M]. 方海萍, 等译. 北京: 中国人民大学出版社, 2008.

[12] Kraljic, Peter. Purchasing must become supply management[J]. Harvard Business Review, 1983, 61(5): 109-117.

[13] Annie Duke. Thinking in bets: making smarter decisions when you don't have all the facts[M]. NewYork: Portfolio.2018.

[14] 赤潮AKASHIO. 互联网是人类历史上的一段弯路吗? [EB/OL].（2020-04-16）.

https://www.huxiu.com/article/350854.html.

[15] 张五常.读书之乐来源于正确的方法[EB/OL].（2020-04-26）.https://www.geekmeta.com/article/1384396.html.

[16] 屏营.去术存道：应对危机的三个层次[EB/OL].（2020-03-27）.https://mp.weixin.qq.com/s/HFnPFNHgsVrKa8SH7yIahQ.

[17] 马丁.决策的两难：厘清复杂问题，跨越二选一困境的思维模式[M].冯克芸，译.台北：天下杂志，2019.

[18] 李显龙.新加坡总理李显龙重要发声，深感不安：担心中美就此走上数十年的对峙之路[EB/OL].（2020-06-05）.https://3g.163.com/news/article/FED3OPTG0516-JCVA.html.

[19] 硅谷王川.宁要高维度抽象化的草，不要低维度具象化的苗[EB/OL].（2020-03-02）.https://tech.sina.com.cn/csj/2020-03-02/doc-iimxxstf5666398.shtml?dv=1&source=cj.

[20] 艾非.以个人的确定性，对抗世界的不确定性[EB/OL].（2020-04-19）.https://www.sohu.com/a/389198437_694048.

[21] 肖知兴.管理没有什么创新，职业化的管理才是好管理[EB/OL].（2020-01-02）.https://www.hroot.com/detail.aspx?id=9409385.

[22] 何加盐.任正非和马化腾的灰度：普通人追求安全感，高手拥抱不确定性[EB/OL].（2019-06-04）.https://36kr.com/p/1723800846337.

[23] 钛媒体.乔布斯1997年回归苹果后的一次内部演讲：Think Different[EB/OL].（2017-10-17）.https://www.sohu.com/a/198411730_162008.

[24] 赫桥智库.困境和出路——前中国驻WTO观察员马晓野看中美贸易谈判[EB/OL].（2018-05-07）.http://finance.sina.com.cn/money/future/roll/2018-05-07/doc-ihacuuvu2724259.shtml.

[25] 米塞斯.社会主义：经济学与社会学的分析[M].王建民，冯克利，崔树义，等译.北京：商务印书馆，2018.